本书为国家社会科学基金一般项目"中国互联网广告监管制度研究"(16BXW087)的阶段性成果。

中国书籍学术之光文库

中国广告产业发展研究

廖秉宜 | 著

中国书籍出版社
China Book Press

图书在版编目（CIP）数据

中国广告产业发展研究/廖秉宜著.—北京：中国书籍出版社，2020.2
ISBN 978-7-5068-7817-3

Ⅰ.①中… Ⅱ.①廖… Ⅲ.①广告业—产业发展—研究—中国 Ⅳ.①F713.8

中国版本图书馆 CIP 数据核字（2020）第 027159 号

中国广告产业发展研究

廖秉宜 著

责任编辑	张　幽　李雯璐
责任印制	孙马飞　马　芝
封面设计	中联华文
出版发行	中国书籍出版社
地　　址	北京市丰台区三路居路 97 号（邮编：100073）
电　　话	（010）52257143（总编室）　（010）52257140（发行部）
电子邮箱	eo@chinabp.com.cn
经　　销	全国新华书店
印　　刷	三河市华东印刷有限公司
开　　本	710 毫米 ×1000 毫米　1/16
字　　数	214 千字
印　　张	15
版　　次	2020 年 2 月第 1 版　2020 年 2 月第 1 次印刷
书　　号	ISBN 978-7-5068-7817-3
定　　价	93.00 元

版权所有　翻印必究

序

广告产业是国家文化产业的主导性产业之一,广告产业规模的扩大和产业国际竞争力的提升,不仅可以服务国家文化产业战略,也可以服务国家自主品牌战略和经济战略,塑造一批具有国际竞争优势的全球品牌,提升中国经济的全球竞争力。近年来,中央和地方政府高度重视广告产业发展,并出台了一系列支持和促进广告产业发展的激励性政策,有力地推动了中国广告产业竞争力提升。

自1979年中国广告市场重开以来,中国广告产业保持了高速增长的态势。1979~2019年40年间,中国广告经营额年均增速远高于国内生产总值的增速。国家市场监管总局发布的统计数据显示,2018年广告产业继续保持良好发展势头,广告经营额达到7991.49亿元,同比增长15.88%,全国广告经营单位137.59万户,比2017年增长22.51%,从业人员达558.23万人。改革开放40年来,广告产业已经成为中国文化产业和现代服务业的重要组成部分,在塑造品牌、引导消费、拉动内需、促进创新等方面发挥着重要作用。

在中国广告产业高速发展的同时,我们必须看到广告产业面临的挑战和问题也十分突出,主要表现在:一是国际广告集团在中国市场的强势扩张;二是中国本土广告公司的高度分散与高度弱小;三是互联网尤其是移动互联网冲击下传统媒体广告经营面临巨大困境;四是高度碎片化的互联网媒介环境下广告主的品牌营销面临新的挑战;五是人工智能技术驱动的智能营销传播正在深刻改变广告产业的竞争格局;等等。这些挑战和问题将会深刻影响中国广告产业的未来发展，中国广告产业界和学界必须高度重视和深入研究，创新广告产业的模式与路径。

本书距首次出版已过十年，但其研究仍然具有重要的现实价值。在经济全球化背景下，如何实现中国广告产业的自主发展和创新发展并提升国际竞争力，如何探索适合中国广告产业创新发展的模式和路径，如何让中国广告产业更好地服务国家自主品牌战略和经济战略，这些问题需要广告产业界和学界展开深入研究。广告产业是一个高度依附性产业，对于媒介资源和客户资源的需求尤为迫切，资源型广告公司在中国广告市场具有巨大的发展潜力和竞争优势。传统媒体环境下，广告公司依托大型传媒集团和企业集团，通过媒介资源和客户资源的占有，提升市场竞争力，这已被证明是一种可行的广告产业发展模式。在互联网环境下，阿里巴巴、腾讯、百度、字节跳动等中国大型互联网公司及平台主导互联网流量资源，这些互联网企业或自建互联网广告公司，或与广告公司建立战略联盟，成为互联网广告市场的主导力量，这实际上也是本书研究中谈到的资源型广告公司。从广告产业发展创新路径来看，本书研究提出了基于组织创新与制度创新的中国广告产业发展路径选择，即"专业化—归核化—集群化—集团化"，也得到了广告产业界和学术界的高度认同，近十年中国广告产业的发展也证明这一路径的科学性，对于未来中国广告产业发展同样具有指导价值。当前，人工智能技术驱动下的中国广告产业正面临深刻变革，广告公司和数字营销公司必须实现智能化转型，并在智能广告和智能营销传播某个领域或全流程建立专门化和专业化的竞争优势，通过归核化凸显市场价值，同时积极利用国家广告产业园区的集群经济效应和产业政策优势，拓展全国性代理网络，进而实现广告公司和营销传播公司集团化发展，提升中国广告产业的市场集中度，从而诞生一批具有全球知名度和影响力的中国广告集团。

对于全球发展中国家而言，作为经济后发国家的中国广告产业发展的模式与路径为其提供了中国模式和中国经验。本书是笔者主持的2016年度国家社会科学基金一般项目"中国互联网广告监管制度研究"（16BXW087）、2019年度武汉大学人文社会科学青年学者学术发展计划学术团队项目"智能营销传播研究"（项目编号：413100035）的阶段性成果。

  本书虽经过反复审校，但难免存在不足之处，恳请专家学者及广大读者批评指正。

廖秉宜
2020 年 1 月于武汉大学

目 录
CONTENTS

导 论 1
- 第一节 研究缘起 1
  - 一、问题的提出 1
  - 二、研究背景之一:开放与自主 5
  - 三、研究背景之二:借鉴与创新 7
  - 四、研究的意义 9
- 第二节 国内外相关研究概况 13
  - 一、国外相关研究概况 13
  - 二、国内相关研究概况 17
- 第三节 理论范式与研究思路 22
  - 一、理论范式 22
  - 二、研究思路 26

第一章 自主与创新:中国广告产业发展的核心话语 29
- 第一节 全球化、国家利益与自主型经济发展战略 29
  - 一、全球化与不对称经济 29
  - 二、发展中国家的国家利益原则 33
  - 三、自主型经济发展战略:一个深刻的国家经济发展命题 ... 35
- 第二节 市场的开放与中国广告产业的自主发展 37
  - 一、中国民族广告产业的生存困境 37

二、中国广告产业外资主导的深层危机 ………………………… 41
　　三、全球化背景下中国广告产业自主发展的战略选择 ………… 44
　第三节　产业创新：中国广告产业改造与升级的必需 ……………… 48
　　一、中国广告产业存在严重的结构性失衡问题 ………………… 48
　　二、产业低集中度与业务多元化是核心症结 …………………… 57
　　三、产业创新推动中国广告产业的转型与升级 ………………… 59

第二章　全球广告产业的集中化趋势与跨国广告集团的中国战略 … 63
　第一节　国际视野与中国视野 ………………………………………… 63
　　一、国际视野 ……………………………………………………… 63
　　二、中国视野 ……………………………………………………… 67
　第二节　全球广告产业的集中化趋势 ………………………………… 69
　　一、欧美国家国内广告产业的集中化趋势——以美国为例 …… 69
　　二、欧美跨国广告集团的全球扩张 ……………………………… 72
　　三、跨国广告集团的全球扩张导致全球广告产业高度集中 …… 80
　第三节　跨国广告集团的中国战略 …………………………………… 81
　　一、44.6%：25家外资广告公司占全国市场份额 ……………… 81
　　二、跨国广告集团在中国市场扩张全面提速 …………………… 87

第三章　低集中度与中国广告产业的过度竞争 ………………………… 95
　第一节　市场结构的低集中度 ………………………………………… 95
　　一、中国广告产业完全竞争的原子型市场结构 ………………… 95
　　二、中国广告产业低集中度状况形成的深层原因 ……………… 101
　第二节　市场行为的过度竞争 ………………………………………… 110
　　一、同质化竞争与广告市场的"逆向选择" …………………… 110
　　二、低集中度、广告产业过度竞争与恶性价格战 ……………… 116
　第三节　市场绩效：利润空间的日渐萎缩 …………………………… 123
　　一、市场绩效的评价及其准则 …………………………………… 123
　　二、广告市场绩效评价的五个维度 ……………………………… 124

三、中国广告产业低市场绩效成因分析 ·· 129

第四章 中国广告产业战略转型与核心竞争力的消解 ················ 132
第一节 核心竞争力理论 ·· 132
一、核心竞争力的概念及其特征 ·· 132
二、广告产业核心竞争力的内涵 ·· 135
第二节 战略转型：全球广告产业的必然选择 ···························· 139
一、从单纯的媒介代理到综合型的广告代理 ······························ 139
二、从综合型广告代理到整合营销传播代理 ······························ 140
第三节 业务多元化：中国广告产业战略转型问题透视 ············ 142
一、过度多元化严重消解广告产业核心竞争力 ························ 142
二、专业广告公司整合营销传播代理热的冷思考 ···················· 143

第五章 中国资源型广告公司的竞争优势与产业发展空间 ········ 148
第一节 日韩广告产业发展的成功示范 ·· 148
一、本土广告公司主导的日韩广告产业 ···································· 148
二、日韩广告产业依托媒体和企业的模式解析 ························ 152
第二节 中国专业广告公司形态的历史检讨 ································ 165
一、广告代理制与专业广告公司形态 ·· 165
二、广告代理制在中国的推广及困境 ·· 166
三、广告代理制实质是市场运作机制 ·· 168
第三节 资源型广告公司发展及其产业空间 ································ 170
一、中国广告产业的巨大增量空间 ·· 170
二、媒体和企业产业扩张的需要 ·· 171
三、资源型广告公司在中国的实践及趋势 ································ 172

第六章 专业化—归核化—集群化—集团化
——基于组织创新与制度创新的中国广告产业发展路径的选择 ··· 175
第一节 专业化与归核化 ·· 175

一、广告专业化的多维思考 …………………………………… 175
　　二、归核化:基于生存与竞争的重新选择 …………………… 181
　　三、以专业化与归核化强力重建广告产业核心竞争力 …… 183
　第二节　集群化:广告产业集群的知识共享与价值创造 ……… 184
　　一、产业集群与集群经济 ……………………………………… 184
　　二、集群化:中国广告产业升级的绝对必需 ………………… 186
　　三、中国广告产业集群化发展的公共政策需求 ……………… 192
　第三节　集团化:中国广告产业发展的必然选择 ……………… 194
　　一、由广告产业集群走向广告产业集中 ……………………… 194
　　二、广告公司集团化战略的四种形式 ………………………… 195
　　三、并购与联合:广告公司集团化战略的实现途径 ………… 199

结　语　自主、创新与超越 …………………………………… 202

参考文献 …………………………………………………………… 205

后　记 ……………………………………………………………… 224

导 论

第一节 研究缘起

一、问题的提出

马克思主义政治经济学曾将产业表述为从事物质性产品生产的行业，并被人们长期普遍接受为唯一的定义。20世纪50年代以后，随着服务业和各种非生产性产业的迅速发展，产业的内涵发生了变化，不再专指物质产品生产部门，而是指"生产同类产品（或服务）及其可替代品（或服务）的企业群在同一市场上的相互关系的集合"。"产业"是一个居于微观经济的细胞（企业）和宏观经济的整体（国民经济）之间的一个"集合概念"，它既是同一属性的企业的集合，也是国民经济根据某一标准进行划分的一部分。杨公朴、夏大慰认为，产业就是"使用相同原材料、相同工艺技术或生产产品用途相同的企业的集合"[①]。

所谓广告产业，是指代理广告业务或提供相关营销传播服务的广告公司与承揽并发布广告的广告媒介在同一市场上的相互关系的集合。广告产业的主体是广告公司和广告媒介，其中又以广告公司为主导。广告公司是衡量广告产业发达和成熟程度的重要指标，其创新发展将直接推动中国广告产业升

---

① 杨公朴、夏大慰主编：《现代产业经济学》，上海财经大学出版社2005年版，第2页。

级。本书重点研究的也是作为广告产业主导的广告公司的发展与创新问题。

广告市场与广告产业是密切联系又有区别的两个概念。广告市场"是指广告作为一种特殊商品的交换关系的总和,即把广告活动始终看作一种商品交换活动,看作一种市场行为和市场过程,特别注重这种交换活动、市场行为和市场过程中的交换关系、经济关系和经济利益关系"①。广告市场由广告主、广告公司、广告媒介和广告目标受众(或目标消费者)四个基本要素构成。

自1979年中国广告市场重开以来,中国广告产业迅猛发展。统计数据显示,1979年,全国广告经营单位十几户,广告从业人员约1 000人,广告经营额约1 000万元。② 截至2008年底,全国共有广告经营单位185 765户,广告从业人员1 266 393人,广告经营额达18 995 614万元。1981~2008年,中国广告经营额保持了35%的年均递增率,成为全球广告业增长最快的国家之一。中国广告产业已经粗具规模,而且发展空间巨大,具体见表0-1。

表0-1 1981~2008年中国广告产业发展状况③

年份	经营单位（户）	从业人员（人）	营业额（万元）	增长幅度（%）	占GDP比重（%）	人均营业额（万元）
1981	1 160	16 160	11 800	686.7%	0.02%	0.73
1982	1 623	18 000	15 000	27.1%	0.03%	0.83
1983	2 340	34 853	23 407	56.1%	0.04%	0.67
1984	4 077	47 259	36 528	56.1%	0.05%	0.78
1985	6 052	63 819	60 523	65.7%	0.07%	0.95
1986	6 944	81 130	84 478	39.6%	0.08%	1.04
1987	8 225	92 279	111 200	31.6%	0.09%	1.21
1988	10 677	112 139	149 294	34.3%	0.10%	1.33

---

① 张金海：《广告经营学》，武汉大学出版社2002年版，第17页。
② 现代广告杂志社：《中国广告业二十年》，中国统计出版社2000年版，第3页。
③ 根据《中国广告二十年统计资料汇编》和《现代广告》杂志历年发布的中国广告业统计数据报告整理。

续表

年份	经营单位（户）	从业人员（人）	营业额（万元）	增长幅度（%）	占GDP比重（%）	人均营业额（万元）
1989	11 142	128 203	199 900	33.9%	0.12%	1.60
1990	11 123	131 970	250 173	25.2%	0.14%	1.90
1991	11 769	134 506	350 893	40.3%	0.16%	2.61
1992	16 683	185 428	678 475	93.4%	0.26%	3.66
1993	31 770	311 967	1 340 874	97.6%	0.39%	4.30
1994	43 046	410 094	2 002 623	49.4%	0.43%	4.88
1995	48 082	477 371	2 732 690	36.5%	0.48%	5.72
1996	52 871	512 087	3 666 372	34.2%	0.55%	7.16
1997	57 024	545 788	4 619 638	26.0%	0.63%	8.46
1998	61 730	578 876	5 378 327	16.4%	0.70%	9.30
1999	64 882	587 474	6 220 506	15.7%	0.76%	10.59
2000	70 747	641 116	7 126 632	14.6%	0.80%	11.12
2001	78 339	709 076	7 948 876	11.5%	0.82%	11.21
2002	89 552	756 414	9 031 464	13.6%	0.86%	11.94
2003	101 786	871 366	10 786 800	19.4%	0.93%	12.38
2004	113 508	913 832	12 646 000	17.2%	0.79%	13.84
2005	125 394	940 415	14 163 000	12.0%	0.78%	15.06
2006	143 129	1 040 099	15 730 018	11.06%	0.75%	15.12
2007	172 615	1 112 528	17 409 626	10.68%	0.71%	15.65
2008	185 765	1 266 393	18 995 614	9.11%	0.63%	14.99

随着中国经济的快速发展和消费结构的不断升级，中国市场日益成为跨国公司瞩目的焦点，谁也不想错过这个拥有13亿人口的消费市场，跨国企业在中国市场的争夺日趋白热化。与跨国企业相伴随行的跨国广告公司也开始大举进军中国广告市场。根据2004年3月2日国家工商行政管理总局、商务部联合发布的《外商投资广告公司管理规定》，2005年12月10日之后，中国广告市场完全对外资开放，全球大型跨国广告集团都制定了在中国市场

新一轮的扩张战略，中国广告市场的竞争越发激烈，必将引发广告市场的重新洗牌。在已经没有任何政策保护的市场背景下，高度分散与高度弱小的本土广告公司能否抵御跨国广告集团的强势冲击呢？谁将会成为21世纪中国广告产业的主导力量？这些问题成为政府主管部门、广告学界和业界共同关注的焦点话题。

目前中国广告产业正面临深层危机，这并非危言耸听，我国港台地区广告产业外资全面主导的现实提供了前车之鉴。全面开放广告市场背景下中国广告产业自主发展的问题，无疑成为中国广告产业的核心话语之一。

那么，影响中国广告产业自主发展的核心问题何在？从系统论的观点来看，中国广告产业的发展是一个系统工程，涉及方方面面的内容，很多环节出现问题都会影响广告产业的发展。但是，总有某一个因素或几个因素是核心因素。只有探讨并总结出制约中国广告产业发展的核心因素，我们才能有针对性地提出解决问题的有效方略，才能真正为中国广告产业的发展建言献策，最终推动中国广告产业升级，实现中国广告产业的自主发展。尽管目前制约中国广告产业发展的问题很多，其中产业的低集中度和业务过分多元化是核心症结。低集中度已经使得中国广告产业由过去的知识密集、技术密集、人才密集的高利润产业，沦为劳动密集型的低效率产业，严重影响到中国广告产业的可持续发展。另外，广告公司业务无限扩张，使得广告公司的专业服务能力受到普遍质疑，引发企业对广告公司的信任危机，这两大问题对中国广告产业未来的发展将产生深远影响。如果不很好地解决中国广告产业的规模化和专业化问题，本土广告公司核心竞争优势便很难形成，在跨国广告公司和本土广告公司的市场二元结构中，中国本土广告公司永远只能成为跨国广告公司的附庸，无法形成与之抗衡的核心竞争能力，这不仅不利于中国广告产业自身的发展，更不利于中国自主型经济发展战略目标的实现。

本书试图寻求实现中国广告产业自主发展的合理有效方略。笔者主张通过"产业创新"实现对中国广告产业的改造与升级，不仅是基于对中国广告产业的现实考量，也是对全球广告产业发展历程的深层思考。在古典经济学中，创新是作为企业的外生变量而存在，土地、资本和劳动则是作为内生变量。新古典经济学则将创新也作为企业的内生变量，创新在企业发展中的价值进而得到重视和提升。中国广告产业在发展历程中,更多的是模仿欧美模式,而欧美国家的广告公司发展有上百年的历史,在全球经济一体化的背景之下,中国广告市场也被纳入全球市场体系,中国广告公司面临的将是与拥有全球策划创意资源、国际大客户、雄厚资本以及先进运作管理经验的跨国广告集团的竞争,高度分散与高度弱小的本土广告公司如何有实力应对跨国广告集团强力扩张的冲击呢?创新广告产业,成为中国广告产业发展的又一大核心话语。

那么,如何通过产业创新来实现中国广告产业升级?中国广告产业创新的目标是要实现中国广告产业的规模化和专业化,提升中国本土广告公司的国际国内市场竞争力,真正实现中国广告产业的自主发展。产业创新需要解决的核心问题是广告产业的低集中度和业务过分多元化。

本书正是在对上述问题进行深层思考的基础上展开的。

二、研究背景之一:开放与自主

改革开放40年来,中国经济获得快速发展,所取得的成就令世人瞩目。其中外向型经济贡献率占相当比例。纵观中国经济的发展历程,经历了出口拉动型、投资拉动型以及消费、投资和出口协调拉动型的增长模式,外向型经济起到了不容忽视的作用。外商投资推动了我国产业结构的优化升级,并通过溢出效应促进了管理和技术进步;外向型经济促进了中国的工业化和城市化以及信息化进程;外向型经济还给中国提供了良好的学习环境和机会等。但是,外向型经济具有不可持续性,具体表现为外向型经济的资本依赖性、市场依赖性、技术依赖性和资源依赖性。实现经济转型,自主型经济发展战略是一个最优的选择。[1]

自主型经济和依附型经济是两种主要的国家经济发展模式,发展中国家走依附型经济之路已经付出了惨痛的代价,发达国家攫取了发展中国家大量的经济剩余,造成这些国家持续的贫穷与落后,这一点已经引起发展中国家

---

[1] 参见谈镇:《开放型经济背景下的中国经济自主型发展战略》,载《江苏商论》2006年第10期,第118~120页。

政府和经济学界有识之士的高度关注。事实上，只有在开放的环境下走自主型经济发展之路，提升民族产业的国际国内竞争力，才能实现我国政府提出的"三步走"的发展目标，最终实现中华民族的伟大复兴。正是基于对经济发展规律以及中国经济发展现实的深刻认识，党的十六大报告明确提出，"要进一步吸引外商直接投资，提高利用外资的质量和水平"，但是，"在扩大对外开放中，要十分注意维护国家经济安全"。① 党的十七大报告也指出，"坚持对外开放的基本国策，把'引进来'和'走出去'更好地结合起来，扩大开放领域，优化开放结构，提高开放质量，完善内外联动、互利共赢、安全高效的开放型经济体系，形成经济全球化条件下参与国际经济合作和竞争新优势"，"创新对外投资和合作方式，支持企业在研发、生产、销售等方面开展国际化经营，加快培育我国的跨国公司和国际知名品牌"，但要"注重防范国际经济风险"。② 事实上，目前在中国的某些产业领域已经形成了外资垄断的局面，极大地限制了民族企业的发展，严重危及国家的经济安全和产业安全。而要维护国家经济安全和产业安全，最优途径是提升民族企业的市场竞争力，从而抵御跨国企业对民族企业的强势冲击，实现中国经济的自主发展。开放与自主，无疑是中国经济发展必须面对的深刻现实。

国家自主经济建设，正是我们思考中国广告产业自主发展问题的重大背景。自1979年中国广告市场重开以来，广告业长期处于一种低水平运作状态。1985年，天津成立第一家中外合资广告公司——天津联谊广告公司，虽然没有经营多久就倒闭了，但是却给中国广告业发展注入了新的活力。1986年，中国国际广告公司与日本电通株式会社、美国扬罗比凯联合成立的中外合资广告公司——中国电扬广告公司在北京注册登记。1992年，党的十四大确立了"建立社会主义市场经济体制"和进一步扩大对外开放的政策，中国

---

① 江泽民：《全面建设小康社会，开创中国特色社会主义事业新局面——在中国共产党第十六次全国代表大会上的报告》，http://news.xinhuanet.com/ziliao/2002-11/17/content_693542.htm，2002年11月8日。
② 胡锦涛：《胡锦涛在中国共产党第十七次全国代表大会上的报告》，http://news.xinhuanet.com/newscenter/2007-10/24/content_6938568_4.htm，2007年10月24日。

经济呈现蓬勃发展的态势，中外合资合作企业以及个体私营企业的发展尤其迅猛，广告业同样如此。中外合资广告公司在中国的大量成立，对于当时仍处在原始状态的中国广告产业来说具有重要意义：(1) 跨国广告公司在中国成功的广告运作，对于早期缺乏品牌意识的民族企业来说具有重大的启蒙作用；(2) 跨国广告公司由于拥有雄厚的资金、先进的管理经验和规范的运作流程以及全球策划创意资源的支持，对中国本土广告公司的发展构成巨大的威胁，使得本土广告公司在激烈的市场竞争中必须不断提升自己的专业服务能力，从客观上推动了中国本土广告公司的快速成长；(3) 跨国广告公司在中国的发展，也培养了一大批优秀的本土广告专业人才，他们不仅懂得国际广告公司规范的运作流程，而且对市场有着敏锐的洞察力，对不同地域的消费心理和消费文化有着深刻的体认，这些人才的流动推动了中国广告公司专业化水平的提升。

但是，我们不能因为开放而忽视了广告产业的自主发展。自主不仅是国家利益和民族情感的问题，同时也是一个经济问题。在资本的控制权、品牌的所有权以及剩余索取权方面，合资、自主截然不同。我们现在谈论广告产业的自主，就是因为它不仅具备了必要性，而且具备了可能性。在论及我国广告产业发展问题时，我们经常会提及民族产业和本土产业的概念，这并不意味着我们抵制开放，主张封闭，视外资为洪水猛兽，也并不表明我们所秉持的只是一种狭隘的民族观念和狭隘的本土观念。一方面，我们视开放为经济发展的必需；另一方面，我们也把自主型经济的发展视为任何开放的国家和地区谋求发展的一个重要基点。在国家"十一五"发展规划纲要中，我国政府明确提出要努力创建我国的自主品牌，强调企业的自主创新，"自主"成为我国经济发展新的"关键词"。①

三、研究背景之二：借鉴与创新

迄今为止，国内外有许多关于创新的理解和定义，熊彼特（J. A. Schum-

---

① 张金海：《中国广告产业发展模式的选择》，载陈培爱主编：《持续生存与和谐发展——2006年全国广告学术研讨会论文集萃》，亚洲国际创意传播集团2006年版，第6页。

peter）和德鲁克（P. F. Drucker）的观点比较具有代表性。创新理论的创始人熊彼特认为，所谓创新就是"建立一个新的生产函数"，也就是说把一种从来没过的关于生产要素和生产条件的"新组合"引入生产系统。① 著名的企业管理学家德鲁克认为，"创新的行动就是赋予资源以创造财富的能力"。在他看来，"创新并非在技术方面"，"凡是能改变已有资源的财富创造潜力的行为，都是创新"，如体现在管理、市场营销和组织体制等方面的新能力、新行为，即属于管理创新、市场创新和组织创新。② 传统上关于创新的理解主要指技术创新。但随着研究的深入，制度创新日益受到学界的重视，从而演化为创新理论的两大学派——技术创新学派和制度创新学派。自20世纪80年代之后，两大学派呈现合流之势。创新作为经济增长的"内生变量"，是一个国家和企业永葆活力和竞争力的源泉，中国特色社会主义的成功实践也是坚持创新发展的结果。

中国政府一直高度重视创新对于国家经济发展和社会发展的重要意义，中国经济和社会发展取得的重大成就也是我国坚持技术创新和制度创新促发展的结果。中国经济不仅要借鉴西方发达国家的成熟经验，更要从经济起步较晚的国家如何实现对发达国家的经济超越中吸取经验。在中国市场完全融入世界市场体系的背景下，如果一味地模仿欧美发达国家的模式，中国经济就不可能实现对西方发达国家的超越，只有在借鉴的基础上创新，中国经济才会有出路，这已经成为政府高层和经济学界的一种共识。

党的十六大报告指出，"创新是一个民族进步的灵魂，是一个国家兴旺发达的不竭动力"，认为"实践基础上的理论创新是社会发展和变革的先导。通过理论创新推动制度创新、科技创新、文化创新以及其他各方面的创新"。③ 党的十七大报告第一次旗帜鲜明地提出建设"创新型国家"的目标，

---

① 参见［美］约瑟夫·熊彼特著，何畏等译：《经济发展理论》，商务印书馆1990年版。
② 参见［美］P. 德鲁克著，蔡文燕译：《创新与企业家精神》，机械工业出版社2007年版。
③ 江泽民：《全面建设小康社会，开创中国特色社会主义事业新局面——在中国共产党第十六次全国代表大会上的报告》，http：//news. xinhuanet. com/ziliao/2002 - 11/17/content_ 693542. htm，2002年11月8日。

指出"提高自主创新能力，建设创新型国家。这是国家发展战略的核心，是提高综合国力的关键。要坚持走中国特色自主创新道路，把增强自主创新能力贯彻到现代化建设备个方面"。① 由此可见，中国经济和中国社会创新发展的问题，已经被提到国家发展战略的高度。

在建设创新型国家的大背景下，中国广告产业界和学界需要思考如何通过产业创新实现中国广告产业升级。只有创新产业才能实现广告业后发展国家对发达国家的超越。中国广告产业早期更多是借鉴欧美发达国家广告业成熟的经验和模式，如广告代理制模式、独立产业发展模式等。这些欧美广告业成功的经验和模式在中国的推广某种程度上推动了中国广告产业的快速发展，广告公司的专业服务能力在过去30年间也有了质的提升。但是，借鉴绝不是照搬，借鉴的目的是为了寻求自身更好的发展。广告产业属于服务型产业，其创新不仅有利于自身产业的发展，而且有利于民族产业国际竞争力的提升。

四、研究的意义

（一）运用产业经济学开展中国广告产业研究，可以从学理层面丰富广告产业经济学的内容

目前国内大多数关于中国广告产业研究的成果，主要集中在微观层面，即广告公司的经营管理层面，运用的理论武器主要是管理学和营销学，而运用产业经济学对中国广告产业进行整体观照的研究成果则寥若晨星，这是当前中国广告学研究中的一项重大缺失。这种现象出现的原因主要有两个方面：一是经济学界对广告产业的研究介入比较少；二是广告学界或缺乏产业经济学的理论积累，或缺少广告产业经济学研究的自觉，而是将研究的视点集中在如何帮助企业提高营销传播效果上，即运用营销学、管理学、传播学、心理学和广告学理论开展诸如广告调查、广告策划、广告创意与制作、

---

① 胡锦涛：《胡锦涛在中国共产党第十七次全国代表大会上的报告》，http://news.xinhuanet.com/newscenter/2007-10/24/content_6938568_4.htm，2007年10月24日。

广告媒体计划与购买、广告效果评估等方面的研究。这些理论成果对于中国广告产业发展初期专业化水平的提升具有重要指导价值，但是当中国广告产业发展到一定阶段之后，产业层面的研究就显得尤为必要。

产业经济学属于中观经济学的范畴。近年来，关于中国广告产业的研究开始进入广告学者的视阈，广告学者自觉运用产业经济学的理论开展广告产业经济学的研究，成为广告学研究的一大热点。但目前这方面的研究还处于起步阶段，理论的导入还不是很充分，而且很多研究并没有把产业经济学理论与广告产业研究很好地结合起来。本书主要是运用产业经济学中产业组织理论和创新理论范式，来具体分析中国广告产业发展过程中存在的问题，并提出解决方案，这将有助于从理论层面深化对中国广告产业的研究，丰富广告产业经济学的内容。

（二）中国广告产业发展研究是国家自主型经济发展战略实现的需要

提高自主创新能力，建设创新型国家，这是中国国家发展战略的核心，是提高综合国力的关键。党的十七大报告明确指出，中国经济的发展必须更加注重提高自主创新能力，加快科技进步，创造自主核心知识产权，创造自主世界著名品牌，提高制造产品的附加值，发展增值服务，鼓励发展跨国经营、发展具有国际竞争力的大企业集团。必须在发展劳动密集型产业的同时，加快振兴装备制造业、高技术产业和以知识和创新为基础的现代服务业，加快实现由世界工厂向创造强国的跨越，提升我国在全球产业分工中的地位，大幅提升自主创新对我国经济增长的贡献率，提高我国经济的整体素质和国际竞争力。

广告产业作为创意产业的主导产业之一，具有高渗透性和强辐射力，其发达程度对推动国民经济的发展和提升民族品牌附加值具有重大价值。通过计量经济模型分析，广告营业额与GDP和社会消费品零售总额存在强正相关关系。从1982年到2008年，广告经营额与GDP、社会消费品零售总额的皮尔森相关系数分别高达0.981和0.992，且统计意义十分显著（见表0-2）。

表0-2 1982~2008年全国广告经营额、国内生产总值（GDP）
及社会消费零售总额简单相关分析①

	指 标	国内生产总值（GDP）	社会消费品零售总额
广告经营额	Pearson 相关系数	.981**	.992**
	Sign. (2-tail)	.000	.000
	N	27	27
国内生产总值（GDP）	Pearson 相关系数	1	.993**
	Sign. (2-tail)		.000
	N	27	27

说明：** 表明相关系数在0.01水平上显著。

尽管目前中国广告产业年经营额占GDP的比重不足1%，但如果把作为创意产业主导产业之一的广告产业的强辐射力和高渗透性因素考虑进去，中国广告产业对国民经济的贡献率绝不止于这个表面数字。从欧美发达国家的经济发展来看，欧美跨国企业的国际竞争力与本民族强大的广告产业不无关联。反观中国的情况，长期以来，广告产业的发展问题一直没有引起政府和广告产业界的高度重视。在经济全球化背景下，跨国广告集团的强势扩张导致中国本土广告公司面临生存危机，产业自主发展的问题被迫切地提上议事日程。国家提出的自主型经济发展战略就是要形成中国自己的具有国际国内竞争力的自主品牌、自主产业和自主经济，而这一战略的实现，需要民族企业不仅具有强大的"产品力"，而且更要有强大的"传播力"。对中国广告产业进行研究，推进中国广告产业的改造与升级，将有助于实现中国广告产业的自主发展，提高中国广告产业的整体竞争实力，提升民族品牌的附加价值，从而服务于国家的自主型经济发展战略。

---

① 数据来源：《中国广告统计年鉴》，广告司2006年统计资料；《2008年中国广告业统计数据分析：中国广告业增长9.11%》，载《现代广告》2009年第4期。

（三）对中国广告产业的研究，也是政府制定广告产业政策、规范和引导广告产业发展的需要

中国广告产业的发展，一方面需要产业界自身的努力，另一方面也需要政府制定广告产业政策进行规范和引导。对于中国广告产业的发展而言，政府长期以来是处于一种事实上的缺位状态，政府主管部门出于管理广告业的考虑更多的是制定广告管理方面的法律法规，以期减少广告负面影响对社会的危害，而很少有从广告产业发展的角度出台广告产业政策的文件。1993年7月，国家计委和国家工商总局共同制定下发了《关于加快广告业发展的规划纲要》，此后十多年国家没有新出台过类似的促进广告产业发展的纲要文件，而这十多年恰恰是中国广告产业发展最为迅猛的时期，产业规模空前扩大，产业竞争异常激烈，全面开放市场背景下的产业发展问题也格外突出，迫切需要政府制定产业政策，对中国广告产业的发展进行扶持和引导。在全球经济一体化背景下，政府职能应实现从传统的管理者角色向服务型角色的转变，更多地从宏观层面加强对广告产业的指导。

政府出台广告产业政策，要建立在学界对中国广告产业发展有深入研究的基础之上。然而，一直以来学界的关注点与政府的关注点之间存在很大差异，学界的研究更多集中在如何帮助企业达成营销传播效果上，而政府关心的则是广告产业层面的问题，学界的研究成果无法为政府的决策提供政策咨询。近年来，国内学者关于中国广告产业发展的研究引起政府高层的高度重视。2007年5月，政府主管部门在南京首次召开"中国广告产业发展高层论坛"，邀请了广告学界、业界和政界的知名专家，共同为中国广告产业的发展献计献策。此外，2008年5月，国家出台的《关于促进广告业发展的指导意见》，也邀请了广告学界和业界在广告产业发展方面具有深入研究和独到见解的专家学者提供政策咨询。可见，政府已经开始意识到广告产业发展的重要性以及业内专家在产业政策制定中的重要作用，关键问题是政府如何在引导中国广告产业发展中发挥作用。开展中国广告产业研究，是政府制定广告产业政策，规范和引导广告产业发展的迫切需要。

（四）中国广告产业研究的成果，对于广告产业界人士认清存在的问题，明确发展方向同样具有重大价值

任何广告公司都是置于大的产业生态系统之中，广告公司的发展必然受到产业整体环境的影响。经常听到广告业界人士抱怨广告公司利润空间日渐萎缩，广告公司价值正遭受广告主的质疑，广告公司规模化发展困难重重等。这些问题有些是由于广告公司自身的原因，有些则必须从广告产业层面来加以整体考察。比如，广告公司利润的萎缩，就与传统广告公司两大利润来源——策划创意代理和媒介代理两大盈利点的同时缩水密切关联；广告公司专业价值正遭受广告主质疑，与广告公司的专业服务能力有关，也与广告公司业务无限扩张有重大关联；广告公司规模化发展困难重重，与专业广告公司形态和广告产业发展路径的选择有着直接密切的关系；等等。像这些长期困扰广告产业界的问题都需要广告学界给出科学的回答，以帮助广告产业界人士认清目前中国广告产业的现状及存在的核心问题，明确中国广告产业未来的发展走向，从而能够站在广告产业发展的前沿，实现广告公司的快速发展。广告产业创新的主体是广告公司，广告公司整体竞争力的提升将有力地推进中国广告产业升级。由此可见，开展中国广告产业研究，同样具有重大的实践价值。

第二节 国内外相关研究概况

一、国外相关研究概况

国外关于产业组织的研究，其思想渊源可以追溯到一个世纪以前。马歇尔（Alfred Marshall）在1890年的《经济学原理》一书中，最先把产业组织概念引入经济学，该书所提出的规模经济和竞争矛盾，即大规模生产能为企业带来规模经济，企业追求规模经济的结果是垄断的发展，而垄断的形成，阻碍了竞争机制在资源合理配置中发挥的作用，这也是后人所称的"马歇尔冲突"（Marshall's Dilemma），后来成为产业组织理论探索的两个核心论题。1933年美国哈佛大学的教授张伯伦（Edwar H. Chamberlin）和英国剑桥大学

的教授罗宾逊夫人（Joan V. Robinson）同时出版了各自的专著《垄断竞争理论》和《不完全竞争经济学》，他们关于不完全竞争或垄断竞争问题的理论分析，修正了新古典学派关于完全市场竞争的理论假设，从而为后来的产业组织问题研究提供了新的理论基础。在罗宾逊夫人和张伯伦的著作中，实际上已包含了一个"市场结构—市场行为—市场绩效"的研究模型。因此，西方的许多产业经济理论家把马歇尔、张伯伦和罗宾逊夫人并称为产业组织理论的鼻祖。

产业组织理论体系是20世纪30年代以后在美国以哈佛大学为中心逐步形成的。美国哈佛大学教授梅森（Edward S. Mason）从1938年起，领导了一个包括他的学生贝恩（Joe S. Bain）以及凯尔森（C. Kaysen）、麦克尔（J. W. Mckie）、麦克海姆（J. Markham）、艾德曼（M. Adman）在内的产业组织研究小组。以个案研究为手段，用SCP方法分析了美国主流产业的市场结构，次年就出版了第一批主要行业1935年集中程度的资料。在20世纪四五十年代，又出现了一系列关于具体行业市场结构的研究；20世纪50年代的研究重点移向统计比较各个行业市场结构的差异。贝恩于1959年发表的《产业组织》一书，被公认是主流产业组织理论（哈佛学派）体系最终形成的标志。哈佛学派的主要贡献在于构造了SCP分析框架，从而规范了产业组织的理论体系。在SCP的分析框架中，作为市场结构指标之一的集中度和作为市场绩效标准之一的利润率之间的关系处于重要的核心地位，哈佛学派从而提出了"集中度—利润率"假说。在分析框架中突出市场结构，在研究方式上偏重实证研究，是哈佛学派区别于其他学派的两个重要特征。在贝恩等人看来，有效的产业组织政策首先应该着眼于形成和维护有效竞争的市场结构，主张对经济生活中的垄断和寡占采取规制政策。哈佛学派的这种理论主张对战后以美国为首的西方发达市场经济国家反垄断政策的开展和强化都曾经产生过重大的影响。

20世纪60年代末开始，一些经济学家在不放弃SCP分析框架的前提下，对主流产业组织理论进行了修正和补充。例如，将单向的和静态的SCP研究发展成为双向的和动态的研究，出现了鲍莫尔（W. Baumol）的"可竞争市场"理论和"沉没费用"概念，以及德姆塞茨（H. Demsetz）的"利润诱发规模经济"理论；又如，将研究重点从市场结构转向厂商行为，即结构主义转向厂商主义，并结合科斯（Ronald H. Coase）的产权理论、布坎南

(James M. Buchanan)的公共选择理论和阿罗（Kenneth J. Arrow）的交易费用理论，出现了索耶尔（Malcolm C. Sawyer）的"厂商经济学"；再如，将博弈论引入产业组织研究，使企业行为的决定不再仅仅取决于经济因素，而且与当事人的心理预期有关。在此基础上，20世纪60年代以后出现了三个非主流产业组织理论学派：芝加哥学派、新制度学派和新奥地利学派。其中最有影响的是芝加哥学派，代表人物是施蒂格勒（George J. Stigler）、德姆塞茨（H. Demsetz）、布罗兹恩（Y. Brozem）、波斯纳（R. Ponsner）等，他们以新古典价格理论为基础，运用局部均衡福利经济学方法来判断市场势力和运行成效，强调力图重新把竞争性产业作为解释相对价格的主导模型，主张放松政府对企业行为的管制和废除激进的反托拉斯政策。施蒂格勒1969年发表的《产业组织》是该派理论成熟的标志。20世纪70年代以后，芝加哥学派的理论观点对美国政府的产业政策产生了深远的影响，美国1982年又颁布了新的兼并准则，大大放宽了对兼并的限制，这也是美国第四次兼并高潮兴起的重要原因。新制度学派的理论特色是从企业内部产权结构和组织结构的变化来分析企业行为变异及其对运行成效的影响。新奥地利学派则强调竞争不是一种静态的市场结构，而是有关动态的过程，利润是大企业创新程度和规模经济的报酬，因而应该取消反托拉斯政策。

产业组织理论源于西方且成果十分丰硕，国外学者较早运用产业经济学来研究广告产业的相关问题。以广告业最发达的美国为例，美国学界和业界关于广告产业的研究长期集中在两个领域。一是广告公司如何实现集团化发展与规模经济效应，二是跨国广告集团的国际化发展。关于广告公司如何实现集团化发展与规模经济效应的问题，加菲尔德（M. S. Garfield）指出，20世纪六七十年代，美国最大的50家广告代理公司基本上被最大的几家广告集团所控制。1980年美国最大的20家广告公司，到20世纪80年代末，几乎有3/4的公司被其他公司收购或兼并。[1] 梅尔曼（B. Mehlman）研究也发现，20世纪80年代，广告公司之间的并购产生了一些超大型的广告集团，这一时期不仅表现为大型广告公司并购小型广告公司，而且表现为大型广告

---

[1] M. S. Garfield (1981), "The Fallacies of Giantism", *Advertising Age*, June 1, p. 51.

公司之间的并购。① 有研究报告表明，20 世纪 70 年代美国经济的衰退迫使美国广告公司裁员和增加研究服务获取额外的收入。大的消费品企业也开始调整战略，由长线的品牌投资转向更多关注营销传播的短期市场效果，这也导致广告公司并购其他营销传播公司，从而进入直效行销、销售促进和医疗健康传播代理等领域。② 杜考夫 & 史密斯（Robert H. Ducoffe & Sandua J. Smith）撰文指出，广告公司的并购使得美国广告产业的集中度大大提高。③

关于跨国广告集团国际化发展问题，有两个重要的研究取向，即行政性研究取向和批判性研究取向。行政性研究主要从商业经营管理的角度，探讨国际广告产业的经营策略、广告策略的发展、广告创意与媒体策略、广告效果、受众或消费者分析等。安德森（M. H. Anderson）研究指出，自第二次世界大战以后，美国的跨国企业发展迅速，美国的跨国广告公司在全球也建立了强大的网络，服务于这些跨国企业。通过并购东道国的广告公司或在东道国建立合资公司，美国的跨国广告公司加速在全球扩张业务。④ 荣格（Jaemin Jung）认为，跨国广告公司在不同国家扩张战略的选择存在差异，主要有两个重要的影响因素，即文化差异和政策风险。文化差异小，政策风险小，跨国广告公司大都选择并购方式进入；文化差异大，政策风险大，跨国广告公司大都选择合资的方式进入。⑤金姆和弗里斯（Kim 和 Frith）分析了新加坡、韩国、马来西亚、中国台湾和中国香港五个亚洲国家和地区跨国广告公司的渗透情况，他们认为中国香港、新加坡和马来西亚长期受跨国广告公司渗透，而韩国和中国台湾地区由于先前对跨国公司采取了限制性政策，因此还处于渗透的早期阶段，但是随着政策的放宽，广告产业的面貌也

---

① B. Mehlman (1983), "Boutique or Behemoth: Which it should be?", *Madison Avenue*, April, pp. 68-74.
② Editor (1978), "Ad Agency Mergers in High Gear" *Media Decisions*, May, pp. 56-63.
③ Robert H. Ducoffe & Sandua J. Smith (1994), "Mergers and Acquisitions and the Structure of the Advertising Agency Industry", *Journal of Current Issues and Research in Advertising*, Spring 16, p. 1.
④ M. H. Anderson (1984), *Madison Avenue in Asia: Politics and Transnational Advertising*, Rutherford, NJ: Associated University Press.
⑤ Jaemin Jung (2004), "Acquisition or Joint Ventures: Foreign Market Entry Strategy of U. S. Advertising Agencies", *Journal of Media Economics*, 17 (1), pp. 35-50.

必然发生变化。① 批判性研究则关注国际社会的公平、平等、正义等原则，并以政经结构、意识形态、文化价值体系、权力宰制等为研究重点，来探讨国际广告产业对第三世界国家的政治、社会、经济、文化、媒体等方面的负面影响。中国台湾地区学者胡光夏1998年在美国宾夕法尼亚州立大学（The Pennsylvania State University）完成的博士论文中，分析了台湾地区广告产业在1960～1996年期间发生的重大变化，重点检视了欧美跨国广告公司对台湾地区广告业和台湾地区社会、政治、经济等造成的巨大影响及对策。②

综观国外广告产业研究的成果，多偏重于行政性研究，较少批判性研究成果。欧美广告业发达国家的学者更多研究本国广告产业的发展问题，较少关注广告集团全球化扩张对东道国广告产业和社会发展的影响，而这恰恰正是广告业后发展国家共同面临的现实问题。国外的研究成果为笔者研究欧美广告产业发展的历程、现状及趋势提供了重要参照，以此为基点，我们需要思考的是，面对欧美大型跨国广告集团的强势扩张，中国广告产业该如何创新发展？这也是本书研究价值所在。

二、国内相关研究概况

中国广告学术研究自1981年才开始起步，《中国广告》杂志在这一年的创刊为中国广告界提供了一个理论交流和实务交流的平台。从目前获取的文献资料来看，早期关于广告的研究，主要是运用市场学理论研究广告。随着传播学在中国的兴起，广告学者开始运用传播学理论研究相关广告问题，丰富了广告学的理论体系，由此形成了广告学研究的两大基础理论资源——营销学和传播学。运用经济学理论研究广告出现于20世纪90年代，主要是一批经济学者开始介入广告学研究，他们重点研究广告与市场结构、厂商行为

---

① K. K. Kim & K. T. Frith (1993), "An Analysis of the Growth of Transnational Advertising in Five Asian Countries: 1970-1990", *Media Asia*, 20 (1), pp. 45-53.

② Hu, Guang-shiash (1998), "The Advertising Industry in the Republic of China on Taiwan, 1960-1996: The Path from Dependency to Convergence", *Ph. D. Dissertation*, The Pennsylvania State University.

和市场绩效的关系，例如《最优广告投入策略的研究》①、《广告经济学实用教程》②、《广告经济新论》③、《广告经济分析》④ 等，这些论文和著作丰富了广告经济学的研究成果。

广告产业经济学是与广告经济学不同的概念。广告经济学重点研究广告与市场结构、厂商行为和市场绩效的关系，主要是关注广告对于企业的影响和作用，如广告是刺激竞争还是促成垄断，广告是提高商品价格还是降低商品价格等，所使用的理论资源是微观经济学。而广告产业经济学则是重点研究广告产业自身如何发展的问题，它是运用产业经济学的理论范式研究广告产业组织、产业结构调整与广告产业发展、广告产业政策等，例如《从集中度看中国广告公司的竞争状况》⑤、《我国广告业的产业组织分析》⑥、《走向集团化——中国广告业趋势研究》⑦、《深圳广告产业结构研究：问题与对策》⑧、《中国广告产业发展研究——一个关于广告的经济分析框架》⑨、《全球五大广告集团解析》⑩、《中国广告产业将走向何方？——中国广告产业现状与发展模式研究报告》⑪、《广告市场过度进入问题探析》⑫ 等论文。2002年至今，《现代广告》杂志每年主持发布的中国广告业生态调查报告也可以归为广告产业研究成果的范畴。

关于中国广告产业的研究，有两个层面：一是广告公司经营管理的微观

---

① 陆晓鸣：《最优广告投入策略的研究》，西安交通大学博士论文，1997年。
② 张纪康：《广告经济学实用教程》，上海远东出版社1999年版。
③ 王晓红：《广告经济新论》，工商出版社1999年版。
④ 谭英双编著：《广告经济分析》，西南师范大学出版社2000年版。
⑤ 李天宏、郝峰：《从集中度看中国广告公司的竞争状况》，载《现代广告》1998年第4期。
⑥ 孙海刚：《我国广告业的产业组织分析》，载《商业时代》2003年第25期。
⑦ 陈刚：《走向集团化——中国广告业趋势研究》，载《现代广告》2003年第6期。
⑧ 李新立：《深圳广告产业结构研究：问题与对策》，载《深圳大学学报》（人文社会科学版）2004年第4期。
⑨ 卢山冰：《中国广告产业发展研究——一个关于广告的经济分析框架》，陕西人民出版社2005年版。
⑩ 张金海等：《全球五大广告集团解析》，载《现代广告》2005年第6期。
⑪ 陈永、张金海等：《中国广告产业将走向何方？——中国广告产业现状与发展模式研究报告》，载《现代广告》2006年第7期。
⑫ 刘传红：《广告市场过度进入问题探析》，载《企业研究》2006年第10期。

层面，二是对中国广告产业做整体观照和审视的宏观层面，如研究广告产业组织、产业结构调整与广告产业发展、广告产业政策等。长期以来，我国广告学界和业界关于中国广告产业的研究主要集中在第一个层面，这一研究取向与中国广告产业起步初期广告公司专业服务能力的极度弱小有很大关系。这一时期中国广告学界和业界重点关注的也是广告公司如何通过规范化和专业化的经营运作提高专业服务能力，从而提升广告公司在市场上的竞争力。这种研究取向在中国广告产业发展初期无疑是一种必需，但是这一研究取向的过分张大也使得产业宏观层面的问题一直没有引起学界、业界和政界的高度重视，这不得不说是广告学理论研究的重大缺失。随着市场竞争的日趋激烈和跨国广告集团大军的进入，对作为中国广告产业主导的广告公司做产业层面的解读，开始进入学者的研究视野。国内关于广告产业层面的研究始于20世纪90年代后半期，2006年之后形成一个研究和讨论的高潮。综观国内学界和业界关于中国广告产业发展的重要研究成果，在产业组织研究层面主要从以下三个方面展开，即产业环境的变迁与广告产业发展问题、产业资源的分散与广告公司的规模化发展问题、产业发展危机与广告产业发展模式选择问题。

关于产业环境的变迁与广告产业发展问题的研究，有两个重要的关键词，即"碎片化"和"数字化"。它们给广告行业带来剧烈变动，也导致中国广告经营环境出现了不容忽视的两个深刻转变：第一，受众信息行为的转变；第二，媒体商业模式的转变。① 可以说，"数字化"引发了传统市场的变革，引发了营销传播实践与理论的又一场大革命。② 随着传播环境和市场环境的变化，企业对广告公司的要求也随之改变，它们不仅要求广告公司为其提供广告业务，而且更希望广告公司能为其提供整合营销传播服务或其中的某些服务，如公关、促销、网络营销等，而这些领域的服务已经成为企业的迫切需要和广告公司新的赢利增长点。这个时候，广告公司就理应适时调

---

① 黄升民、陈素白：《2006年的挑战与应战：广告专业核心资源和商业模式的重构》，载《国际广告》2006年第12期。
② 程士安：《国际视野下的中国广告业发展之路》，载《新闻与传播》2007年第9期。

整其经营战略。①

　　产业资源的分散与广告公司的规模化发展问题,也是近年学界和业界关注的焦点之一。按照国际上的分类标准,中国广告公司的竞争状况属于低集中度竞争,中国广告业集中度虽有逐渐提高的趋势,但这种变化主要是一些合资广告公司业务的迅速扩张引起的。② 市场上广告公司数量多、规模小、竞争力弱,中小广告公司为了谋求发展,竞相压低价格,展开价格战,所以价格竞争仍然是竞争的主要手段,广告公司利润微薄,③ "广告公司进入微利时代"。④ 回顾我国广告产业28年的发展,广告产业存在着十分明显的过度进入现象,这是导致广告产业恶性竞争的根源,也是制约广告产业做大做强的最大障碍。⑤ 中国广告产业处于高度分散与高度弱小的状况,本土广告公司正遭遇跨国广告集团新一轮扩张的强势冲击。针对国内广告产业资源分散的问题,学界和业界有识之士表达了自己的忧虑和思考。中国广告业发展要迈上新的台阶,必须走规模经营、集团化发展之路。⑥ 有实力的广告公司可以去组建一个大的集团化的公司,和外资的广告公司进行抗衡。⑦ 广告集团并不是广告公司之间的量的叠加,而是优势互补,是在充分的专业化基础上的相互合作和支持,一个可行的模式就是以强势媒体为中心组建综合的广告集团。⑧ 也可以依托强势媒体和企业集团的优势资源,改变目前中国广告产业高度分散与

---

① 张金海、廖秉宜:《用创意创新广告产业》,载《广告大观(综合版)》2007年第3期。
② 李天宏、郝峰:《从集中度看中国广告公司的竞争状况》,载《现代广告》1998年第4期。
③ 孙海刚:《我国广告业的产业组织分析》,载《商业时代》2003年第25期。
④ 何海明:《广告经营生态环境研究——广告神话的破灭和广告公司的微利时代》,参见丁俊杰等主编:《中国广告业生态环境——2002年全国广告学术研讨会会议集萃》,工商出版社2003年版。
⑤ 刘传红:《广告市场过度进入问题探析》,载《企业研究》2006年第10期。
⑥ 陈刚:《走向集团化——中国广告业趋势研究》,载《现代广告》2003年第6期。
⑦ 茅佳妮:《集团化将缔造本土广告业的辉煌——访厦门大学人文学院副院长陈培爱》,载《中国广告》2007年第6期。
⑧ 陈刚:《再谈广告集团化》,载《广告大观》(综合版)2005年第6期。

高度弱小的低集中度状况，实现中国广告产业的规模化发展。① 此外，资本力量在广告产业资源集中方面发挥着重要作用，广告业传统的基本运营模式正在被"资本运营"模式所取代。② 中国广告产业要改变过去自我积累的增长方式，走资本经营、规模经营之路。③ 创意型、代理型的广告公司要想走向集团化、规模化，就必须有资本来整合，必须有上市公司或是资金链比较雄厚的公司来整合它们。④

产业发展危机与广告产业发展模式选择问题，也引起了广告学界、业界和政界的高度重视。就经济快速增长和入世的大形势对我国广告市场和本土广告公司的影响而言，可以分为两个方面：其一，外国企业及其商品涌入我国市场，竞争加剧，促使我国广告市场规模进一步扩大，广告市场资源总量增加，为本土广告公司带来新的商机；其二，外国大型跨国广告公司和广告集团进入我国广告市场，带来强大资金、先进的企业管理制度和成熟完备的文化理念，挤压相对弱小的本土广告公司，抢占我国广告市场的主导权，本土广告公司面临严峻的挑战。⑤ 跨国广告公司凭借其在资金、技术、人才及管理上的优势，对本土广告公司形成合围之势。中国本土广告公司面临巨大的生存危机：一是跨国广告公司凭借其雄厚的资金、先进的技术设备、科学规范的运作理念以及国际性的策划创意资源，吸引众多精英人才的加盟，使得本土广告公司人才缺乏的矛盾更加突出；二是对本土客户资源的争夺；三是对中国高端媒体资源和新媒体资源的争夺。⑥ 全球五大广告集团未来在中国市场的扩张呈现以下三个主要的发展态势：主业与非传统广告业的同步扩张，主导市场与次级市场的同步扩张，大资本运作背景下的并购扩张。⑦《中

---

① 陈永、张金海等：《中国广告产业将走向何方？——中国广告产业现状与发展模式研究报告》，载《现代广告》2006年第7期。
② 乔均：《中国广告市场进入资本交融时代》，载《中国广告》2005年第12期。
③ 张金海、廖秉宜等：《中国广告产业发展与创新研究》，载罗以澄、张金海、单波主编：《中国媒体发展研究报告》（2007年卷），武汉大学出版社2007年版。
④ 闫文：《集团化：未来的必然走向——访中国广告网董事长毕玉强》，载《中国广告》2007年第6期。
⑤ 刘林清：《中国本土广告公司广告发展趋势研究》，载《现代广告》2003年第10期。
⑥ 廖秉宜：《中国本土广告公司经营的问题与对策》，载《中国广告》2005年第7期。
⑦ 张金海等：《全球五大广告集团解析》，载《现代广告》2005年第6期。

国广告产业将走向何方?——中国广告产业现状与发展模式研究报告》分析了中国广告产业的现状及面临的生存危机、全球广告产业发展的三种主要模式以及中国广告产业发展模式选择及战略对策。报告用具体翔实的数据指出中国广告产业发展正面临外资主导的深层威胁,而广告产业的危机必然危及民族企业、媒体发展以及文化信息安全。在分析全球广告产业发展三种主要模式的基础上,提出中国广告产业借鉴日、韩依托强势媒体和企业集团的模式,走媒介、企业和广告业共生型发展之路。① 笔者为该课题组主要成员。该报告在《现代广告》杂志刊发后,在全国广告业界、学界和政界引起重大反响,由此引发关于中国广告产业危机与广告产业发展模式选择的全国性大讨论。

　　国内广告学界和业界专家对中国广告产业发展的深度关注和研究,对于指导并推动中国广告产业发展具有极大的价值,值得引起我们重点关注,也为本书的研究提供了重要启示。但总体来看,国内目前关于中国广告产业的研究大多还仅停留在感性的描述层面,对经济学理论的导入很不充分,导致理论创新不够;广告产业资源分散的问题虽然进入了学者的视野,但是对如何实现中国广告产业的规模化发展尚缺乏战略思考;定性分析研究成果占了很大比重,而定量研究成果相当有限;在对中国模式的探寻上,国内广告学界和业界还存在观点上的分歧,尚需要深入研究。

第三节　理论范式与研究思路

一、理论范式

（一）产业组织理论的 SCP 研究范式

1938 年哈佛大学以梅森（Mason）教授为主成立了一个包括贝恩在内的研究小组,对不同行业的市场结构、企业行为进行实证分析。1959 年贝恩《产业组织》一书的出版标志着产业组织理论的诞生,该书首先提出了一个由市场结构（Market Structure）、市场行为（Market Conduct）和市场绩效（Market

---

① 陈永、张金海等:《中国广告产业将走向何方?——中国广告产业现状与发展模式研究报告》,载《现代广告》2006 年第 7 期。

Performance）组成的研究框架，该研究框架假定市场结构决定市场行为，市场行为再决定市场绩效。后来的经济学家对贝恩等人的SCP框架做了修改，认为市场绩效，尤其是市场行为也会影响市场结构，见图0-1。SCP研究框架一直是正统产业组织理论研究的核心。这一范式有两个重要的假定。

（1）假定在市场结构、市场行为和市场运行绩效之间存在着确定的因果关系，市场结构决定市场行为，从而影响经济运行绩效，同时市场行为和市场绩效也可以反过来影响市场结构，这是一个双向、动态的分析范式。从短期（或静态）看，市场结构不会有很大变化，在特定的市场结构下就有特定的市场行为，这种市场行为会产生一定的市场绩效。但从长期（或动态）看，市场结构和市场行为都会发生变化，市场结构的变化可能主要是市场行为和市场绩效引起的。尽管存在市场行为和市场绩效对市场结构的反作用，但在SCP框架中，市场结构仍处于主要地位。①

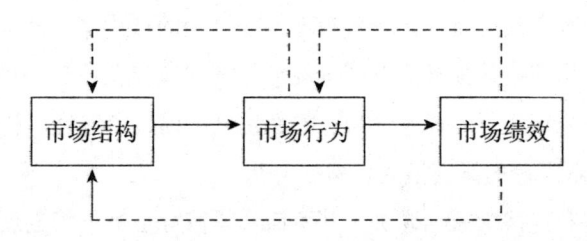

图0-1 市场结构—市场行为—市场绩效之间的关系

（2）市场结构影响产业利润率。决定市场结构的主要因素有集中度、产品差别化及进入退出壁垒等。集中度与利润率之间有着密切联系，斯蒂格勒曾考察了美国68个产业20年的利润率与集中度的关系，研究表明集中度与利润率之间的线性正相关关系不很明显，但是产业内部利润率分布与产业集中度程度关系明显。② 产品差别化与进入退出壁垒对产业利润率也有重要影响，通常产业的产品差别化程度越大，进入壁垒越高，表明资源流入时所遇到的阻力越大，也就越容易形成比较高的利润率。

---

① 参见王俊豪主编：《现代产业经济学》，浙江人民出版社2003年版，第17页。
② 参见杨公朴、夏大慰主编：《现代产业经济学》，上海财经大学出版社2005年版，第85页。

广告产业的市场结构决定市场行为并影响市场绩效，广告公司的市场行为反过来也会影响市场结构。长期以来，中国广告产业进入退出壁垒都很低，广告公司之间竞相压价等恶性竞争事件时有发生，使得广告公司利润大幅缩水，因而也很难投入更多的资金、人力和物力用于扩大公司规模，致使广告公司在与媒体和企业的博弈中长期处于弱势地位。此外，很多专业的代理公司，如营销和管理咨询公司、市场调查公司、公关公司、促销公司、媒介购买公司、网络营销公司等，瓜分和蚕食广告代理业的利润，广告代理业的核心业务策划创意代理和媒介代理的利润也受到极大挤压。中国专业广告公司正受到专业代理公司和媒体、企业的双重挤压，面临生存的巨大困境。随着产业集中度的提高，中国专业广告公司的利润水平将有大幅提升。国内很多行业发展表现出这样的特点，在自由竞争市场背景下，市场上企业之间的竞争异常激烈，行业的平均利润水平通常比较低；而在市场结构由完全竞争市场向垄断竞争市场直至向寡头垄断市场演变的过程中，产业集中度日益提高。广告公司规模的提升能够产生规模经济效应和范围经济效应，一方面可以节省广告公司经营的成本，另一方面也可以提高广告公司利润率。

（二）创新理论的研究范式

美籍奥地利经济学家约瑟夫·阿罗斯·熊彼特是最早将创新理论（Innovation）引入经济学研究的学者。他在1912年出版的代表作《经济发展理论》中，提出以创新为核心的经济发展理论，创立了创新经济学。技术进步开始从外生变量过渡到内生变量进入经济学主流领域。

在熊彼特的创新理论中，创新概念被赋予了全新的内涵。他认为，创新是对循环流转的均衡的突破，是企业家实行对"生产要素的新的结合"，建立一种"新的生产函数"，也就是说，把一种从来没有过的关于生产要素的和生产条件的"新组合"引入生产体系。① 熊彼特所说的"创新"和"新组合"，包括下面五种情况：（1）引入一种新产品或提供一种产品的新质量；（2）采用一种新的生产方法；（3）开辟一个新市场；（4）获得一种原料或半成品的新的来源；（5）实行一种新的企业组织形式。其中（1）和（2）属于技术

---

① 参见［美］约瑟夫·熊彼特著，何畏等译：《经济发展理论》，商务印书馆1990年版。

创新，(3) 和 (4) 属于市场创新，(5) 属于制度创新。技术创新是以知识创新为基础的，技术创新实质是知识创造与应用的过程，是知识创新的延伸和深化。知识技术创新、市场创新和制度创新共同构成了创新理论的核心。

学术界自 20 世纪 50 年代以来，以熊彼特的创新定义为出发点深入研究，形成了两大分支：一是侧重产品、工艺创新研究，形成了技术创新理论；二是主要以组织变革和制度创新为研究对象，形成了制度创新理论。20 世纪 80 年代以来，在经济进化论（Economic Evolutionary Theory）和内生增长理论的旗帜下，技术创新理论和制度创新理论显现出分久欲合之势。

熊彼特特别重视企业家的作用。他认为，创新的承担者（主体）只能是企业家，发明者不一定是创新者，只有企业家才会组织和有能力完成某种技术创新。熊彼特认为，企业家之所要创新，是因为社会存在着某种潜在的利益，创新的直接目的就是为了获得这种利益。

创新的动因来自多方面，以技术创新为例，企业家偏好、利润动机和科技发展惯性是直接推动力，市场需求、竞争压力、企业规模和垄断程度则是企业技术创新的内在拉动力，其中还有政府政策的影响。技术创新动因系统模型下见图 0-2，这一模型对分析中国广告产业的创新具有重要的参考价值。

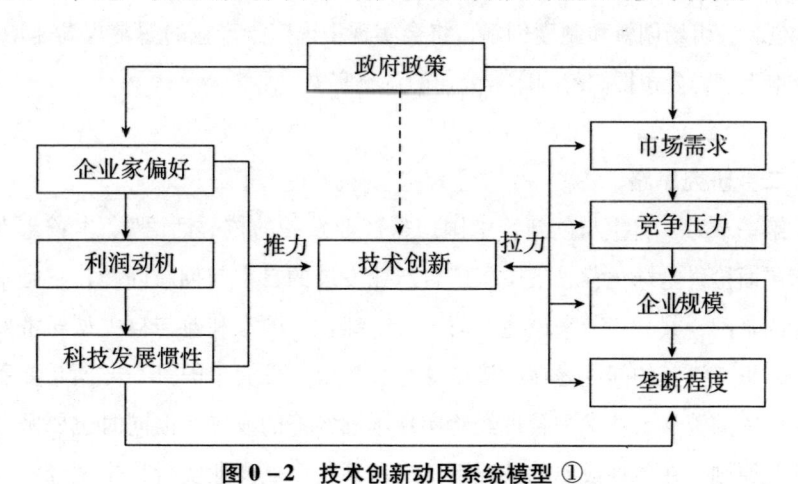

图 0-2 技术创新动因系统模型 ①

---

① 臧旭恒、徐向艺、杨蕙馨主编：《产业经济学》，经济科学出版社 2004 年版，第 288 页。

后发展国家通过产业创新实现对发达国家的超越，是发展经济学不平衡增长理论的重要命题。经济学家赫希曼从主要稀缺资源应得到充分利用的认识出发，提出了不平衡增长理论。赫希曼认为，发展道路是一条"不均衡的链条"，从主导部门通向其他部门。首先选择具有战略意义的产业部门投资，可以带动整个经济发展，前者为后者创造了外部经济。金德伯格、罗斯托等人都主张这一理论。

广告业后发展国家可以通过产业创新实现对经济发达国家广告产业的超越。对于中国广告产业而言，20世纪70年代末才刚开始起步，20世纪80年代跨国广告公司加速全球化扩张的进程，疯狂地在全球拓展市场和业务。广告产业属于朝阳产业，中国广告产业有着巨大的发展潜量和空间，目前中国广告产业发展尚处于初级阶段，亟须通过产业创新实现产业升级。国内很多广告企业已经通过创新发展模式和运作模式，成长为国内顶尖的广告公司，为中国广告产业的整体升级提供了重要启示。政府的制度供给与政策引导在产业创新发展中也至关重要，政府要充分意识到作为创意产业主导产业之一的广告产业的重大经济价值和社会价值，通过制定更加优惠的产业政策吸引资金流向广告业，从而加速中国广告产业升级。我们有理由相信，通过知识技术创新、市场创新和制度创新，将会实现中国广告产业的超常规高速增长，提升本土广告公司抵御跨国广告公司的竞争实力。

二、研究思路

第一章为"自主与创新：中国广告产业发展的核心话语"。本章重点从观念层面检讨全球化背景下中国广告产业发展的自主与创新问题，它是本书立论的基础，共分三节来论述。第一节全球化、国家利益与自主型经济发展战略，重点研究的问题是在经济全球化背景下，发展中国家一方面是要利用发达国家的资金、技术和管理经验实现本国经济的发展，但同时也要坚持国家利益原则，在条件成熟的情况下，应在某些重点产业实行自主型经济发展战略。第二节市场的开放与中国广告产业的自主发展，重点研究的问题是广告市场全面开放背景下，中国广告产业的发展正面临跨国广告集团新一轮强势扩张的冲击，面临生存危机，中国广告产业的危机会影响到民族品牌的发展，以及媒介安全和文化安全等，在此基础上笔者提出中国广告产业必须自主发展的重大命题。第三节产业创新：中国广告产业改造与升级的必需，指出产业创新之于广告产业自主发展的重要性。

  第二章"全球广告产业的集中化趋势与跨国广告集团的中国战略"。本章首先指出中国广告产业发展研究的两大视野，即国际视野与中国视野。在此基础上阐述全球广告产业发展的历程及现状，重点解析全球十大广告集团的并购及业务扩张，集中探讨全球广告产业的集中化发展趋势。随着中国广告市场的完全开放，中国广告市场已经完全融入世界广告市场体系，中国本土广告公司的发展受到跨国广告集团的强势冲击。正是在这种背景下，本章重点检视了跨国广告集团在中国的并购及扩张战略。

  第三章和第四章重点检视影响中国广告产业发展的两大核心因素，即低集中度与业务多元化问题。第三章"低集中度与中国广告产业的过度竞争"。本章运用产业组织理论的SCP范式，重点研究中国广告产业的市场结构、市场行为、市场绩效的状况，以及结构—行为—绩效之间的互动关系，特别是低集中度的广告市场结构对广告公司市场行为和市场绩效的影响。由此，提出中国广告产业必须提高集中度的产业发展主张。第四章"中国广告产业战略转型与核心竞争力的消解"。本章运用核心竞争力理论，深入探讨了广告产业核心竞争力的内涵，重点分析了全球广告产业的两次重大产业升级，以此为参照阐述了广告产业战略转型的意义、业务多元化现象出现的深层原因以及广告产业核心竞争力消解对中国广告产业发展的危害性。

  第五章和第六章是在前文分析的基础上，运用产业创新理论，提出中国广告产业发展的创新之路。第五章"中国资源型广告公司的竞争优势与产业发展空间"。本章重点分析了日韩广告产业依托媒体和企业发展的成功经验，在此基础上，对中国专业广告公司的发展形态以及广告代理制在中国的推广、困境及实质做了深度检视，并提出政府和广告产业界要引导和扶持有实力的大型媒介集团、企业集团组建和发展资源型广告公司的产业主张。第六章"专业化—归核化—集群化—集团化：基于组织创新与制度创新的中国广告产业发展路径的选择"。本章重点从路径创新角度阐述了如何解决广告公司专业化和规模化之间的矛盾，提出广告产业界可资借鉴的发展路径。笔者认为，中国广告产业高度分散与高度弱小的状况也与广告产业发展路径的选择有很大关系。本章重点分析了中国广告产业提升专业化和规模化的可行性路径，即通过归核化实现高度专业化；在高度专业化的基础上，建立产业集群以弥补中国产业化规模化不足的缺陷；在产业集群的基础上，以联合重组、兼并重组的方式逐渐实现中国广告产业的集团化和规模化发展。

第一章

自主与创新：中国广告产业发展的核心话语

经济全球化给发展中国家带来经济利益的同时，也使这些后发展国家的经济安全和产业安全面临巨大的威胁，发展中的中国经济同样如此，这已引起中国政府和中国经济学界有识之士的高度重视。任何国家在利用全球化机遇的同时都必然是坚持国家利益至上的原则。党的十六大报告、十七大报告明确提出要高度警惕国际经济风险，实现中国经济创新发展。十七大报告更是将"提高自主创新能力，建设创新型国家"提到国家发展战略的高度。"自主"与"创新"已经成为中国经济发展新的关键词，这一发展战略思想体现在中国产业的各个领域和各个层面。本章重点解析国家自主型经济发展战略提出的重大社会背景和理论支持，在此基础上分析中国广告产业自主发展与创新发展的重大战略意义。

第一节 全球化、国家利益与自主型经济发展战略

一、全球化与不对称经济

一般认为，"全球化"一词最早出现在1985年美国学者T.莱特（Theodre Levitt）所著的《市场全球化》一文中。他用"全球化"来形容此前20年间国际经济发展的巨大变化，即"商品、服务、资本和技术在世界性生产、

消费和投资领域中的扩散"①。全球化这一概念随即在经济学、政治学、社会学和文化学等领域被普遍使用。经济学家所谈论的"全球化",多指世界各国在生产、分配、消费等方面的经济活动的一体化趋势,主要表现在生产、贸易、投资、金融等领域全球性的自由流动,或指生产要素的全球配置与重组,及世界各国经济高度相互依赖和融合的表现。②

经济全球化的主要促动力量来自跨国公司的国际贸易和对外直接投资。据罗伯逊(Robertson, 1992)研究,全球化过程经历了五个阶段,每个阶段均具有其各自特征,其中19世纪所形成的民族国家乃是促使目前经济全球化加速发展的关键前提。邓宁(Dunning, 1993)等人研究表明,跨国公司的发展亦经历了五个阶段,每个阶段都进一步强化了全球化过程。

表 1-1 经济全球化与跨国公司发展阶段比较③

阶段	经济全球化(罗伯逊)		跨国公司(邓宁)	
	过程	特征	过程	特征
阶段1	萌芽阶段(欧洲 1400~1750)	第一次绘制全球地图;确立日心说和公历法;全球探险和建立殖民地等	商业资本主义和殖民主义时期(1500~1800)	通过建立国家特许和资助的公司剥削殖民地的自然资源和农产品(如荷兰东印度公司)
阶段2	早期阶段(欧洲 1750~1875)	建立民族国家;确立正式外交关系;确立公民身份和使用护照;召开国际立法会议等	工业和金融资本主义时期(1800~1875)	通过投资特定的基础设施,逐步控制原料供给和消费品市场

---

① Theodre Levitt (1985), *The Globalization of Markets*, in A. M. Kantrow (ed.): *Sunrise: Challenging the Myth of Industrial Obsolescence*, John Wiley & Sons, p. 53.
② 刘曙光:《全球化与反全球化》,湖南人民出版社 2003 年版,第 3 页。
③ 薛凤旋、蔡建明:《经济全球化、跨国公司及其有关理论》,载《经济地理》1998 年 3 月第 18 卷第 1 期,第 2 页。

续表

阶段	经济全球化（罗伯逊）		跨国公司（邓宁）	
	过程	特征	过程	特征
阶段3	起飞阶段（1875～1925）	进行体育和文化等国际交流；设立全球性公历法；第一次世界大战；开始出现大规模国际移民等	国际资本主义时期（1875～1945）	对原料基地和消费市场的投资迅速膨胀；以美国为基地的国际卡特尔开始发展
阶段4	寻求霸权阶段（1925～1969）	第二次世界大战；成立联合国；出现核威胁；出现第三世界等	多国资本主义时期（1945～1960）	美国成为对外直接投资的主体；单个跨国公司的规模很大
阶段5	不确定阶段（1969～1992）	空间探险；出现后物质主义价值观；成立各式各样的世界团体；国际关系进一步复杂化；全球环境问题被认知；基于卫星等空间技术所形成的全球大众传媒等	全球化资本主义时期（1960～ ）	跨国公司的对外直接投资已由过去的寻求原料地和消费市场转变为在全球范围内寻求空间上的最佳生产点和获益机会；欧洲、日本和后来的亚洲四小龙对外直接投资也开始增加；企业联合和合资企业增多；加工型的离岸生产区增多

从表1-1中我们可以清楚地看到，经济全球化过程与跨国公司的发展是相伴而来的。从商业资本主义时期开始，殖民主义国家就开始在殖民地国家建立跨国经营公司，从而开始了经济全球化进程。资本主义国家随后经历工业和金融资本主义时期、国际资本主义时期、多国资本主义时期、全球化资本主义时期，在各个历史时期跨国公司都有新的发展，经济全球化也表现出新的特征。在这一进程中，各民族国家在全球化进程中的劳动分工格局也开始形成和逐步明确。

当今时代，推动全球化大潮的动因除了跨国公司的大发展外，还有以下重要因素：（1）国际环境的变化，和平与发展成为时代主题推动了东西方局势的缓和,两极格局的解体,冷战的结束,世界政治格局的转换是当代全球化高潮的直接原因;(2) 20 世纪70 年代至80 年代崛起的新自由主义经济思想和经济理论推动了全球市场化的程度及全球贸易自由化、金融自由化;(3) 20 世纪90 年代以信息科技革命为中心的高技术迅猛发展和突破,是经济全球化新发展的根本动力;(4) 全球性、区域性国际组织以及多边协调机制增多,作用增强,是20 世纪90 年代全球化高潮形成的组织保证;(5) 全球性问题的增多推动了全球化。①

全球化对于发达国家和发展中国家同时产生作用和影响,尤其对发展中国影响重大。在世界经济格局中,发展中国家与发达国家之间长期处于一种不对称经济状态,旧殖民体系下形成的国际分工格局中,将发展中国家置于一种不利的竞争地位。全球化的加深从某种程度上使得发展中国家和发达国家的差距越拉越大,导致发展中国家很多社会问题的发生,因而在发展中国家内部,一直存在两种不同的声音,即主张全球化和反全球化。主张全球化的核心观点是:经济全球化有助于发展中国家利用发达国家的资本输出、先进技术与设备和管理经验;经济全球化有助于发展中国家充分发挥比较优势,扩大进出口贸易,优化资源配置,产生规模效应,带动国民经济的增长、就业的增加;经济全球化为发展中国家的产业演进、技术进步、制度创新以及现代经济结构的建立创造了条件;等等。反全球化的核心观点则是:全球化是由发达国家所主导的,在全球化进程中的各项规则、制度也是由发达国家所制定的,这必然强化它们对世界经济的垄断和控制,危及发展中国家的经济安全;随着全球化的加深,发展中国家在国家主权问题上面临新的挑战,危及发展中国家的政治安全;全球化进程中伴随的西方文化的强势渗透,弱化了发展中国家的民族传统文化,危及发展中国家的文化安全;等等。上述观点都有其合理的内核,也都是在全球化过程中发展中国家所面临的现实问题,这就提示我们在利用全球化机遇的同时,更要高度警惕全球化的风险。

---

① 参见朱炳元主编:《全球化与中国国家利益》,人民出版社2004 年版,第34~45 页。

中国经济的持续快速增长与中国主动融入世界市场是分不开的,利用西方发达国家的资金、技术和先进的管理经验,中国经济获得了高速发展。实行改革开放30年来,中国的GDP年均增长率为10.6%,成为世界经济增长最快的国家之一,这在很大程度上归功于对外开放的基本国策。但是,在经济全球化过程中,国内资源的大量消耗、环境的急剧恶化、产业结构不合理、自主创新能力缺乏、品牌附加值低等现象也引起了政府的高度重视。随着经济全球化向经济一体化的迈进,跨国公司开始大举并购中国优势企业,对中国经济的未来发展也构成了极大威胁。"一些跨国公司收购中国企业时的三个'必须'——必须控股、必须是行业龙头企业、未来预期年收益必须高于15%"①,更让我们不得不反思在全球化过程中,作为世界上最大发展中国家的中国经济未来该如何发展的深层问题。

二、发展中国家的国家利益原则

国家利益是国际关系中驱动国家互动的最基本要素。它可以描述成一种"好处",也可以描述成一种"需要"或"欲求",如王逸舟界定的"民族国家追求的主要好处、权利或收益点,反映这个国家全体国民及各种利益集团的需求与兴趣"②,以及阎学通定义的"一切满足民族国家全体人民物质与精神需要的东西"③。按照利益的内容分类,国家利益可分为政治利益(政治独立、国家主权、国际地位等)、安全利益(军事优势、领土安全、海洋权益等)、经济利益(进出口贸易、吸引国际资金、海外投资、技术进出口等)、文化利益(传播民族文化、防止国外腐朽思想侵蚀等)。④

国家利益至上是任何国家处理国际关系的最高准则。在开放环境下,国家利益在传统国际关系意义上的基本内涵和作用方式正在发生潜移默化的变化,尤其是不断加深的经济相互依存对国家的主权利益提出了挑战,凸显"合作利益"的重要性。西方国家经常提出"主权让渡"之类的问题,借此

---

① 江涌:《全球化没有改变"国家利益至上观"——对娃哈哈、达能并购争论的思考》,载《世界知识》2007年第15期,第38页。
② 王逸舟:《国家利益再思考》,载《中国社会科学》2002年第2期,第161页。
③ 阎学通:《中国国家利益分析》,天津人民出版社1996年版,第10~11页。
④ 同上书,第23~25页。

否认国家利益的特殊性。一些西方国家甚至出现了一种借助全球贸易体系抹杀国家利益原则的错误论调。在他们看来，国际贸易环境对国家利益的制约作用越发明显，每个主权国家应该主动放弃一些本国的经济利益乃至让渡部分经济主权。实际上，主权让渡必须是平等、自愿、互惠的，其目的仍然是为了维护和实现一国的国家利益。鉴于国际地位和国家实力的差异，不同国家"让渡主权"的目的、范围必然有所区分。而且，对于所有国家而言，核心利益是不可能让渡的。

国家之间竞争的核心都是为了争取本国国家利益的最大化。全球化时代，国家之间的竞争越来越多地表现为经济竞争、财富分配的竞争，这在宏观上越来越集中于经济战略的竞争、规则的竞争、话语权的竞争，在微观上则越来越集中于企业之间的市场份额竞争、技术和管理竞争、品牌竞争。国际商品和资本的大规模流动、"国际公民"的出现以及跨国公司的崛起不仅没有改变这一事实，反而使国家利益在更加复杂的情况下争夺得更加激烈。各国政府也都是从本民族、本国战略利益出发，制定对外经济政策。2005 年，当出现"百事可乐"欲以 300 亿欧元收购"达能"的传闻后，立即激起法国公众从上到下的反对，法国总理就此向法国公众表示，他已向达能公司 CEO 保证，政府将尽一切可能"保护法国达能的利益，确保达能在法国的未来"。① 当中国的联想集团 2005 年欲收购美国 IBM 个人电脑之时，起初同样也遭到美国政府的反对，1 月 27 日，美国外国投资委员会对联想收购 IBM 进行了调查，认为联想收购 IBM 个人电脑，恐将危及美国的国家安全。尽管这一收购案最终成行，但美国政府原先批准的 IBM 个人电脑采购计划也以国家安全为由而被取消。

中国在经济发展的过程中，通过让渡部分经济主权的方式，实现了经济的快速发展。但是，"以市场换技术"最终被证明是行不通的，现实的状况是中国市场日益被跨国公司所主导，而民族企业的技术水平却没有大的提升。在融入全球化的进程中，中国虽然是受益国，但同时也付出了沉重的代价。在中国的消费品市场上，国际品牌大都处于领导地位，在这种状况下，民

---

① 参见江涌：《全球化没有改变"国家利益至上观"——对娃哈哈、达能并购争论的思考》，载《世界知识》2007 年第 15 期，第 40 页。

族的自信心从何而来？产业安全如何保证？因而，我们说，经济全球化不仅仅是经济问题，而且是政治问题、文化问题。正是在这一背景下，中国政府提出要提高企业的自主创新能力，建设创新型国家的发展战略，根本上是为了确保中国的国家利益，维护国家的产业安全。

三、自主型经济发展战略：一个深刻的国家经济发展命题

按照与外资的关系，英国发展经济学家拉尔（D. Lal）把发展中国家的发展战略划分为三种类型：自主战略、有引导的外国直接投资战略、对外国直接投资被动依赖的战略。拉尔认为，韩国和中国台湾地区是自主战略的典型代表。① 中国经济增长中外向型经济的贡献率占有相当比率，统计数据显示，在外贸依存度不断提高的基础上，外资企业占中国的出口比重从1990年的12.6%增长为2005年的58.3%。前文分析中我们指出，外商投资推动了我国产业结构的优化升级，并通过溢出效应促进了管理和技术进步。但外向型经济具有不可持续性，主要表现为外向型经济的资本依赖性、市场依赖性、技术依赖性和资源依赖性。由外向型经济向自主型经济的转型是国家经济发展的一种必然趋势。

自主型经济发展战略是一个深刻的国家发展命题，它的核心就是民族产业的市场主导，实现这一战略的关键是民族产业的自主创新，目的是形成具有国际国内竞争力的自主产业、自主品牌和自主经济。长期以来，中国经济的发展模式更多是建立在西方经济学比较优势理论基础上的，英国古典经济学家的代表人物李嘉图的比较优势理论认为，只要各国按照比较利益分工，就可以增加产出，实现资源的优化配置。然而，当更多的发展中国家采用这样的经济发展策略时，其现实却并不那么美好，发展中国家与发达国家的经济差距有扩大的趋势。发展中国家的经济发展大都建立在高投入、高消耗、高污染、低效益的基础上，缺乏具有国际竞争力的民族产业，在国际分工中

---

① D. Lal (2003), "Investment and Technology Policies for Competitiveness: Review of Successful Country Experiences", *United Nations Conference on Trade and Development*, United Nations New York and Geneva, p. 23.

处于一种不利的竞争地位，甚至沦为发达资本主义国家的附庸，陷入依附型经济的泥潭，这一现象已经引起了经济学界有识之士的高度关注。笔者认为，在经济全球化浪潮中，中国不仅要实现产业的创新，同时也要实现经济理论的创新。中国经济的持续快速发展，会改写很多西方主流经济学的命题，这也迫切需要中国学者结合中国发展的实际创新经济发展的理论。

事实上，西方主流经济学的比较优势理论也正日益遭受质疑。我们可以设想，如果日本银行的经济学家们在产业发展战略的争论中战胜了通商产业省，哪有日本今天第一大技术大国的地位？如果韩国在20世纪70年代没有果断地进入重化工业发展阶段，而是如我国一些经济学家所认为的那样，它不应该过早地放弃劳动密集型产业发展战略，那么，韩国哪里还有机会抓住电子工业所提供的机会？如果芬兰不是早在20世纪80年代就明确地放弃了依靠资源经济的发展道路而加大研发投资的力度，它哪能在90年代抓住信息和通信技术的机会？上述这些例子都是对主流经济学比较优势理论的否定。① 芬兰、韩国和中国台湾地区等都是通过产业创新成功实现自主型经济发展战略的典型代表。

可以说，实现外向型经济向自主型经济战略转型是中国经济发展的必然选择。正如美国战略家保罗·肯尼迪在《大国的兴衰》中所阐述的观点，世界上没有大国的现代化是依靠外向型经济战略而完成的。② 由于自主型发展战略强调本国的主导性和全面利益，所以这种均衡主要体现为以内为主的新外向型经济。在鼓励国内需求、发掘内部市场的同时，注重经济发展质量的提高，进行国内外市场之间的协调，利用企业追求利益的自觉性，积极开展"走出去"战略。党的十七大报告明确指出，要实现经济增长由主要依靠投资、出口拉动向依靠消费、投资、出口协调拉动转变，就是力图改变目前主要依靠外向型经济拉动的格局，通过拉动内需实现中国经济的持续、快速和健康发展。

---

① 参见贾根良、王晓蓉：《建设创新型国家的成功经验及其借鉴》，载《当代经济》2006年第9期，第49~50页。
② 参见［美］保罗·肯尼迪著，梁于华等译：《大国的兴衰》，世界知识出版社1990年版。

第二节 市场的开放与中国广告产业的自主发展

一、中国民族广告产业的生存困境

改革开放30年来,中国广告以"低起点、高速度"的特点获得了长足发展。但在跨国广告集团强势扩张的背景下,制约中国广告业发展的突出问题也逐步暴露出来。

(一)民族广告产业高度分散与弱小

本土广告公司由于市场准入门槛低,目前仍处于"高度分散、高度弱小、零散化运作"的低水平扩张阶段,"小而全""小而散""小而差",难以与强势的外资广告公司抗衡,严重影响中国广告产业的自主发展。中国广告产业的发展,面临多重困境。就产业发展的现实状况而言,集中体现为本土公司的高度分散、高度弱小和外资公司的强势。

从表1-2显示的数据可以看到,中国广告公司整体处于一种高度分散与高度弱小的状况,以2007年为例,专业广告公司113 222户,广告公司经营额6 884 977万元,户均广告经营额仅为60.8万元,如果以最高15%的平均利润计算,中国广告公司的户均利润仅为9.12万元,这一数据的统计包括本土广告公司和外资广告公司(中外合资广告公司、外商独资广告公司)。

表1-2 2007年中国广告公司总体经营状况[①]

	广告公司数量(户)	从业人员(人)	经营额(万元)	户均广告经营额(万元)	人均广告经营额(万元)
2007年	113 222	761 887	6 884 977	60.8	9.04

---

① 数据来源:根据《现代广告》杂志2008年第4期发布的《2007年中国广告业统计数据报告:中国广告业增长10.68%》重新进行统计整理。

表 1-3　2007 年中国广告公司营业额排名前 100 位中
本土公司和外资公司经营情况①

	户数（户）	营业额		户均营业额（万元）	占全年广告公司经营额的比重（%）
		营业额（万元）	比重（%）		
营业额排名前 100 位广告公司	100	5 638 599	100%	56 386	81.9%
本土广告公司	75	2 566 055	45.5%	34 214	37.3%
外资广告公司	25	3 072 544	54.5%	122 902	44.6%

根据《现代广告》杂志社公布的 2007 年中国广告公司营业额排名前 100 位的统计数据，笔者进行了重新统计，见表 1-3。2007 年营业额排名前 100 位的广告公司总营业额 5 638 599 万元，占全年广告公司经营总额的 81.9%，也就是说余下的 113 122 户广告公司营业额仅占全年广告公司经营总额的 18.1%，经营额为 1 246 378 万元，户均营业额仅为 11.02 万元，以最高 15% 的平均利润计算户均利润仅为 1.65 万元，利润极其微薄，而其中基本是本土广告公司。在广告公司营业额前 100 强中，外资广告公司有 25 家，占广告公司营业额 100 强市场份额的 54.5%，占全年广告公司总营业额的 44.63%，而且市场份额有继续扩大的趋势。在前 100 强中，外资广告公司的数量仅为本土广告公司的 33%，户均营业额却是本土广告公司的 3.59 倍。本土广告公司的高度分散与弱小、外资广告集团的强势由此可见一斑。

本土广告公司正处在深层的生存危机之中，用高度分散、高度弱小来概括它的生存状况是精当的。本土广告公司高度分散、高度弱小的状况直接导致其缺乏规模优势，在媒体强势和企业强势的背景下陷入夹缝中生存的境地，使得广告公司更加被边缘化。如果不改变本土广告公司高度分散与高度弱小的状况，在与媒体、广告主和外资广告公司的博弈中广告公司很难取得市场的主动权。

---

① 数据来源：根据《现代广告》杂志 2008 年第 7 期发布的《2007 年中国广告业经营单位排序报告》重新进行统计整理。

(二)外资广告公司在中国市场强势扩张

跨国广告集团早在20世纪60年代便开始了全球扩张的历程。中国改革开放政策的施行,促进了市场经济的发展,使中国广告业开始恢复并进入高速发展的时期,世界各国广告巨头纷纷抓住中国广告市场的商机,在华落户。目前,跨国广告集团已经完成对我国北京、上海、广州等一线城市的扩张,将触角逐步深入我国二线、三线城市,并且通过并购建立更加全面的网络服务体系。

以WPP集团为例,2007年1月,WPP集团收入黑弧,拓展二级、三级城市房地产广告业务。同年2月,旗下达彼思与阿佩克思合并,先后在成都、西安成立公司,进军中国西南、西北市场。2007年6月21日,旗下精信整合传播集团收编星际回声集团,强化营销服务能力并获得星际回声集团遍布全国上千个城市的物流执行系统。10月,收购广州达生整合营销传播机构。同年,旗下智威汤逊收购本土最大的促销网络上海奥维思。2008年3月10日,辽宁加信奥美广告有限公司正式成立,标志着奥美进军东北市场。2008年6月底,通过旗下达彼思141与英扬传奇签署了一份双方合资的首轮备忘录。2008年10月29日,公布成功收购TNS,并将其与本集团的市场调研部门Kantar合并。除了WPP集团以外,阳狮集团、宏盟集团、IPG、电通等跨国广告集团在中国广告市场完全开放之后,加快在中国市场的扩张步伐,进而形成对中国广告市场的主导局面,跨国广告集团在中国的扩张战略在本书第三章第三节有重点分析,这里暂不展开论述。

随着中国正式加入世贸组织,中国广告产业当下已处于没有任何政府政策保护的对外全面开放境地。在广告市场全面开放的状况下,仍处高度分散、高度弱小的中国本土广告公司,面对跨国广告集团随时可能发生的新一轮以收购、兼并为主要特征的强力扩张行为,面临巨大的生存危机。

(三)广告代理公司利润空间日渐萎缩

广告代理公司利润空间的缩水已经成为一个不争的事实。广告代理公司一般分为两种类型,一种是策划创意型广告公司,一种是资源型广告公司。目前,策划创意型广告公司受到的冲击最大,原因在于:一方面单纯的策划创意代理地位在不断下降;另一方面专业的代理公司如管理咨询公司、市场调查公司、媒介购买公司、公关公司、促销公司、网络营销公司和事件行销公司等都在不断瓜分和蚕食其利润，使得专业广告公司生存举步维艰。策划创意型广告公司的利润主要来自两个方面，即策划创意费和媒介代理费。媒介代理费是广告公司代理收入的重要组成部分，然而由于专业媒介购买公司的大量涌现，再加上媒体本身的强势地位，广告代理公司的媒体代理甚至出现"零代理"和"负代理"现象，引起广告界的普遍反思。在其核心业务策划创意服务方面，由于只是具体工具的应用，并且是一种单一的广告传播代理，而不是上升到企业战略层面的营销传播代理，因而地位也在不断下降，策划创意服务的利润因而也大幅缩水。此外，由于广告代理公司过于把策划创意作为其核心业务来发展，过分张大了广告作为工具的商业化目的，一心一意地帮助广告主实现其商业目的，诱导、误导甚至欺骗消费者，使得广告传播力减弱，广告产业面临生存危机。另一类是资源型广告公司，目前我国发展势头比较强劲的大都是一些资源型广告公司，这些公司往往拥有媒体资源或企业资源，比方说一些大型户外广告公司拥有户外媒体资源，像南京大贺户外传媒集团、分众传媒集团、分时传媒集团等；还有些广告公司依附于媒体，如北京未来广告公司和哈尔滨海润国际广告公司等，发展都非常迅猛。

长期以来，我国广告代理业发展存在的最大问题就是过分局限于单一的广告专业代理领域，无法满足企业对整合营销传播代理的需求，使得广告公司逐渐丧失企业整合营销传播服务的主导权。广告代理业的发展演变与企业营销传播需求的变化有着直接的关系。目前，任何单一的营销传播手段都无法成功执行营销，企业需要能够为其提供整合营销传播服务的公司来全面代理其业务。正是在这一背景下，很多广告代理公司开始转型为整合营销传播代理公司，以期通过整合多种营销传播手段，向上游和下游产业链扩张，为企业提供整合营销传播服务。广告业和公关业对其表现出浓厚的兴趣。公关业在这方面做得比较好，它们努力向咨询业接近，以期从高端视角来整合各营销传播代理。我国的广告代理业也看到这种趋势，但却并没有充分意识到为实现这一战略转型需要广告代理公司进行产品创新、组织创新、技术支撑以及相应人才的支撑等，因而往往所谓的整合营销传播服务都仅仅停留在口号上，并没有实质性的变化。这种局面若不及时改观，必将使得广告代理业在企业整合营销传播服务中的主导权逐渐丧失，严重的话可能导致广告代理业的消亡。

二、中国广告产业外资主导的深层危机

目前中国广告产业正面临深层危机，这并非危言耸听，我国港台地区广告产业发展的状况提供了前车之鉴。由于广告产业属于高关联度产业，中国广告产业的危机将会导致"多米诺骨牌效应"，影响将是全方位和深层面的，主要表现在以下三个方面。

（一）危及中国民族企业的发展，特别是抑制中小型民族企业的发展

广告业作为一个提供智力服务的行业，其发展对于民族品牌市场竞争力的提升以及民族品牌的国际化进程具有举足轻重的作用。从世界范围来看，广告公司的国际化是伴随企业的国际化而国际化的，通常是企业的业务拓展到全球的某个地方，该国的广告公司也自然跟进为其提供该市场的广告代理，由于广告公司有了这个稳定的大客户资源，提供了在该国市场发展所需的资金，广告公司也便可以在该国市场进一步拓展客户资源，从而发展成为综合性的且同时代理多家企业广告业务的大型跨国广告公司。以韩国第一企划为例，三星集团的业务拓展到哪里，第一企划的广告业务也便拓展到该地。日本的广告公司也是如此，日本企业的全球广告业务通常都是由电通和博报堂代理。欧美广告公司的发展历程更是见证了这一广告公司国际化发展路径。从中我们可以看出，民族企业与民族广告业之间的联动效应，民族企业的发展能够带动民族广告业的繁荣，而民族广告业的繁荣同时又推动民族企业的国际化进程。中国本土广告产业面临的生存危机必然会导致中国民族企业竞争乏力。一些大型的跨国广告公司和媒介购买集团利用自身拥有的资金优势，垄断中国的优势媒体，服务于跨国企业在中国拓展市场的需要，必然会挤压我国民族企业的市场空间。对于一些无力支付高昂广告费的中小型民族企业而言，则更是雪上加霜。在国家自主经济建设的背景下，高度分散与高度弱小的本土广告企业难担自主产业推广与自主品牌传播的历史重任，与中国自主经济建设的内在要求构成极大的冲突，严重的话可能影响国家经济安全和产业

安全。

(二) 我国媒体安全面临威胁

跨国媒介购买集团携巨资介入中央级和省市级媒体的可经营性资产的运营，使我国的信息传播技术和资本开始受制于人。目前，国际资本已经开始大举进入中国的可经营性资产运营领域，如参与媒体节目的制作，买断媒体版面和时段等，将会极大地影响媒体的经营自主权，进而影响节目内容的编播和导向功能的发挥，由此降低了大众媒介的公信力。

广告仍然是当下媒体最重要的生存之源，除了一些中央级的强势媒体或省级卫视外，中国大多数媒体自身的资源还是非常有限的。中国媒体与广告公司的关系表现出两个重要特点：(1) 媒体的生存高度依赖广告；(2) 媒体资源的垄断也使得媒体在与广告公司的博弈中长期居于强势地位。为改变市场的弱势地位，跨国广告公司率先将原有的媒体部剥离出来组建大型的媒介购买集团，通过大资本运作来购买媒体版面或时段，对于中国媒体来说，这种影响是双重的，一方面跨国媒体购买公司的批量购买确实提高了媒体运作效率和广告经营收入，节省了媒体广告运营的成本；但另一方面大型媒介购买集团携巨资以更低的折扣购买媒体资源，大大压缩了媒体的利润空间，将使得媒体无力投入更多资金用于自身发展，也使得媒体对跨国媒介购买集团的依赖性明显增强。

"以中国最早成立的专业媒体代理公司实力传播为例，1996 年实力传播进入中国即达到 18 亿人民币的营业额，1998 年达 25 亿元。从 2001 年开始，实力传播的年营业额已经超过 50 亿，2003 年、2004 年分别以 24%、21% 的速度持续增长。2005 年的营业收入高达 20 亿，而在国内媒体中只有少数报社的广告收入可以超过 10 亿。如果我们把 10 亿的广告购买金投放在北京、上海和广州报业市场上，那意味着实力传播在当地的版面购买量会对一家报社当年的广告收入产生非常大的影响。"① 在这种情况下，又有几家媒体能够对实力传播说不？有学者指出，"中国的媒体市场化的进程刚刚开始，同时

---

① 陈永、张金海等：《中国广告产业将走向何方？——中国广告产业现状与发展模式研究报告》，载《现代广告》2006 年第 7 期，第 21 页。

特殊的媒体管理体制使得每一个媒体都规模较小，在未来的经营中会遇到更多的困难，很容易被有实力的媒介购买公司各个击破。最后的结果不是媒介购买公司同媒体达到平衡状态，而是媒介购买公司对媒体形成强势控制。这样一种状态对中国的媒体而言，无论从媒介安全还是经营的角度，都是极为不利的"[1]。这一现象不能不引起政府及业内人士的警觉。

（三）消解中国主流文化和价值观念，不利于和谐社会的构建

广告的本质功能在于其经济功能和经济价值，但是广告作为大众文化的一部分，也在不断强化或消解着中国的主流文化和价值观念。广告不仅对国民经济的发展具有巨大的推动作用，而且对和谐社会的构建也具有重大价值。"和谐社会"是个深刻的命题，广告产业与和谐社会的构建还是一个刚刚展开、还未深入探讨的重大课题。中国是一个有着五千年悠久历史的文明古国，中华文化也是世界文化的重要组成部分，更是东方文明的代表。广告作为文化的一种重要载体，在大众传播时代对受众的影响极其深远。跨国广告公司创作的广告很多反映西方主流的价值观念和消费文化，特别是代理那些实行全球一体化策略的跨国企业的广告业务尤其如此。国外商品的大量涌入，国外生活观念、价值观念和消费观念的传播，与中国改革开放的大背景有关，但大众媒介广告所传播的西方价值观念对传统价值观念的消解则不容忽视。这种代表西方消费时尚、消费潮流的国际广告大量涌入，对青少年的生活方式、价值观念取向产生了潜移默化的影响，威胁到传统文化的传承与发展，威胁到国家的文化信息安全，威胁到未来中国社会主体的全面发展。

这些广告中传递的个人主义、享乐主义、开放前卫以及消费至上等价值观念和生活方式，与中国传统文化所崇尚的集体主义、勤俭节约、含蓄内敛等价值观念和生活方式形成鲜明的对比。这种文化价值和消费观念尤其是对中国年青一代具有极强的吸引力，导致他们对西方文明盲目向往甚至顶礼膜拜。跨国广告公司的文化营销策略无疑是非常成功的，但对中国文化造成的负面效应也不容忽视。我们这里并不是要一味地去抵制西方文化的传播，而

---

[1] 现代广告编辑部：《产学两界争鸣广告业危机》，载《现代广告》2006年第9期，第66～73页。

是必须正视在文化全球化传播的时代,中国传统文化正面临西方文化的强势冲击这一事实。这种文明的冲突致使现代社会人面临文化身份认同的危机,成为中国建设和谐社会进程中的"不和谐音"。

三、全球化背景下中国广告产业自主发展的战略选择

中国广告市场的逐步开放,对于中国广告产业的发展起到了巨大的推动作用,这一点毋庸置疑。但是,值得政府主管部门、广告学界和广告业界人士关注的是,中国本土广告产业的高度分散与高度弱小的现状,在跨国广告集团的强势冲击之下,正面临深层的危机。由于广告产业高关联度的特性,本土广告产业的危机必然产生连锁反应,危及民族企业发展和传媒安全、文化安全。我们主张中国广告产业的自主发展并不是基于简单的民族情感,而是建立在全球化背景之下如何维护国家利益,维护国家经济安全和产业安全基础上的。这里,必须明确三个问题,一是中国广告产业自主发展的内涵是什么?二是中国广告产业的自主发展是否有必要,产业自主发展的战略意义何在?三是中国广告产业的自主发展是否可能,中国广告产业界是否具有自主发展的实力?

(一)中国广告产业自主发展的内涵

所谓中国广告产业的自主发展,指的是在全球化背景下,我国政府和广告产业界通过政策引导和产业创新,提高本土广告公司的规模化程度、专业化水平和经营绩效,进而主导我国广告产业的发展,有效抵御跨国广告集团在中国的强势扩张,从而更好地服务于民族企业塑造强势品牌、提升国际国内竞争力的需要。

这里有必要对这一概念做进一步阐述。(1)"全球化"是中国广告产业自主发展战略提出的重要背景。中国广告产业自主发展的问题是在全球化日益深化的背景之下提出的,它是战略的必需。根据《外商投资广告公司管理规定》,2005年12月10日之后,中国广告产业对外资完全开放,自此,中国本土广告公司已经处于一种没有任何政策保护的情况之下,与实力雄厚的跨国广告集团竞争。(2)"政策引导和产业创新"是实现中国广告产业自主发展的重要条件和保障。中国广告市场长期处于一种完全市场竞争状态,政府对本

土广告产业缺乏有效的政策保护和引导，在广告市场完全开放之后，迫切需要政府政策的引导。此外，广告产业界需要通过产业创新，迅速实现中国广告产业升级，提升本土广告公司的市场竞争力，实现中国广告产业的自主发展。

(3)"本土广告公司主导我国广告产业发展"是中国广告产业自主发展的内核。

(4)"提高本土广告公司的规模化程度、专业化水平和经营绩效，有效抵御跨国广告集团在中国的强势扩张，服务于民族企业塑造强势品牌、提升国际国内竞争力的需要"，则是中国广告产业自主发展实现的目标。

(二) 中国广告产业自主发展的战略意义

在全球化背景下，实现中国广告产业的自主发展具有重要的战略意义，主要表现在以下三方面。

1. 中国广告产业自主发展是国家自主型经济发展战略的重要构成

中国实现从外向型经济向自主型经济发展战略的转型是中国经济发展到一定阶段后的必然趋势。所谓自主型经济，就是强调本国产业的主导地位，相比较跨国企业，民族企业具有更强的市场竞争能力。国家经济实力通常表现为该国的产业竞争力，欧美经济发达国家就是因为拥有实力强大的跨国公司，这些跨国企业通过国际贸易和跨国直接投资来拓展国际市场，它们在对象国的强势扩张对当地经济事实上构成极大的冲击，如并购当地优势的民族企业，通过密集型的广告策略提高广告壁垒，挤压民族企业生存空间等。中国政府提出要提高企业自主创新能力，提高品牌附加值，提升民族企业的国际竞争力，建设创新型国家等，党的十六届五中全会更是将"形成一批拥有自主知识产权和知名品牌、国际竞争力较强的优势企业"，纳入"十一五"期间我国经济社会发展的主要目标，一个共同的指向就是要增强民族产业的竞争力，实现经济的自主发展。广告产业属于知识密集型、技术密集型和人才密集型的第三产业，属于"信息生产、信息服务、信息传播的综合型的信息产业"，也属于文化创意产业的重要组成部分，其发展对于实现国家自主型经济发展战略具有重要的价值和意义。笔者认为，中国广告产业自主发展不仅是自主经济发展战略的重要构成，更是实现国家自主型经济发展战略的重要推动力。

2. 中国广告产业自主发展是提升民族企业品牌附加值,实现"走出去"战略的现实必需

根据英国经济学家邓宁的投资发展周期理论和其他国家参与国际投资的实践,中国将进入参与国际投资的第三阶段,对外直接投资呈现快速增长态势。实施"走出去"战略,有助于中国企业在国际分工体系中占据有利地位,是中国企业提高国际竞争能力和成长为具有较强实力的跨国公司的必由之路,是缓解人民币升值压力和突破贸易壁垒的有效手段,可以降低对外贸易顺差,改善与相关国家的经贸关系。与引进外国直接投资相比,鼓励中国企业"走出去",发展"追赶型"对外直接投资是获得国外先进技术更为有效的途径。① 实施"走出去"战略,不仅需要企业有高技术含量的产品,同时也需要产品有高附加值,广告在塑造品牌、提升品牌附加值方面发挥着重要作用。在中国企业走向国际市场的进程中,需要本国优势的跨国广告集团为其提供营销传播服务,这是基于以下原因:一是欧美、日韩等国的跨国企业大都是与本国跨国广告公司共同开拓国际市场;二是在为企业提供营销传播服务时,广告从业人员如果没有强烈的民族情感、民族自豪感和使命感,没有对该企业所在国的深入了解和文化认同,服务质量则难以保证,我们很难想象中国的跨国企业能够完全依靠他国的广告公司成长为世界顶级的企业。可以说,中国广告产业自主发展是提升民族企业品牌附加值,实现"走出去"战略的现实必需。

3. 中国广告产业自主发展也是维护媒体安全和文化安全的重要保障

媒体安全对维护国家主流意识形态具有重大的意义。国内目前很多大型的国际媒介购买集团一方面通过大批量地购买媒介资源从而在某种程度上掌控媒体的经济命脉,另一方面大型的跨国广告公司和跨国媒介购买集团已经开始进入中国的媒体经营领域和内容制作领域,这些都将会对未来中国媒体的发展产生深远的影响,甚至可能危及媒体安全。此外,广告作为大众文化的重要载体,国际广告公司创作的广告大都传递西方主流的价值观念和生活

---

① 参见李东阳、周学仁:《中国企业"走出去"的战略意义》,载《光明日报》2007年1月28日理论综合版。

方式，与中国传统的价值观念和生活方式形成了巨大的反差，大量的国际品牌广告充斥媒体空间，消费者感受着西方文化的巨大魅力的同时，也开始对中国自身的文化产生认同危机，这是十分可怕的。近年来，国内广告界提出广告创意的"中国元素"值得称道，这种弘扬中华文化的传播方式也尤其值得提倡。但在利用中国元素的过程中，我们还不仅仅是在广告作品中使用一些中国特色的形象，这只是对"中国元素"的表层理解，而是应该深入到中华文化的内核中去挖掘传统文化中那些优秀的、现代的思想，这种思想的传播更能体现中华文化的魅力，这一责任无疑会落在本土广告公司身上。中国广告产业自主发展也是维护媒体安全和文化安全的重要保障。

（三）中国广告产业已经具备自主发展的基础

广告产业自主发展是必需，更是一种可能，这是我们对中国广告产业发展的整体判断。笔者认为，中国广告产业目前已经具备了自主发展的基础，主要原因有以下两个方面。

一是中国经济的持续快速增长，为中国广告产业发展创造了良好的外部经济环境。"中国的广告观依托于大国经济、大国崛起和大国意识这三大核心动力。大国经济是中国广告业继续稳步成长的坚实后盾；大国崛起所形成的聚合力与扩张性左右着中国广告业的战略方向；大国意识催生的自豪感则不断增强着中国广告产学界的自信心和凝聚力。中国的广告观，更多地承载着我们中华民族伟大复兴的理想。"① 依托大国经济、大国崛起和大国意识，中国广告产业具有更为广阔的发展空间。

二是中国已经有一批具有相当实力的本土广告公司，这些广告公司在专业服务能力方面丝毫不逊色于跨国广告公司。《现代广告》杂志发布的2006年中国广告公司综合实力十强榜中，本土广告企业有五家，分别是：分众传媒（中国）控股有限公司、江苏大贺国际广告集团有限公司、北京未来广告公司、广东省广告有限公司、上海广告有限公司，② 2006年五家公司广告营

---

① 丁俊杰、黄河：《观察与思考：中国广告观——中国广告产业定位与发展趋势之探讨》，载《现代传播》2007年第4期，第81页。
② 现代广告编辑部：《中国广告公司综合实力十强榜》，载《现代广告》2007年第8期，第45页。

业额之和为423300万元，虽只占到前十强总营业额比重的19.3%，但这些本土广告公司表现出强劲的发展势头，在为企业提供综合型广告代理服务以及为企业提供媒介代理服务等方面具有很强的竞争优势。上述十强榜可以说还只是中国本土广告公司的一个缩影，目前中国广告产业界已经形成了一大批优秀的本土广告公司群，这些本土公司的成长壮大必将加速推进中国广告产业自主发展的进程。

第三节 产业创新：中国广告产业改造与升级的必需

一、中国广告产业存在严重的结构性失衡问题

（一）专业广告公司与媒体、企业的失衡结构

中国长期推行的广告代理制是效仿欧美模式，即发展独立广告公司，而媒体和企业开办广告公司一直是受到压制和指责的。然而，由于广告公司经营规模小、专业服务能力弱等方面原因，再加上中国媒体的资源垄断以及广告主的强势，专业广告公司在与媒体和企业的博弈中总是处于一种弱势地位，这种失衡结构对于中国广告产业的发展极为不利。

媒体和企业经常是越过广告公司直接接洽，这从某种程度上也反映出媒体和企业的强势以及专业广告公司的弱小。从广告经营额上看，媒体广告经营额占广告经营总额的一半以上。"2006年，电视台、报纸、广播、杂志四大传统媒体广告经营额797.9亿元，比上年增加122.8亿元，增长18.2%，占广告经营单位经营总额的50.7%。""2006年底，全国广告公司经营额达631.3亿元，增加15.9亿元，增长2.6%。广告公司经营额占全国广告经营额的40.1%。"①从广告公司与媒体的合作来看，很多情况也并不尽如人意。"2006年，媒体价格体系混乱成为广告公司和媒体合作过程中遇到的最主要的问题，被访广告公司的选择率为57%；其次是媒体直接招揽客户，选择率为45.7%；此外，媒体

---

① 《2006年中国广告业统计数据报告》，载《现代广告》2007年第4期，第28～29页。

自办广告公司带来的竞争压力大、缺乏可信的媒体监测数据和媒体对广告公司的政策缺乏稳定性也是被访广告公司与媒体合作过程中遇到的主要问题,三项的选择率分别为29.6%、25.3%和22.6%。"①

广告公司在与企业的合作中,也明显居于弱势地位。"在广告公司和广告主的关系中,如果说是谈恋爱,也不是门当户对的那种。就是在广告公司自己来看,和广告主的恋爱,怎么看怎么像是攀高枝,广告行业和广告公司的依附性使得广告主在广告市场中的角色多少带有一些'王者'的傲慢。连续三年的数据显示,被访广告公司眼中广告主是广告市场的主导力量,而且选择率逐年提高,2006年广告主的选择率已经达到55%。"② 由于这种不均衡结构,企业在与广告公司的合作中经常随意中断与广告公司的合作,或是不断压低广告公司的代理费和服务费,或是分拆业务恶性比稿等,使得广告公司生存与发展极为艰难。

广告公司作为广告产业的主体,理应成为广告市场三方主体——广告主、广告公司和广告媒体的主导力量,而要提升在市场博弈中的地位,广告公司便要根据企业营销传播环境的变化不断调整自己的业务领域,提高广告公司的专业服务能力,实现广告公司的规模化发展。

(二)本土广告公司与外资广告公司的失衡结构

中国广告产业30年的发展历程,实现了整体上量的快速增长,同时也面临令人忧心的生存发展危机。一方面,中国广告市场完全开放,跨国广告集团加速在华的强势扩张,越来越集中,越来越庞大,大有无可阻遏之势;另一方面,本土广告公司高度分散、高度弱小。以2007年为例,2007年排名前十位的广告公司经营总额为3 152 568万元,占广告公司年度经营总额的45.8%;其中本土广告公司经营额为820 868万元,占前十位广告公司经营额的26%,外资广告公司经营额为2 331 700万元,占前十位广告公司经营额的74%,外资广告公司的强势可见一斑。从表1-4中我们也可以看出,从

---

① 陈永、丁俊杰、黄升民等:《2006年广告公司生态调查:广告公司大抉择》,载《现代广告》2007年第3期,第75页。
② 同上刊,第74页。

1996 年至今，中国广告公司经营额排名前五位的公司基本上都是外资广告公司。

表 1-4　1992~2007 年中国广告公司营业额前十名排名情况①

年份	排序	本土广告公司	外资广告公司（合资、独资）
1992	1~5	珠海东方广告有限公司 长城国际影视广告有限公司 中国广告联合总公司 上海广告公司 上海市广告装潢公司	
	6~10	广东省广告公司 北京新世纪广告有限公司 金马广告有限公司 白马广告有限公司	电扬广告公司（8）
1993	1~5	上海广告公司 上海市广告装潢公司 北京新世纪广告有限公司 中国广告联合总公司 中国国际广告公司	
	6~10	广东省广告公司 长城国际影视广告有限公司 海润国际广告有限公司 东方广告有限公司	盛世长城广告有限公司（6）
1994	1~5	上海广告公司 中国广告联合总公司 北京新世纪广告有限公司	盛世长城广告有限公司（1） 精信广告有限公司（2）
	6~10	北京国安广告公司 广东省广告公司 北京广告公司 中国国际广告公司	麦肯·光明广告有限公司（8）

---

① 资料来源：根据中广协和《现代广告》杂志历年发布的中国广告经营单位排序报告整理。
注：2003 年 7 月 28 日，上海广告有限公司正式挂上合资公司的牌子，其中 WPP 和博报堂各占 25% 的股份，从 2004 年开始统计将其归为合资公司。

续表

年份	排序	本土广告公司	外资广告公司（合资、独资）
1995	1~5	中国广告联合总公司（2）	盛世长城广告有限公司 精信广告有限公司 上海奥美广告有限公司 长城国际广告有限公司
1995	6~10	中国国际广告公司 北京广告公司 广东省广告公司	北京电通广告有限公司（9） 麦肯·光明广告有限公司（10）
1996	1~5		盛世长城国际广告有限公司 麦肯·光明广告有限公司 中乔智威汤逊广告有限公司 上海奥美广告有限公司 精信广告有限公司
1996	6~10	上海广告公司 中国广告联合总公司 长城国际影视广告有限公司 北京广告公司	北京电通广告有限公司（8）
1997	1~5		盛世长城国际广告有限公司 麦肯·光明广告有限公司 智威汤逊—中乔广告有限公司 上海奥美广告有限公司 精信广告有限公司
1997	6~10	中国广告联合总公司 广东省广告公司 上海广告有限公司	北京电通广告有限公司（7） 上海灵狮广告有限公司（10）
1998	1~5		盛世长城国际广告有限公司 麦肯·光明广告有限公司 智威汤逊—中乔广告有限公司 上海奥美广告有限公司 精信广告有限公司
1998	6~10	中国广告联合总公司 广东省广告公司 上海广告有限公司	长城国际广告有限公司（6） 上海灵狮广告公司（9）

续表

年份	排序	本土广告公司	外资广告公司（合资、独资）
1999	1~5		盛世长城国际广告有限公司 麦肯·光明广告有限公司 智威汤逊—中乔广告有限公司 精信广告有限公司 上海奥美广告有限公司
	6~10	广东省广告公司 北京未来广告公司 上海广告有限公司	上海灵狮广告公司（9） 长城国际广告有限公司（10）
2000	1~5		盛世长城国际广告有限公司 麦肯·光明广告有限公司 智威汤逊—中乔广告有限公司 上海奥美广告有限公司 精信广告有限公司
	6~10	广东省广告公司（8） 上海广告有限公司（9）	达美高广州公司 上海李奥贝纳广告有限公司 上海灵狮广告有限公司
2001	1~5		盛世长城国际广告有限公司 麦肯·光明广告有限公司 北京电通广告有限公司 上海李奥贝纳广告有限公司 智威汤逊—中乔广告有限公司
	6~10	北京未来广告公司 广东省广告公司 上海广告有限公司	精信广告有限公司（7） 上海奥美广告有限公司（8）
2002	1~5		盛世长城国际广告有限公司 麦肯·光明广告有限公司 上海李奥贝纳广告有限公司 北京电通广告有限公司 智威汤逊—中乔广告有限公司
	6~10	北京未来广告公司 广东省广告有限公司 上海广告有限公司 北京国安广告总公司（集团）	上海奥美广告有限公司（9）

续表

年份	排序	本土广告公司	外资广告公司（合资、独资）
2003	1~5		盛世长城国际广告有限公司 麦肯·光明广告有限公司 上海李奥贝纳广告有限公司 北京电通广告有限公司 智威汤逊—中乔广告有限公司
	6~10	北京未来广告公司（6） 广东省广告公司（7） 上海广告有限公司（七月合资）（8）	上海灵狮广告有限公司 上海博报堂广告有限公司
2004	1~5	北京未来广告公司（5）	上海李奥贝纳广告有限公司 盛世长城国际广告有限公司 麦肯·光明广告有限公司 北京电通广告有限公司
	6~10	广东省广告有限公司（6） 上海中润广告有限公司（8）	上海广告有限公司（7） 上海灵狮广告有限公司 TOM户外传媒集团
2005	1~5		上海李奥贝纳广告有限公司 盛世长城国际广告有限公司 麦肯·光明广告有限公司 北京电通广告有限公司 智威汤逊—中乔广告有限公司上海分公司
	6~10	北京未来广告公司 广东省广告有限公司 北京大禹伟业广告有限公司 上海广告有限公司（8） 海南白马广告媒体投资有限公司（10）	

续表

年份	排序	本土广告公司	外资广告公司（合资、独资）
2006	1~5		上海李奥贝纳广告有限公司 盛世长城国际广告有限公司 麦肯·光明广告有限公司 智威汤逊—中乔广告有限公司上海分公司 北京电通广告有限公司
2006	6~10	上海新结构广告有限公司 北京未来广告公司 广东省广告有限公司 分众传媒（中国）控股有限公司 上海广告有限公司（10）	
2007	1~5	分众传媒（中国）控股有限公司(5)	盛世长城国际广告有限公司 上海李奥贝纳广告有限公司 麦肯·光明广告有限公司 智威汤逊—中乔广告有限公司
2007	6~10	北京未来广告公司（7） 广东省广告股份有限公司（8）	北京电通广告有限公司 北京恒美广告有限公司上海分公司 广东凯洛广告有限公司上海分公司

这种市场格局与日本广告业的发展情形形成鲜明对比，"2002年，日本广告营业额57 032亿日元，排名前十位的广告公司占日本广告市场份额的比重高达71.3%，其中前十位中只有两家跨国广告公司I&S BBDO和麦肯—艾里克森，分别仅占2.2%和1.5%。日本电通2005年度财务报告显示，2004年日本排名前十位的广告公司占到整个广告经营额的比重为55.1%，本土广告公司居于绝对的强势地位，仅日本电通和博报堂两家公司就占到整个日本广告市场份额的37.4%。"[①]

中国广告市场完全开放之后，外商投资广告公司的数量呈现快速上升的态势。近年来，跨国广告公司更是不断加大对中国市场的投入，或成立独资子公司，或兼并、控股、参股中国的优势广告公司，实现其扩张战略，对中

---

① 廖秉宜：《日本媒介型广告公司的发展及其启示》，载《新闻与传播》2007年第7期，第70页。

国本土广告公司发展构成极大威胁。如果不改变本土广告公司与外资广告公司的市场占比失衡结构，中国广告产业的未来前景将会十分暗淡。

（三）区域广告产业发展的失衡结构

中国由于幅员辽阔，地区经济差异比较大，作为依附地区经济的广告公司，其发展自然也受到地区经济发展水平的影响，从而表现出经济发达地区广告业水平普遍高于经济落后地区的特点。统计数据显示，2007年，全国各地区广告经营额前五位的排名顺序依次为上海、北京、广东、江苏、浙江，沿海经济发达地区的广告经营额占据全国广告经营总额的绝大部分市场份额，其中，上海、北京、广东三地的广告经营额之和达868.2亿元，占全国广告经营总额的49.86%。[1]

尽管广告行业的发展受到经济环境的制约，同时地区的广告意识、广告专业水准、广告市场秩序等因素对地区广告市场的发展也具有重要影响，但是作为依附型产业的广告产业，同时也具有自身的独立性和能动性。地区广告公司的发展从某种程度上能够塑造本地区的强势品牌，进而将其打造为全国知名品牌，这对地区经济的发展具有重要意义。从目前广告产业发展的现状来看，地区广告产业发展的失衡结构一直没有改变。如果不改变这种格局，不仅不利于中国广告产业的发展，而且还会对地区经济发展产生重大影响。

（四）广告公司客户代理与媒介代理的失衡结构

早期广告公司的发展主要是依靠获取媒体代理佣金作为其收入的主要来源，这一时期广告公司主要是以媒体代理为主，加上处于中国市场重开初期，传媒环境与市场环境都比较单纯，竞争也不是很激烈，因而对于广告专业服务能力的要求并不高，广告公司只要选择全国性或地区性有影响的媒体投放广告，大都能成功地实现其营销传播目标，这也使得广告公司并不是在练内功上下功夫，而是更多地去与媒体建立密切的关系，通过拿到优质媒体资源来获取收益，这在一定程度上导致广告公司客户代理和媒介代理的结构

---

[1] 现代广告杂志编辑部：《2007年中国广告业统计数据报告：中国广告业增长10.68%》，载《现代广告》2008年第4期，第39页。

失衡。

随着媒体的日益"碎片化"以及市场竞争的白热化,单纯的媒介代理已经无法适应企业对广告公司的业务要求,正是在这一营销传播背景下,广告公司开始由媒介代理向提供媒介代理和客户代理转型,这可以说是广告公司发展的必然趋势。但是,媒介代理和客户代理的失衡结构仍然继续保持着。笔者认为,中国广告公司存在客户代理与媒介代理的失衡结构是基于以下事实:一是本土专业广告公司营业额排名前十位甚至前二十位的广告公司中,提供媒介代理业务的资源型广告公司占本土广告公司相当大的市场份额,如北京未来广告公司、海南白马广告媒体投资有限公司、江苏大贺国际广告集团有限公司等;二是从广告公司的经营收入来源来看,代理费仍然占有相当高的比例。"2004年广告公司生态研究表明,我国广告公司的费用收取方式进一步朝多元化方向发展。项目服务费、代理费和月费/年费三种收费形式的选择率都超过了总样本量的一半,其中,'项目服务费'已经成为广告公司赚取营业利润的主导方式之一,其比例为74.2%,超过了'代理费'的比例——65.6%,'月费/年费'的选择率也达到了54%。此外,有14.1%的被访公司采取'按销售额提成'的收费方式。"① 上述数据显示,尽管项目服务费成为收费的主导方式,但媒体代理费仍然是广告公司经营收入的重要来源。

广告公司客户代理和媒介代理的失衡结构,不利于广告公司的长远发展。一方面,从服务收费方式来看,代理费日益呈现下滑趋势,广告公司必须未雨绸缪,探索多元化的广告收费方式;另一方面,从为企业服务的角度来看,客户代理日益重要,将会成为广告公司收入的主要来源。

(五)广告代理业务的失衡结构

中国本土广告公司的代理业务长期集中在广告运作领域,附加值不高,可替代性强,利润率低,因而很难形成核心竞争优势。《现代广告》杂志发布的《2005年度广告公司生态调查专项报告》显示,被访广告公司2005年

---

① 陈永、丁俊杰、黄升民等:《2004年中国广告业生态调查报告》,载《现代广告》2005年第3期,第19页。

为企业提供的服务排名依次为：广告策划、设计制作、广告创意、媒介广告代理及销售、媒介计划、促销活动、媒介购买、企业形象设计/CI 战略策划、品牌建设及管理、市场调查、公共关系、营销战略咨询及策划、广告监测及效果评估、其他。① 调查结果显示，排在前五位的是广告策划、设计制作、广告创意、媒介广告代理及销售、媒介计划，可见广告公司经营业务主要还是集中在传统的广告代理领域，而对企业迫切需要的营销战略咨询及策划、品牌建设及管理、企业形象设计/CI 战略策划、公共关系、促销活动等服务提供较少，对直效行销、互动行销等业务领域更是少有涉猎，目前更是很少有能够为企业提供整合营销传播服务的广告公司。

事实上，广告代理业务的失衡结构已经明显不适应新营销传播环境下企业对广告公司业务的新要求。广告公司如果不能够根据企业需要拓展自己的服务领域，提高自己在新业务领域的专业能力，成功实现战略转型，将很难获取新客户，或维持与现有客户之间的稳定关系。

二、产业低集中度与业务多元化是核心症结

（一）低集中度已经使广告产业由"三密集型"的高利润产业沦为劳动密集型的低效率产业

贝恩教授在 1959 年提出了 SCP 范式，并用这一范式对产业集中度与利润率的关系进行了研究。后来学者在这一研究基础之上，提出了 SCP 范式的基本研究假设：市场集中度与利润率之间呈正相关关系。也就是说，市场集中度越高，市场利润率也就越高；市场集中度低，那么企业的利润率也就不断降低。

关于市场集中度的分析，贝恩教授建立了一个 CR_8 和 CR_4 的数学分析模型。所谓 CR_4，是指同一产业内，居前四位的企业，其总产值在这个产业总量中所占的比例；CR_8 是指同一产业内，居前八位的企业，其总产值在这个产业总量中所占的比例。CR_4 小于 30%，CR_8 小于 40% 的市场属于原子型市

---

① 参见陈永、丁俊杰、黄升民等：《2005 年度广告公司生态调查专项报告》，载《现代广告》2006 年第 3 期，第 18 页。

场结构；CR_4 在 30%~35%，CR_8 在 40%~45% 之间，为低集中寡占型市场结构；CR_4 在 35%~50%，CR_8 在 45%~75% 之间，为中（下）集中寡占型；CR_4 在 50%~65%，CR_8 在 75%~85% 之间，为中（上）集中寡占型；CR_4 在 65%~75%，CR_8 在 85% 以上，为高集中寡占型，CR_4 大于 75% 则为极高寡占型市场结构。以这个指标来衡量美国的广告市场，2006 年 CR_4 为 58.53%，CR_8 为 65.22%，属于集中寡占型市场结构。

用这一市场结构分析模型来分析 2000~2007 年中国广告产业的绝对市场集中度，我们发现，前四家广告公司所占的市场比例，2000 年是 15.36%，2001 年是 13.36%，2002 年是 18.32%，2003 年是 22.95%，2004 年是 22.30%，2005 年是 20.81%，2006 年是 23.51%，2007 年是 24.7%。前八家广告公司所占的市场比例，2000 年是 24.22%，2001 年是 22.71%，2002 年是 28.18%，2003 年是 33.90%，2004 年是 30.89%，2005 年是 32.44%，2006 年是 39.08%，2007 年是 41.63%。虽说有一种缓慢的提升趋势，但中国广告产业至今仍属于"低集中度"，是一种完全竞争的、高度分散的原子型市场结构。2007 年，我国专业广告公司的户均营业额为 60.81 万元，人均营业额仅为 9.04 万元，产业利润率极其低下。"低集中度"已经使中国的广告产业由知识密集型、技术密集型、人才密集型的高利润产业，沦为劳动密集型的低效率产业。

（二）业务过分多元化导致广告产业核心竞争力的消解以及企业对广告公司专业能力的信任危机

在目前的市场环境与传播环境下，任何单一的营销传播方式，单一的传播营销传播手段都不足以成功地执行营销。在这一背景之下，我们的客户有了整合传播营销的需求。在这一市场需求的背景之下，各类专业化公司加强了这个领域的市场争夺。大量的专业管理咨询公司、公关公司、形象策划公司等这些专业化公司都从最上线在这个领域展开了营销传播业务的全面争夺。从积极方面讲，就理论意义而言，广告公司由广告服务代理走向整合营销传播服务代理，标志着专业广告公司业务领域与盈利空间的拓展。但是这次升级并没有朝着我们预期的理论目标来发展；相反，却造成专业广告公司业务过度多元化问题。企业营销传播中，各种营销传播方式都是高度专业化的，促销、公关无一不是如此。但是在这次广告产业升级的过程中，即从综合型的广告代理向整合营销传播代理转型的发展过程中，至少在中国市场，我们缺乏相关人才的储备，广告公司的组织结构也并没有做出与这次升级相符合的本质性的调整和变更。我们的业务好像是拓展了，但是我们所提供的服务已经逐渐地走向非专业化。在这一背景下，广告公司的专业化问题，广告产业的核心竞争力问题，逐渐地在这次产业升级中遭遇消解。

我们以为我们"什么"都可以做，事实上做什么都不可能做到高度的专业化。因为每一个营销传播领域都是高度专业化的。广告公司专业化的消解，使得广告产业发展面临可替代危机。"公关崛起、广告消亡"的说法，正是在这一背景下发生的。如果我们是高度专业化的，公关凭借什么样的优势，有什么足够的理由来取代广告呢？广告产业业务过度多元化导致专业化消解的问题，不仅发生在中国，所有的国际性的代理公司、跨国集团，在这次转型和升级过程中，都面临着同样的问题，只是这一问题在中国表现得更为突出。由于专业领域不断扩大，广告产业竞争优势逐渐在消失，不可替代性的优势在消失。

三、产业创新推动中国广告产业的转型与升级

（一）创新提高广告公司的核心竞争力

广告公司的核心竞争力就是能为广告主提供专业化的服务，而这种服务是随着营销传播环境的变化而不断变化的，广告公司只有顺应市场环境和传播环境的改变，不断调整自己的经营业务，不断提升自己的专业能力，才能真正为广告主解决营销传播的实际问题，帮助其塑造强势品牌并最终推动企业的市场销售。大卫·奥格威曾指出，"广告的终极目的就是为了销售"。尽管广告的目标不仅包括营销目标，还包括传播目标，产品的每个阶段广告所要达成的目标是不同的，但核心都是要让品牌获得消费者的好感和认同，最终刺激消费，产生实际的购买行动。由此笔者认为，广告公司的业务必须要创新，中国的市场变化太快，如果广告公司固守传统的经营领域，将无法满足企业营销传播的新需求。从世界广告业的发展来看也同样如此。"20世纪60年代以前所使用的广告概念，更多是指具体的广告作品，充其量也仅指单

一的广告活动。""20世纪60年代以后,或者70年代以来,市场环境与传播环境有了巨大的改变,以单纯的广告制作与发布为形态的广告形式,依然有许多的留存,但更多地是以系统的广告运动的形式存在。""20世纪70年代以来,广告策划的概念被广泛而频繁地使用,广告策划逐渐成为广告运作的中心。"① 因此,广告公司的核心业务也从早期的广告创意制作领域拓展为负责广告运动的全过程,即包括了从市场调查、广告策划、广告创意、广告制作、媒体计划和购买、媒体选择与组合投放到最终广告效果调查与测定等在内的系统的整体的广告活动。广告公司业务的创新极大地满足了企业对广告服务的新需求,也提升了广告公司的核心竞争力。20世纪90年代以来,全球营销传播环境发生了深刻的变化,社会阶层呈现"碎片化"的趋势,"在阶层'碎片化'的基础上,消费、品牌、媒介、生活方式也正朝着'碎片化'方向发生着相应变化。"② 在此种营销传播环境之下,任何单一的营销传播工具都已经无法成功执行营销,整合营销传播理论正是在这一背景下兴起的。广告公司必须实现业务转型,这是新营销传播环境下企业对广告公司提出的更高要求。广告公司如何转型为整合营销传播公司,既能够形成规模优势,又能避免业务多元化造成专业化消解的问题,确保专业服务水平的提升,这是目前困扰中国广告界的一大难题,该话题将在后文中重点论述,在此暂不做展开。

  从广告服务提供的角度看,广告公司的创新就是要为广告主提供创新的、实效的广告策划创意解决方案;从企业营销传播需求变化的角度来看,广告公司是为广告主提供智力服务的企业,广告公司的创新就是要随企业营销传播需求的变化不断调整自己的业务领域,并对广告公司进行组织再造和制度创新;从广告公司与广告主、媒体合作模式的角度看,广告公司的创新就是要根据市场环境的变化,与广告主、媒体建立新型的战略合作伙伴关系。由此可见,广告公司只有不断创新,才能提升自己的专业服务能力,也

---

① 张金海:《20世纪广告传播理论研究》,武汉大学出版社2002年版,第72~74页。
② 黄升民、杨雪睿:《碎片化:品牌传播与大众传媒新趋势》,载《现代传播》2005年第6期,第6页。

才能在激烈的市场竞争中立于不败之地，最终受到广告主的肯定。

（二）创新推动中国广告产业结构升级

中国广告产业存在严重的结构性失衡问题，影响中国广告产业的持续快速发展。这种失衡结构不仅不利于专业广告公司的发展，同时也会波及并影响中国民族企业和传媒产业发展。针对中国广告产业的结构性失衡问题，以及创新在推动广告产业转型与升级中的作用具体有以下几个方面的内容。

（1）改变中国广告产业中专业广告公司、媒体和企业的失衡结构。通过产业创新，形成一批具有雄厚资金实力，管理先进、运作规范和服务专业的大型广告集团，从而在与媒体和企业的博弈中拥有更多的话语权和主动性。

（2）改变本土广告公司与跨国广告公司的市场失衡结构。通过创新广告公司发展模式和发展路径，打造一批具有强大竞争优势的本土广告集团，提升本土广告公司的整体市场竞争能力，从而主导中国广告产业发展。

（3）改变区域广告产业发展的失衡结构。中国广告产业存在严重的区域发展失衡问题，广告产业主要集中在京、沪、粤三地，这里拥有一大批优秀的国际国内知名广告公司，三地每年的广告营业额占据中国广告产业年营业总额的半壁江山，相比之下，国内其他区域由于经济因素和地理条件的限制，发展缓慢，这对于地区经济的发展和地方品牌的升级是极为不利的。通过建设广告产业集群的方式在全国形成几个大的广告创意产业示范园区，带动区域经济的发展，进而可以改变长期以来区域广告产业发展失衡的困境。

（4）改变目前客户代理和媒介代理的失衡结构。中国的专业广告公司存在重媒介代理轻客户代理的现象，在京、沪、粤三地之外表现得格外突出。长期以来，媒介代理佣金成为广告公司收入的主要来源，因而很多广告公司并不是去努力提升自己的专业服务能力，而是通过占有媒体资源获取收益，在营销传播环境急剧变化的情况下，其专业服务能力自然受到企业的质疑。未来广告产业合理的结构应该是以客户代理为主，媒介代理为辅。

（5）改变广告代理业务的失衡结构。中国本土广告公司长期集中在广告专业领域，利润空间狭小。中国专业广告公司必须要根据企业的营销传播需要调整自己的主营业务，实现产业价值链重构和业务的重组，提升广告公司的整合营销传播服务能力，才能最终赢得市场的主动。

（三）创新增强中国广告产业对资金、人才和客户的吸附力

中国广告产业从资金密集、人才密集和技术密集"三密集型"的高利润产业沦为劳动密集型的低利润产业，广告产业缺乏吸引力，这已经严重危及中国广告产业的发展。优秀人才的加入对于中国广告产业的发展至关重要，然而现实的状况却非常令人担忧。很多优秀人才流向了企业或媒体广告部门，广告公司面临"人才盆地"的危险①；对于广告公司的规模化发展而言，资金的需求就显得尤为迫切，而资本是具有逐利性的，传统广告产业的低利润回报率也使得资金对广告产业的投入缺乏动力；客户是广告公司生存和发展之源，广告产业的发展与专业实力的提升，将大大提升企业对广告公司的认同度，提高广告主变更广告代理公司的"转换成本"，也增强了企业对广告公司的依赖性，而现实的情况则是企业对广告公司专业服务能力普遍认同度不高。产业创新核心就是通过创新实现中国广告产业升级，提升本土广告产业的市场竞争力和行业利润，进而增强广告产业对资金、人才、客户的吸附力。

---

① 参见陈刚：《制约本土广告公司发展的两个瓶颈》，载《广告大观》（综合版）2005年第10期，第158~159页。

第二章

全球广告产业的集中化趋势与跨国广告集团的中国战略

中国广告产业的发展置于全球经济的大背景之下，全球广告产业的发展趋势和跨国广告集团的发展战略必然会对中国广告产业的发展产生重大影响。本章重点解析欧美国家国内广告产业的集中化趋势，欧美跨国广告集团全球扩张模式的选择，以及跨国广告集团全球扩张导致全球广告产业高度集中等问题，并深度解读跨国广告集团在中国新一轮强势扩张的市场战略。

第一节 国际视野与中国视野

一、国际视野

研究中国广告产业的发展，必须将其置于全球化的背景下加以考察，即需要具备国际视野。所谓国际视野，就是洞悉国际广告产业发展的历史与现状，对欧美发达国家广告业的发展做历时性与共时性审视，从而能够深刻把握全球广告产业发展的规律及趋势。中国广告市场完全开放之后，欧美发达国家跨国广告集团加速在中国扩张市场，这些跨国广告集团选择何种进入模式，其发展战略究竟如何，全球广告产业发展表现出何种特点等，都需要学界和业界予以重点关注。唯有如此，我们才能站在产业发展的前沿，通过产业创新实现对欧美跨国广告集团的超越，否则，中国本土广告公司只能屈居市场追随者甚至是补缺者位置，这对于中国广告产业的发展和中国民族企业的发展都是极为不利的。因而，我们主张研究中国广告产业，发展中国广告产业，都需要有国际的视野。

那么，全球广告产业的发展究竟表现为哪些显著特点呢？笔者认为，有三个主要特点和趋势是必须引起重点关注的。

(一) 集团业务的多元化

20 世纪 60 年代以来，以美国为代表的西方广告产业经历了一次重大的产业升级，美国一系列广告公司建立起全国性的广告网络，通过联合、并购等方式组建广告集团，在广告市场中牢牢占据举足轻重的地位。美国成为世界上最强广告集团分布比例最大的国家，也最先进入综合服务时代。由此，美国广告产业得以在全球率先完成了以集团化为标志的产业升级。[①] 美国广告公司的集团化有两个重要背景：(1) 企业在国内市场业务的拓展需要全国性广告公司为其提供服务，通过直接开设分公司、联合或并购等方式，很多区域性广告公司发展成为全国性广告集团；(2) 企业对于营销传播服务需求的增加，要求广告公司能够为其提供包括广告代理服务在内的整合营销传播服务，最快的方式就是通过并购专业的营销传播公司，将其纳入广告集团旗下，这也催生了美国国内大型营销传播集团的诞生。以全球最大的营销传播集团宏盟集团（Omnicom Group）为例，集团旗下就拥有 30 多家广告和市场营销培训机构、150 多家战略品牌平台、1500 多家独立的广告代理公司。2006 年，宏盟集团全球营业收入（Worldwide Revenue）113.769 亿美元，其中广告收入（Advertising）占 42.8%，客户关系管理（CR_M）占 35.9%，专门代理（Agencies）占 11.2%，公共关系收入（PR）占 10.1%（见图 2 - 1）。法国阳狮集团（Publicis Group）2006 年全球营业收入（Worldwide Revenue）61.908 亿美元，其中广告收入占 44%，专门代理及营销服务收入（SAMS, Specialized Agencies and Marketing Services）占 30%，媒介代理收入占 26%（见图 2 - 2）。

[①] 参见陈永、张金海等：《中国广告产业将走向何方？——中国广告产业现状与发展模式研究报告》，载《现代广告》2006 年第 7 期，第 25 页。

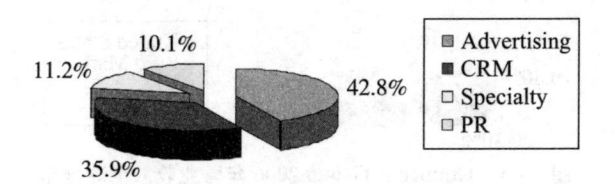

<<< 第二章 全球广告产业的集中化趋势与跨国广告集团的中国战略

图 2-1 Omnicom Group 2006 年营业收入各项业务所占份额

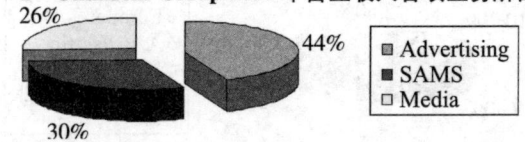

图 2-2 Publicis Group 2006 年营业收入各项业务所占份额

数据来源：Omnicom Group 2006 年财务报告，February 13，2007；Publicis Group 2006 年财务报告，February 28，2007。

（二）市场扩张的全球化

20 世纪 60 年代，欧美广告公司就开始了全球扩张的历程，主要有以下两个方面原因：（1）跨国企业在全球拓展市场的过程中，需要广告公司能够提供统一标准的服务，因而伴随欧美跨国企业的全球化，欧美广告公司也逐步发展为全球性广告集团；（2）在国内广告市场竞争日趋激烈的背景下，开拓国际市场无疑是增加广告公司营业收入的重要途径。同样以美国宏盟集团和法国阳狮集团为例，2006 年宏盟集团全球营业收入 113.769 亿美元，其中美国市场营业收入 61.94 亿美元，占 54.4%，美国以外市场营业收入 51.829 亿美元，占 45.6%。其中欧洲市场（不包括英国）占 20.3%，英国市场占 10.8%，其他地区市场占 14.5%（见图 2-3）。2006 年阳狮集团全球营业收入 58.713 亿美元，其中北美市场占 42%，欧洲市场占 39.8%，亚太地区市场占 10.7%，拉丁美洲市场占 4.9%，非洲和中东地区市场占 2.6%（见图 2-4）。图 2-3 和图 2-4 均显示，海外市场已经成为这些大型跨国广告集团获利的重要途径，而且近年来海外市场营业收入增幅大都超过国内市场。

14.50%
10.80%
20.30%
54.40%
- United States
- Euro Markets
- UK
- Other

图 2-3　Omnicom Group 2006 年营业收入全球分布

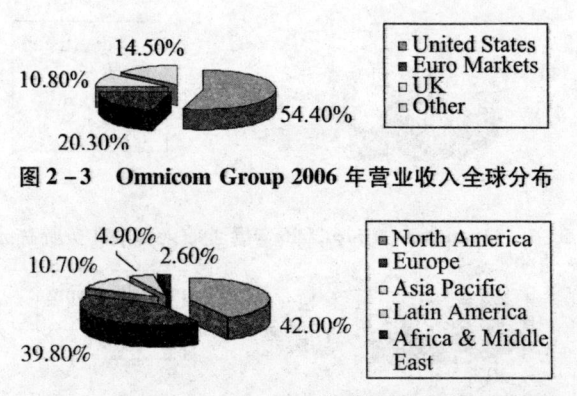

4.90%
10.70%　2.60%
39.80%
42.00%
- North America
- Europe
- Asia Pacific
- Latin America
- Africa & Middle East

图 2-4　Publicis Group 2006 年营业额全球市场分布

数据来源：Omnicom Group 2006 年财务报告，February 13, 2007；Publicis Group 2006 年财务报告，February 28, 2007。

（三）广告产业的集中化

"市场集中度是指某一特定产业中市场份额控制在少数大企业手中的程度，它是反映特定产业市场竞争和垄断程度的一个基本概念。"① 我们这里运用绝对集中度对全球广告产业的垄断和竞争程度进行研究，所谓绝对集中度，它一般是以产业中最大的 n 个企业所占市场份额的累计数占整个产业市场的比例来表示（CR_n）。以绝对集中度来计算，2006 年全球广告市场营业收入 707 亿美元，前五大广告集团营业收入占全球营业收入的 52.62%，前十大广告集团营业收入占全球营业收入的比重高达 60.93%。以产业经济学计算绝对集中度通常采用的两个指标 CR_4 和 CR_8 来看，2006 年前四位广告集团营业收入占全球营业收入的比重（CR_4）和前八位广告集团占全球营业收入的比重（CR_8）也分别高达 48.45% 和 59.69%（见表 2-1）。由此可见，全球广告产业表现为高市场集中度，即十大广告集团主导全球广告市场。目前，全球十大广告集团加速在全球拓展市场，使得全球广告市场有继续集中的趋势。这些大型的跨国广告集团利用自身拥有的网络优势、资金优势、资源优势以及成熟的经营运作模式，大肆进军全球市场，并通过直接投

---

① 王俊豪主编：《现代产业经济学》，浙江人民出版社 2005 年版，第 66 页。

资、合资或并购东道国领先的营销传播公司等方式,实现对全球广告市场的垄断。

表2-1 2006年十大广告集团全球营业收入、所占比重及集中度情况①

排名	广告集团	总部驻地	全球营业收入（百万美元）	占全球总营业收入的比例（%）	CR_4&CR_8
1	Omnicom Group	New York	11 376.9	16.09%	
2	WPP Group	London	10 819.6	15.30%	
3	Interpublic Group of Cos.	New York	6 190.8	8.76%	
4	Publicis Groupe	Paris	5 871.3	8.30%	48.45%
5	Dentsu	Tokyo	2 950.7	4.17%	
6	Havas	Suresnes,France	1 841.0	2.60%	
7	Aegis Group	London	1 825.8	2.58%	
8	Hakuhodo DY Holdings	Tokyo	1 337.0	1.89%	59.69%
9	aQuantive	Seattle	442.2	0.63%	
10	Asatsu-DK	Tokyo	430.0	0.61%	

二、中国视野

对全球广告产业的重点关注,是为中国广告产业的发展提供重要参照。长期以来,中国广告产业界和理论界很少去关注和研究全球广告产业发展的历史进程和最新态势,从而也就无法取得与跨国广告集团相抗衡的实力。中国广告市场自1979年重开以来,至今发展已有40年的历程,这40年对于成长上百年的欧美广告业而言是相当短暂的,然而,现实的背景是中国广告公司必须面对与发展了数百年的跨国广告集团的竞争,"师夷长技以制夷"这个古训对于成长中的中国广告产业而言同样具有重要的启示意义。中国广告

---

① 数据来源:"Special Report",*Advertising Age*,April 25,2007;2006年全球广告市场总营业收入(Alobal Advertising Market Generated Total Revenues)707亿美元,该数据来自http://www.datamonitor.com。

市场已经完全对外资开放，中国广告公司处在一种没有任何政策保护的市场环境下与外资公司竞争，这就提示我们必须要正视中国广告产业目前存在的核心问题，参照全球广告产业发展的特点和趋势，及时做好应对策略，提升中国民族广告公司的市场竞争实力。对全球广告产业发展的关注不是目的，我们研究的落脚点是如何提升本国广告公司的核心竞争力，推动中国广告产业的整体升级，使中国能够产生世界性的广告集团。

在具备国际视野的同时，我们主张要有中国视野和国家立场，即关注中国广告产业的现实，立足中国广告产业的发展，坚持国家利益至上原则。中国广告产业发展的现实是什么？这是本书重点研究的问题之一。中国广告产业在经历了30年的发展后，仍然处于一种高度分散和高度弱小的状态，广告产业集中度非常低，属于一种原子型市场结构，这是我们对中国广告产业现状的整体判断。2005年12月10日中国广告市场完全开放之后，跨国广告集团加大了对中国广告市场的投入，主要原因在于中国经济的快速增长，使得中国广告市场成长空间巨大，任何国家的跨国广告公司都不想错过中国市场，这些跨国广告集团对中国广告市场有着较高的成长预期，因而纷纷加大对中国广告市场的投入，一些跨国广告集团甚至将亚太区总部搬到中国也反映出跨国广告集团的战略意图。目前这些跨国广告集团或通过并购中国本土最优秀的专业营销传播公司，逐步发展为大型的营销传播集团，或通过并购中国本土最优秀的广告公司实现区域市场的扩张和新业务领域的渗透，而且此种趋势在未来会愈演愈烈，这必将加剧跨国广告集团在中国市场的集中，从而主导中国广告产业的发展。强者越强，弱者越弱，这是市场竞争的必然规律。如果这种局面继续发展下去，中国广告产业的前景将非常暗淡，中国广告产业自主发展也无从谈起，对于中国经济的自主发展也会产生极大的负面效应。

国内目前关注中国经济自主发展的问题主要集中在制造业领域，而对于服务业自主发展的问题研究较少。笔者认为，包括广告业、零售业在内的服务业自主发展关乎中国经济自主发展战略的实现。2008年1月10日，《21世纪经济报道》发表了一篇题为《沃尔玛加入，封杀国产彩电之声不绝》的新闻，称深圳沃尔玛山姆店自从2005年底搬迁到侨香路新址后，将其彩电区域换成了清一色的外资品牌。这里的彩电销售区域范围超过1000平方米，但是其品牌全部是索尼、三星、飞利浦、东芝、LG、夏普等外资品牌，其中索尼、三星、夏普的产品品类更多，偌大的空间没有一家国产平板的身影。①从这一事例中我们可以得出诸多启示，尽管企业作为追求自身利益最大化的"经济人"，其市场行为主要是从商业利益来考量。但是跨国企业集团、跨国营销传播集团以及国际零售业巨头之间由于存在文化价值观念的共通性和共同的利益追求，往往很容易结成"利益同盟"。随着这些跨国营销传播集团、国际零售业巨头在中国市场急速扩张，市场份额急剧增大，一旦它们对中国民族品牌实行封杀，将会对中国民族产业的发展产生巨大的冲击。我们主张提升本土广告公司核心竞争力，提高中国广告产业集中度，推动中国广告产业整体升级，从而实现中国广告产业自主发展，正是基于对全球经济的深层观照与对中国市场的现实考量。

第二节 全球广告产业的集中化趋势

一、欧美国家国内广告产业的集中化趋势——以美国为例

二战以后，全球经济进入恢复和发展时期，整个20世纪50年代可以说是欧美经济的恢复期，进入60年代以后，西方发达国家经济快速增长，60年代的"黄金十年"更是将美国经济推向了一个新的高潮。经济的繁荣导致市场竞争的加剧，企业对广告代理的需求也不断增长，这从一定程度上推动了广告产业的发展。20世纪60年代以来，欧美国家内部和全球范围内，广告公司开展了大量的收购和兼并活动，使得欧美各国广告产业趋于高度集中，全球广告产业的集中度也呈现上升的态势。欧美广告产业发展有其共通性，这里我们选取全球广告产业最发达的，也是最具代表性的美国进行考察，通过对美国广告产业发展历史与现实的观照来分析欧美广告产业的发展

---

① 郎朗：《沃尔玛加入，封杀国产彩电之声不绝》，载《21世纪经济报道》2008年1月10日。

趋势。

广告公司发现成长最快、最保险的方式就是并购其他代理公司。① 20世纪60年代，美国经济快速发展，广告在企业营销中占据重要位置，这一时期形成的三大创意理论更是具有广泛而重大的影响力。这一时期，广告公司伴随美国经济的发展而加速成长，整个市场规模不断扩大，广告公司的主营业务还是集中在广告运作领域，所发生的收购和兼并活动也主要是集中在广告公司之间，并购的核心目标是为了快速拓展区域市场，快速获取广告客户，广告公司逐渐向集团化发展。以集团化为标志的广告产业升级导致市场集中度不断提高。1962年，美国排名前十位广告公司经营额占广告公司总经营额的38.2%，1966年这一比例则提高到41.7%（见表2-2）。根据总营业收入排名，1966年，智威汤逊广告公司（J. Walter Thompson）、扬·罗必凯广告公司（Young & Rubicam）、BBDO（Batten, Barton, Durstine & Osborge）广告公司、李奥·贝纳广告公司、DDB广告公司（Doyle Dane Bernbach）、贝茨广告公司（Ted Bates）等营业收入都在一亿美元以上，属于当时全美和世界最大的广告公司之列。

表2-2 20世纪60年代美国广告公司经营额集中度②

单位：10亿美元

年份	广告经营额	广告公司经营额	广告公司经营额比例	CR_{10}	CR_{20}
1962	12.9	5.5	44%	38.2%	42.3%
1963	13.6	6	46%	36.7%	45%
1964	14.6	6.6	46%	37.9%	45.5%
1965	15.6	6.4	42%	40.6%	48.4%
1966	16.8	7.2	43%	41.7%	47.2%

20世纪70年代早期，美国经济的衰退使得很多广告代理公司纷纷裁员

---

① Bernstein, Peter W. (1979), "Here Come the Super Agencies", *Fortune*, August 27, pp. 46-54.
② 参见张金海等：《全球五大广告集团解析》，载《现代广告》2005年第6期。

<<< 第二章 全球广告产业的集中化趋势与跨国广告集团的中国战略

并增加服务项目,以此获取额外的经营收入。① 一方面是企业开始调整自己的营销传播战略,从重视长期的营销战略转向注重短期的利益回报,以此增强股票投资者的信心。企业开始越来越关注能够直接促进销售增长的营销传播工具,如销售促进、直效行销或其他实效的营销传播方式,而这些是传统广告代理公司无法提供的。② 另一方面,广告代理公司经营管理者也在思考广告公司转型的问题,并购在销售促进、公共关系、直效行销和健康医疗传播服务等领域具有专长的代理公司,为企业提供更为全面、更加专业的营销传播服务,成为这一时期广告公司集团化发展的主要模式。这种并购活动也大大提升了美国广告市场的集中度。20世纪六七十年代,美国营业额排名前50位的广告公司大都隶属于国内几家大型广告集团。

表 2-3 2006年美国营业收入前十位的广告集团所占比重及集中度情况③

排名	广告集团	总部驻地	美国营业收入（百万美元）	占美国总营业收入的比例（%）	CR_4 & CR_8
1	Omnicom Group	New York	6 194.0	21.96%	
2	WPP Group	London	4 195.9	14.88%	
3	Interpublic Group of Cos.	New York	3 441.2	12.20%	
4	Publicis Groupe	Paris	2 676.6	9.49%	58.53%
5	Havas	Suresnes, France	687.4	2.44%	
6	Aegis Group	London	489.4	1.74%	

---

① Rigg, Cynthia and Alan (1989), "Crumbling Empire", *Crain's New York Business*, May 8, pp.31-35.
② Robert H. Ducoffe and Sanda J. Smith (1984), "Mergers and Acquisitions and the Structure of the Advertising Agency Industry", *Journal of Current Issues and Research in Advertising*, spring, Volume 16, Number 1, p.15.
③ 数据来源:Special Report, Advertising Age, April 25, 2007;2006年美国营销传播代理公司营业收入(revenue for U.S. marketing-communications agencies)282亿美元,该数据来自http://www.adage.com。

71

续表

排名	广告集团	总部驻地	美国营业收入（百万美元）	占美国总营业收入的比例（%）	CR_4 & CR_8
7	MDC Partners	Toronto/New York	355.9	1.26%	
8	Quantive	Seattle	352.1	1.25%	65.22%
9	Epsilon	Irving, Texas	300.0	1.06%	
10	Sapient Corp.	Cambridge, Mass.	296.4	1.05%	

20世纪80年代以来，广告公司之间的并购行为不仅发生在大公司和小公司之间，而且大公司之间的联合、收购与兼并活动也时有发生，从而产生一些超大型的广告集团。1986年，Batten, Barton, Durstine & Osborne（BBDO），Doyle Dane Bernbach（DDB）与Needham Harper合并成立宏盟集团（Omnicom Group）；1993年，宏盟集团并购TBWA，1995年，并购Chiat/Day公司；近年来，宏盟集团在美国本土和全球广告市场上的并购活动不断，从2002年至今该公司一直是全球最大的营销传播集团。目前，美国国内广告产业绝大部分市场份额被几家大型的广告集团所瓜分。2006年美国广告公司营业收入比2005年增长8.8%，达到282亿美元，这里我们以集团为单位来进行考察，2006年广告集团在美国市场营业收入排名前四位的公司营业收入占美国广告公司营业收入的比重（CR_4）高达58.53%，排名前八位的公司营业收入占美国广告公司营业收入的比重（CR_8）为65.22%（见表2-3）。由此可见，美国广告市场属于一种集中寡占型的市场结构。

二、欧美跨国广告集团的全球扩张

纵观欧美广告公司的发展，大都经历了这样一个过程。广告公司首先通过在国内获取新业务、开设分公司，或通过联合与并购等方式，实现广告公司的规模化发展，并成长为本国优秀的广告公司。企业营销传播需求的变化，使得这些广告公司不再局限于单一的广告业务领域，开始以广告公司为核心并购相关营销传播领域的领先公司，从而迅速成长为大型的营销传播集团。随着跨国企业不断在全球拓展市场业务,迫切需要大型的跨国广告集团为其提供全球服务,这也使得全球广告市场的竞争更趋激烈,全球广告市场也逐步掌控在几家超大型的营销传播集团手中。

(一)跨国广告集团全球市场扩张的动因分析

广告集团成长为跨国广告集团,有着内在的动因。

1. 跨国企业的需要

二战以后,欧美发达国家的跨国企业加速在全球扩张市场,对外贸易、并购和成立合资公司等成为主要的市场进入模式。由于这些跨国企业缺乏对东道国市场环境和消费者需求的了解,往往需要借助跨国广告公司的力量实现市场拓展,并提供统一标准的营销传播服务,这也就形成了跨国企业与跨国广告公司之间天然的联姻。欧美广告公司也正是根据跨国企业的市场需要及时拓展全球业务,扩大广告公司的全球市场份额。正是在这一背景下,欧美国家一些大型的广告集团逐渐发展为跨国广告集团,并利用其雄厚的资金实力,开展全球广告市场的联合与并购,从而快速拓展自己的市场领域(国内市场、欧洲市场、亚太市场等)、行业领域(房地产、医疗、食品等)、营销传播代理领域(广告、公共关系、促销等),提升跨国广告集团专业的营销传播服务能力,更好地服务于跨国企业的全球化市场战略。

2. 广告公司自身发展的需要

欧美一些大型的跨国广告集团很多是上市公司,公司的经营业绩直接影响股东投资的信心。通过在全球拓展市场,并购其他广告公司,能够快速获取新的客户,实现经营收入的显著增长,增强股东投资信心,因而也成为麦迪逊大道经营管理者们思考的首要问题。跨国广告集团由于服务一些大型的跨国企业,而这些大型的跨国企业在全球都有业务,因而也使得跨国广告集团的业务迅速扩张到全球。尽管刚进入东道国时由于对市场环境和消费文化不是很了解,这些跨国广告集团显得水土不服,然而随着跨国广告集团日趋本土化,重点体现在人才的本地化及开展东道国市场研究和消费者研究,根据东道国消费者的需求及消费心理开展广告及相关营销传播活动,这些跨国广告集团在东道国的竞争力正不断提升。同时,由于具有丰富的全球资源

（包括客户资源、人才资源、资金资源等）和先进成熟的管理运作经验，这些跨国广告集团不仅在争取国际客户上更具竞争优势，而且也将东道国一些极具成长性的民族企业收入囊中，这一特点在发展中国家表现得尤为突出。根据美国《广告时代》杂志的统计，2006年美国营业收入排名前十位广告公司的国外广告业务均大大超过本国广告业务（见表2-4）。

表2-4　2006年美国营业收入前十位广告公司国内外收入及比例①

排名	广告公司（母公司）	总部驻地	美国营业收入及比例（百万美元）		非美国营业收入及比例（百万美元）	
1	JWT* [WPP]	New York	445.4	34.6%	841.1	63.4%
2	BBDO Worldwide* [Omnicom]	New York	444.2	28.8%	1 095.7	71.2%
3	McCann Erickson Worldwide* [Interpublic]	New York	443.4	30.0%	1 035.8	70.0%
4	Leo Burnett Worldwide* [Publicis]	Chicago	312.0	34.3%	597.0	65.7%
5	Ogilvy & Mather Worldwide* [WPP]	New York	290.0	37.7%	480.0	62.3%
6	DDB Worldwide Communications Group* [Omnicom]	New York	277.9	22.0%	986.0	78.0%
7	Y&R* [WPP]	New York	250.0	30.5%	570.0	69.5%
8	Grey Worldwide* [WPP]	New York	235.7	42.5%	319.3	57.5%

---

① 数据来源："Special Report", *Advertising Age*, April 25, 2007。

<<< 第二章　全球广告产业的集中化趋势与跨国广告集团的中国战略

续表

排名	广告公司 （母公司）	总部驻地	美国营业收入及比例 （百万美元）		非美国营业收入及比例 （百万美元）	
9	Saatchi & Saatchi* [Publicis]	New York	212.6	35.9%	380.2	64.1%
10	DraftFCB* [Interpublic]	Chicago/ New York	210.8	44.2%	266.1	55.8%

注："*"表示 Advertising Age（估计数字）。

（二）跨国广告集团全球扩张的主要模式

欧美国家选择何种方式进入全球市场，这是需要引起我们足够重视的重要课题。从20世纪60年代开始，欧美发达国家广告集团开始了全球扩张的历程，伴随跨国企业的全球化而发展成为全球性的广告集团。在开拓全球市场的进程中，跨国广告集团选择何种模式进入新市场，直接影响广告集团在东道国的市场绩效，这也是跨国广告集团首要的考虑因素。从获取的研究文献来看，国内广告学界还没有专门关于跨国广告集团全球扩张模式的研究成果。我们对跨国广告集团全球扩张模式的关注重点在于考察它们的市场动向，为本国广告公司的发展提供重要参照。在对欧美跨国广告集团的全球扩张进行深入观照后，我们发现欧美国家选择进入全球市场的模式主要有以下几种：收购与兼并、合资公司、先合资再并购或在东道国设立分公司等。模式的选择主要是依据对外直接投资理论和交易费用理论。

1. 收购与兼并

美国学者 Jaemin Jung 曾做过相关统计，见表2-5。在1981~2001年20年间，全球共发生了603次大型的跨国并购活动，其中主要是由美国（41.0%）、英国（25.5%）、法国（17.9%）、日本（3.8%）四国的跨国广告集团所发起，占总数的88.2%。

表2-5　1981~2001年全球广告市场跨国并购情况①

并购国	数量（次）	比例（%）
美国	247	41.0
英国	154	25.5
法国	108	17.9
日本	23	3.8
瑞典	13	2.2
德国	9	1.5
澳大利亚	8	1.3
西班牙	6	1.0
加拿大	5	0.9
其他	30	4.9
总计	603	100.0

从全球十大广告集团的分布来看，也主要集中在以上四个国家。通过兼并和收购活动，美、英、法、日国内一些大型的广告公司日益成长为全球最强大的广告集团。1986年，DDB Needham 与 BBDO 合并，建立了美国 Omnicom 集团；1995年，Chiat/Day 被 Omnicom 收购，并与 Omnicom 在1993年时收购的 TBWA 合并，形成现在的 TBWA/Chiat/Day（李岱艾），目前 Omnicom 集团已经成为全球最大的广告集团，2006年全球营业收入113.769亿美元。英国的 WPP 集团在1999年并购世界第七大广告集团扬雅（Young & Rubicam）之后，2000年以79.7亿美元的营业收入成为当时全球最大广告集团。② 1926年创建的法国阳狮集团（Publicis Groupe）在20世纪90年代中后期，通过一系列并购迅速跻身全球性广告与传播集团之列，2000年6月该集团以价值19亿美元的股票平稳收购盛世长城（Saatchi & Saatchi），加强了集团在美国的业务；2002年3月，对广告集团 Bcom 3（由李奥贝纳和达美高于

---

① Jaemin Jung (2004), "Acquisitions or Joint Ventures: Foreign Market Entry Strategy of U. S. Advertising Agencies", *Journal of Media Economics*, 17 (1), p. 43.
② R. C. Endicott (2001), "Agency Report", *Advertising Age*, April 23, pp. 1-36.

1999年合并成立）30亿美元的收购及入股日本电通17%的份额，使阳狮进一步巩固了在美、日的市场份额。日本电通集团2001年的海外业务收入占总营业收入比例为4.8%，2005年这一比例上升为6.3%。2000年以来，电通加快在海外市场的扩张步伐，通过与阳狮换股（作为投资Bcom 3的延续，持有阳狮15%的股份）拓展欧美广告市场，同时还加大在亚太市场尤其是在中国市场的扩张步伐，电通集团在2006年以29.507亿美元的收入排名全球第五大营销传播集团。

跨国广告集团的并购模式，依据资本运营和自身机体增长两种取向，主要有以下四种类型①。

（1）自身机体成长与并购结合型。以法国阳狮集团为代表。该集团前身Publicis广告公司成立于1926年，之后不断进行经营创新，在成为法国最大的广告公司之后通过购并方式在欧洲建立领先地位，之后又通过边进行自身业务扩张边积极进行收购的方式迅速占据多个市场。

（2）联合/合并型。以美国Omnicom、IPG为代表。此类集团以业务合作为基准，以资本为纽带，积极开展核心业务和多元业务扩张。IPG旗下的主要广告公司麦肯·光明曾收购一家名叫Marschalk & Pratt的广告公司，仍然保留其原有的名称，让该公司独立运作，但在财务等方面又归属麦肯。通过"公司中的公司""相互竞争又统一管理的分公司体系"保持集团机体增长，对日后IPG集团和Omnicom的经营产生了重大影响。

（3）收购/兼并主导型。以英国WPP为代表。WPP起初并不经营广告业务，而是不断通过贷款收购著名广告公司起家的。WPP曾在2002~2003年间进行了近40次收购，包括购买独立公司，如针对非裔美国人的Unicourld公司和Goldfarb调研公司等。WPP不只买下竞争对手，更进一步形成整合行销集团，涉及广告、媒体投资管理、信息、咨询顾问、公共关系、品牌管理、医疗等，在进军新市场的同时获得业务组合。

（4）核心业务多元型。电通集团对国际范围内的资本运营一向持谨慎态度，2000年以来电通集团才开始对外资本扩张，目前持有电通扬雅35%的股

---

① 参见张金海等：《全球五大广告集团解析》，载《现代广告》2005年第6期。

份与法国阳狮集团15%的股份。

2. 成立合资公司

在1981~2001年20年间，广告公司跨国建立153家合资公司。从绝对数量来看，跨国并购活动数量是合资公司数量的四倍。但是，在全球不同区域市场，并购和合资的数量存在较大差异。以美国广告公司全球并购及合资情况为例，1981~2001年，美国在全球广告市场的并购活动247起，其中西欧121起（49.0%）、北美26起（10.5%）、拉丁美洲28起（11.3%）、亚洲40起（16.2%）、大洋洲15起（6.1%）、非洲3起（1.2%）、中东7起（2.8%）、东欧7起（2.8%）；而同期合资活动85起，其中西欧20起（23.5%）、北美7起（8.2%）、拉丁美洲3起（3.5%）、亚洲43起（50.6%）、大洋洲1起（1.2%）、中东1起（1.2%）、东欧9起（10.6%）。[1]数据显示，美国在全球广告市场的并购活动是合资活动的三倍。但是在全球不同区域市场，并购与合资的比例也存在较大差异，如并购活动主要发生在西欧（49.0%），而合资活动则主要集中在亚洲（50.6%），这说明由于不同国家和地区的文化差异和市场风险等因素，跨国广告集团选择进入东道国的模式也会存在差异。

比如在中国，1979年广告市场重开，由于中国政府政策的限制以及对中国市场缺乏了解，跨国广告集团伴随跨国企业进入中国市场时采取在中国设立办事处的形式开展广告业务。1985年，中国成立了第一家合资公司；1992年以后，随着中国市场的进一步开放以及市场经济体制的逐步确立，跨国广告集团在中国成立合资公司的步伐明显加快；1998年，全球十大广告集团都已在中国开办了多家合资公司；2006年十大合资公司经营额占当年广告公司经营额的35.68%，占据中国广告市场1/3以上的份额。

3. 先合资再并购或在东道国设立分公司

事实上，并购与合资各有利弊。并购的优势在于能够迅速进入东道国市场，而且以最快速度获取新客户；取得对被并购公司的完全控制权，避免与

---

[1] Jaemin Jung (2004), "Acquisitions or Joint Ventures: Foreign Market Entry Strategy of U. S. Advertising Agencies", *Journal of Media Economics*, 17 (1), pp. 44-45.

东道国被并购公司管理协调的问题；能够取得公司完全收益；获取股票投资者的信心，提升股票价值。然而，并购也存在一定的风险，武汉大学张金海教授主持发布的《全球五大广告集团解析》对此做了分析，认为从广告集团的并购历史来看，并购过程中主要发生的风险有：遭遇反收购；并购竞争；高额交易费用带来巨额债务；目标公司客户的流失；收购后组织重组导致管理费用上升等。① 合资的好处在于可以与东道国合资公司共担风险，共享资源。由于不同国家和地区的文化差异，跨国广告集团往往缺乏对东道国市场环境、文化传统和消费心理的准确把握，容易导致市场营销传播的失败，而东道国广告公司对本国的经济、政治、文化传统、法律法规等有着深刻的体认，跨国广告集团与其合资能够利用各自所具有的优势产生合力成功拓展市场。不利因素主要在于分享利益；与东道国合资方可能存在控制权与组织协调方面的问题；合资双方可能都希望寻求自身利益的最大化，而不是合资公司利益的最大化等。②

研究表明，与东道国之间文化差异及环境风险（包括政策风险、金融风险、经济风险、市场风险等）的大小决定跨国广告集团采取何种进入模式。③ 比如，欧美跨国广告集团进入欧美他国市场主要选择并购的模式，这主要是基于这些国家文化的同质性与市场体制的一致性，因而能够迅速地实现市场扩张；而在亚太地区，由于东方文明与西方文明的重大差异，欧美跨国广告集团在选择进入这一市场时就特别谨慎，一是并购可能受到来自东道国政策的限制，比如在中国，长期以来就不允许设立外商独资广告公司和外资控股的广告公司，一直到2004年3月2日，《外商投资广告公司管理规定》才允许外资控股但最高股权比例不能超过70%，2005年12月10日之后才完全放开。二是由于体制方面的差异，欧美跨国广告集团在进入亚太市场时还面临东道国政策方面、金融方面、法律法规等方面的风险，因而，成立

---

① 参见张金海等：《全球五大广告集团解析》，载《现代广告》2005年第6期。
② Beamish. P. W. (1985), "The characteristics of joint ventures in developed and developing countries", *Columbia Journal of World Business*, 20 (3), pp. 13-20.
③ Jaemin Jung (2004), "Acquisitions or Joint Ventures: Foreign Market Entry Strategy of U. S. Advertising Agencies", *Journal of Media Economics*, 17 (1), p. 35.

独立公司或采取并购方式进入东道国不是跨国广告集团的首选模式,而是通过成立合资公司拓展东道国市场。从前面的分析中我们知道,合资方式存在要与东道国合资方分享收益以及没有对公司的绝对控制权等方面问题。跨国广告集团选择合资方式只是权宜之计,随着东道国市场的日益国际化,当跨国广告集团对东道国市场有了深入的了解,实现了跨国广告集团在东道国的本土化之后,便开始进入跨国广告集团战略的第二步,或提升在原有合资公司所占的股份,或成立独资广告公司,或并购东道国领先的营销传播机构,或与东道国区域市场的顶尖广告公司成立跨国广告公司控股的合资公司等,从而加大对东道国广告市场的控制力度,这一特点在发展中国家表现得尤为突出。以中国为例,2005年广告市场完全开放之前,跨国广告集团就已经完成在中国市场的战略布局;2005年底广告市场完全开放之后,跨国广告集团开始了在中国市场新一轮的强势扩张,其核心就是掌握市场的主导权,不仅扩大国际客户的比重,而且开始大肆争夺本土优质客户资源、媒体资源和人才资源。

三、跨国广告集团的全球扩张导致全球广告产业高度集中

近年来,跨国广告集团在国外市场的增长速度明显高于国内市场,反映出跨国广告集团向外扩张有增强的趋势。跨国广告集团的全球扩张加剧了全球广告产业的集中化趋势。数据显示,2006年全球五大广告集团宏盟集团、WPP、IPG、阳狮集团和电通集团控制了全球广告市场一半以上的市场份额。图2-5显示了1993年、1998年、2003年和2006年全球五大广告集团营业收入占全球广告市场份额情况。

20世纪80年代以来,欧美发达国家的跨国广告集团加速在全球进行市场扩张,大大提升了全球广告产业的集中度,使得全球广告市场基本由欧美几家大型的跨国广告集团所控制。全球跨国广告集团的并购主要表现为欧美广告业发达国家跨国广告集团对广告业后发展国家广告公司和营销传播公司的并购以及这些大型的跨国广告集团之间的并购。发达国家的跨国广告集团与发展中国家广告公司的并购完全处于一种非对称状态,即只有跨国广告集团对东道国广告公司和营销传播公司的并购,基本上没有反向的并购。此外,跨国广告集团在发展中国家成立合资公司通常是要求控股,拥有合资广告公司的经营控制权。跨国广告集团的这些举措，对于成长中的广告业后发展国家构成强大的冲击，使得这些国家的广告业面临外资主导的危险，这在全球许多国家或地区已经成为现实，例如我国的港台地区，广告产业已经完全由外资主导，这不得不引起政府、学界和业界的高度警觉。

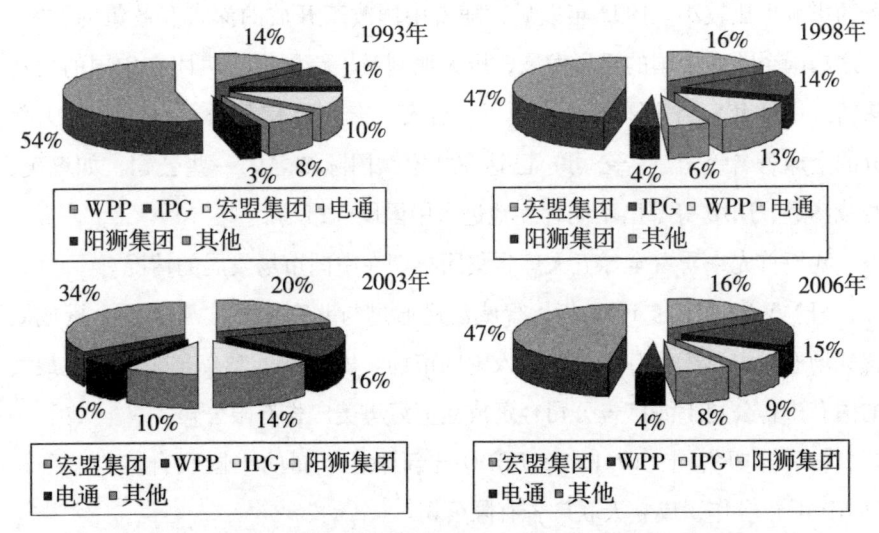

图 2-5　全球五大广告集团营业收入占全球广告市场份额情况①

第三节　跨国广告集团的中国战略

一、44.6%：25家外资广告公司占全国市场份额

1979年，中国广告市场重开，法国阳狮集团最早落户中国，首先在中国设立办事处。1980年，日本电通在中国也设立了办事处。随后，欧美大型跨国广告集团也纷纷在中国设立办事机构，服务于跨国企业开展广告业务。由于政策方面的限制，直到1985年，天津经济开发区才成立了首家中日合资天

---

① 1993年、1998年和2003年全球五大广告集团营业收入占全球广告市场份额情况。引自张金海等：《全球五大广告集团解析》，载《现代广告》2005年第6期；2006年数据根据美国《广告时代》2007年4月28日发布的Special Report计算。

津联谊广告公司。1986年，美国又登记注册了中国国际广告公司与日本电通株式会社、美国扬罗必凯公司联合成立的中外合资广告公司——中国电扬广告公司。但此后直到1991年，外商投资广告公司也仅13户，而且经营规模尚小，广告营业额甚微，跨国广告公司的实力并未显露，因而对中国广告市场的影响也比较小。1992年以后，随着中国改革开放的深入和政策的放宽，加之跨国企业在中国的迅猛发展，极大地刺激了跨国广告集团在中国的投资热情。1994年底，进军中国的外商（合资、合作）广告公司（包括绝大部分的全球著名跨国广告公司）已达300家，国际知名的一些公司，如奥美、智威汤逊、DDB等都已不同程度地进入中国国内市场。

我们首先来看看全球五大广告集团早期在中国市场发展的情况。

（1）WPP集团：1989年，智威汤逊通过与北京中乔广告公司合资成立智威汤逊—中乔广告有限公司进入中国市场。1992年，奥美与中国内地最大的国有广告公司上海广告公司合资成立上海奥美广告有限公司。

（2）宏盟集团：1991年，BBDO与新华社下属的中国联合广告总公司（CNUAC）合作，成立天联广告有限公司。

（3）IPG：1992年，麦肯与光明报业集团在北京合资成立麦肯·光明广告有限公司，同年在上海、广州成立分公司，构成了其在131个国家、191家广告代理网络中的一个重要结点。灵狮：于1993年设立上海办事处，1996年8月，该公司与光明日报社在上海合资组建上海灵狮广告有限公司，目前，灵狮在北京与广州各有一个办事处。

（4）日本电通集团：电通于1994年5月正式进入中国市场，与中国国际广告公司及民营企业大诚广告合资成立了北京电通。为避免同时管理竞争品牌，电通在华还组建了北京东方日海、上海东派广告两家合资企业，并由电通中国总裁山村正一在香港协调整体业务。

（5）法国阳狮集团：1998年，阳狮集团通过收购在华港资广告公司恒威（Ad-Link），在全球五大国际广告与传播集团中最晚进入中国市场。①

---

① 参见袁铭良、马晶：《4A广告公司格局图》，载《新财富》2003年第8期，第52~68页。

第二章 全球广告产业的集中化趋势与跨国广告集团的中国战略

截至1998年，全球五大广告集团都已经在中国落户，而且加速扩张市场。部分跨国广告公司早期在中国成立合资广告公司情况见表2–6。

表2–6 部分跨国广告公司早期在中国成立合资公司情况①

跨国广告公司	国内合作对象	合资公司名称	成立年份		
			北京	上海	广州
电扬	中国国际广告公司	电扬广告有限公司	1986	1989	1992
奥美	上海广告有限公司	上海奥美广告有限公司	1993	1992	1993
麦肯	光明日报	麦肯·光明广告有限公司	1992	1992	1992
BBDO	中国广告联合总公司	天联广告有限公司	1991	1992	1993
Grey	国安广告公司	精信广告有限公司	1992		1993
盛世	长城工业公司、天马旅游公司	盛世长城广告有限公司	1992	1994	1992
DDB	北京广告有限公司	恒美广告有限公司	1992	1993	1993
电通	大诚广告、中国国际广告有限公司	北京电通广告有限公司	1994	1995	
博报堂	上海广告有限公司	上海博报堂广告有限公司	1998	1996	
李奥贝纳	韬奋基金会	李奥贝纳广告有限公司	1995	1994	1992
智威汤逊		智威汤逊—中乔广告有限公司	1989	1991	1992
达彼思		达彼思（达华）广告有限公司	1994	1994	1993
灵狮	自设办事处			1993	1993

---

① 卢泰宏、何佳讯：《蔚蓝智慧：解读十大跨国广告公司》，羊城晚报出版社2000年版，第401页。

如果说在 1992 年之前，合资广告公司对中国广告市场影响还很有限的话，那么，到了 20 世纪 90 年代中期以后，合资广告公司的优势和强势便开始逐渐显现。考量跨国广告集团在中国发展的情况有几个重要的指标。

（1）合资广告公司在中国广告公司营业额 100 强中的数量、广告营业额及户均广告经营额情况。数据显示，2007 年营业额排名前 100 位的广告公司总营业额 5 638 599 万元，占全年广告公司经营总额的 81.9%，其中外资广告公司 25 家，占广告公司营业额 100 强市场份额的 54.5%，占全年广告公司总营业额的 44.63%，而且市场份额有继续扩大的趋势。在前文的分析中我们也看到，在前 100 强中，合资广告公司的数量为本土广告公司的 33%，户均营业额却是本土广告公司的 3.59 倍。这一数字可以反映出合资广告公司在中国市场的强势。

（2）中国广告公司营业额排名前十位的广告公司中合资公司的数量。表 2-7 显示了 1995~2007 年十多年间合资公司在中国广告公司营业额排名前十位中的数量，1995 年，中国广告公司营业额排名前十位中合资公司的数量就占了 6 家；2000 年，最高为 8 家；随着中国本土广告公司的发展，数量略有变化，但近年来排名前五位广告公司基本上都是合资公司，即上海李奥贝纳广告有限公司、盛世长城国际广告有限公司、麦肯·光明广告有限公司、智威汤逊广告有限公司上海分公司、北京电通广告有限公司，分别隶属于全球五大广告集团，2007 年，这五家跨国广告公司营业额就占全国专业广告公司营业额的 29.71%，接近 1/3 的专业广告公司市场份额。

表 2-7　1995~2007 年中国广告公司营业额排名前十位中合资广告公司数量统计①

年　份	1995	1996	1997	1998	1999	2000	2001
广告公司营业额排名前十位中合资广告公司数量（户）	6	6	7	7	7	8	7
	2002	2003	2004	2005	2006	2007	
	6	7	7	7	6	7	

---

①　数据来源：根据中广协和《现代广告》杂志历年发布的中国广告业统计数据报告整理。

(3) 中国十大合资广告公司营业额及各自占专业广告公司营业额比重。这一数据显示跨国广告公司对中国广告市场的影响力和控制力。从表2-8中我们可以看到，排名前十位合资广告公司营业额之和1995年为209 716万元，到2006年增长为2 640 272万元，增长了十多倍；排名前十位合资广告公司营业额之和占专业广告公司营业额的比重也由1995年的19.58%，增长为2007年的38.35%，这是一个令人震惊的数字。仅十大合资广告公司，包括盛世长城国际广告有限公司（6.26%）、上海李奥贝纳广告有限公司（6.24%）、麦肯·光明广告有限公司（6.15%）、智威汤逊—中乔广告有限公司（6.05%）、北京电通广告有限公司（4.99%）、北京恒美广告有限公司上海分公司（2.19%）、广东凯洛广告有限公司上海分公司（1.96%）、宝林广告（上海）有限公司（1.67%）、海南白马广告媒体投资有限公司（1.40%）、阳狮广告有限公司上海分公司（1.39%），就已经占据中国广告市场超过1/3的份额（见表2-9），随着跨国广告集团在中国市场的加速扩张，这一比例还有继续攀升的趋势。由此可见，中国广告市场越来越向这些大型的跨国广告集团集中。

表2-8 1995~2007年十大合资广告公司营业额之和占专业广告公司总营业额比重①

年份	专业广告公司营业额（万元）	排名前十位合资广告公司营业额之和（万元）	排名前十位合资广告公司营业额之和占专业广告公司营业额比重（%）
1995	1 071 245	209 716	19.58
1996	1 567 858	-	-
1997	1 941 413	389 845	20.08
1998	2 301 138	622 832	27.07
1999	2 778 129	720 164	25.92
2000	3 177 300	786 284	24.75
2001	3 709 800	842 053	22.70
2002	3 956 500	1 026 422	25.94

① 数据来源：根据中广协和《现代广告》杂志历年发布的中国广告业统计数据报告整理。

续表

年份	专业广告公司营业额（万元）	排名前十位合资广告公司营业额之和（万元）	排名前十位合资广告公司营业额之和占专业广告公司营业额比重（%）
2003	4 448 400	1 371 245	30.83
2004	5 652 956	1 603 058	28.36
2005	6 153 837	1 834 710	29.81
2006	6 313 245	2 274 208	36.02
2007	6 884 977	2 640 272	38.35

表2-9 2007年十大合资广告公司营业额分别占专业广告公司总营业额比重①

排名	合资公司	所属集团	营业额（万元）	占年度专业广告公司营业额比重（%）
1	盛世长城国际广告有限公司	阳狮集团	431 367	6.26
2	上海李奥贝纳广告有限公司	宏盟集团	429 942	6.24
3	麦肯·光明广告有限公司	IPG	423 488	6.15
4	智威汤逊—中乔广告有限公司	WPP	416 972	6.05
5	北京电通广告有限公司	电通	343 520	4.99
6	北京恒美广告有限公司上海分公司	宏盟集团	151 314	2.19
7	广东凯洛广告有限公司上海分公司	Carat International	135 097	1.96
8	宝林广告（上海）有限公司	WPP	115 534	1.67
9	海南白马广告媒体投资有限公司	Clear Channel	96 708	1.40
10	阳狮广告有限公司上海分公司	阳狮集团	96 330	1.39

---

① 数据来源：根据中广协在《现代广告》杂志2008年第7期上发布的《2007年中国广告经营单位排序报告》整理。

二、跨国广告集团在中国市场扩张全面提速

亚太地区成为全球广告业增长最快的区域，也必将成为跨国广告集团争夺的焦点。根据位于伦敦的Datamonitor市场研究公司的报告，2006年全球广告营业收入707亿美元，未来五年（2006～2011年），全球广告营业收入年平均增长率为5.1%，2011年，全球广告营业收入可达905亿美元。北美和欧洲市场营业收入在未来五年的年平均增长率为4.4%和5.6%，预计到2011年达到505亿和217亿美元；亚太地区高于全球、北美和欧洲市场年平均增长率为6.3%，到2011年营业收入将达到182亿美元。①

跨国广告集团都看好亚太地区市场，纷纷将目光投向具有巨大发展空间的这一地区。WPP便非常重视对亚太市场的开发，尤其是中国市场。目前WPP在亚太区的市场份额仅次于电通，来自该地区的收入占了WPP集团15%的比例。WPP明确表示，"我们的目标是把亚太区所占的比例从不足20%提高到1/3"。适应这一战略目标，WPP已在中国开设了13个合资公司，是中国最大的一家跨国广告集团，2003年在中国市场的占有率就已经达到10%～15%。② 截至2006年5月，全球五大广告集团在华合资公司有38家，其中WPP集团19家，宏盟集团5家，IPG 6家，阳狮集团5家，电通集团3家。③ 跨国广告集团于中国加入世贸组织前后，已基本完成在华强力扩张的战略准备，并且已经具备了相当厚实的扩张基础。自2005年12月10日起，中国广告市场完全对外资开放，完全开放市场后的中国广告业竞争异常激烈，本土广告公司已经在一种完全没有任何政策保护的情况下同外资公司竞争，如果还是沿袭过去滚雪球式的自有资本积累方式，已经很难抵御跨国广告公司的冲击，中国广告产业正面临深层危机，这并

---

① 根据英国市场研究公司Datamonitor发布的产业分析报告Industry Profile of Global Advertising, Industry Profile of Advertising in Asia-Pacific, Industry Profile of Advertising in China整理, http://www.monitor.com
② 参见张金海等：《全球五大广告集团解析》，载《现代广告》2005年第5期。
③ 陈永、张金海等：《中国广告产业将走向何方？——中国广告产业现状与发展模式研究报告》，载《现代广告》2006年第7期，第20页。

非危言耸听。从跨国广告集团入世之后频频的动作来看也基本上验证我们的判断,跨国广告集团在中国的扩张我们可以用四个字来概括——"全面提速"。

(1) 跨国广告集团加速并购本土领先的营销传播公司,以最低的成本迅速实现规模扩张,并提升其在专门领域的服务能力和整合营销传播服务能力,或以最快速度进入新的利基市场,如医疗保健业、房地产业等。

20世纪80年代到90年代中期,在中国市场上广告一直是市场营销的最主要利器,创造着一个又一个销售神话,主要原因在于当时中国的传媒环境非常单纯,受众的媒体接触也很有限,市场基本属于一种卖方市场,这一时期可以说是广告的强效果时期。作为靠创意策略起家的跨国广告公司,利用自身所具有的全球策划创意资源及拥有一批高水平策划创意人才等优势,成功地帮助跨国企业在中国迅速打开市场,并不断发展壮大,起初这些跨国广告公司主要还是服务于一些大型跨国企业,也代理少量本土客户的广告业务。然而,市场环境和传媒环境的变化,使得单纯依靠广告传播无法成功地执行营销,跨国广告公司及早看到了企业营销传播需求的新变化,率先实现了跨国广告公司的服务转型,发展为能够为企业提供整合营销传播服务的营销传播集团。

跨国广告集团发展为提供整合营销传播服务的跨国营销传播集团,主要是选择并购本土优秀营销传播公司的方式,这一方式可以实现以最低的成本,以最快的速度,以最小的市场风险进入营销传播的专门领域。以WPP集团为例,它在2002年并购了中国本土最大的公关公司西岸咨询策划公司60%的股份,从而提升其在公关领域的服务能力;2006年并购擅长通路促销的专业营销公司上海奥思维65%的股份,加强专业的线下零售市场营销服务能力;2006年并购中国历史最久、拥有覆盖全国城市及乡镇地区的庞大数据采集网络的北京华通现代信息咨询有限公司95%的股份,加强公司在数据分析与营销咨询方面的实力;2006年并购国内领先的互联网广告代理公司北京世纪美华广告公司,增强互联网广告代理、数字媒体广告代理服务能力;2007年6月收购星际回声集团,获得星际回声集团遍布全国上千个城市的物流执行网络；同年10月，收购广州达生整合营销传播机构，获得达生的4个办公室、33个办事处和覆盖全国超过500个城市的营销执行网络；2008年9月，WPP获得欧盟的同意，以11亿英镑收购全球第三大市场研究公司TNS（法国索福瑞集团），与本集团的市场调研部门Kantar合并，WPP想凭借这一行为，促使其收入流多样化，合并后的新公司成为全球第二大市场研究、信息和咨询公司等（见表2-10）。除WPP之外，宏盟集团和阳狮集团在中国营销传播领域的并购活动也很频繁。宏盟集团2006年3月控股中国领先的终端营销公司之一的尤尼森，该公司主要为消费行业、制药行业和服务行业提供多种渠道解决方案，有遍布全国22个城市的终端营销网络，收购尤尼森对宏盟集团中国网络的拓展有重要意义。法国阳狮集团目前在中国的业务主要涉及广告代理、媒介购买、公关、互动与专业营销服务等领域，近年来阳狮集团在中国并购频繁，积极介入数字互动与营销服务领域，拓展全国网络。2006年，阳狮集团收购本土专业营销服务公司百达辉琪51%的股份，2007年4月，收购售后、零售、促销服务公司永阳绝大多数股份，同年7月，完成对中国最大的独立互动营销公司CCG的收购，奠定了阳狮在数字营销和互动沟通领域的区域领导地位。

表2-10 WPP在中国并购情况（包括部分港台地区公司）①

目标公司	并购年份	并购股份	并购公司实力	并购效果
西岸咨询策划公司	2002	60%股份	中国本土最大的公关公司之一	进一步发展在中国的网络，实现"高度本土化的国际公司"的承诺
Brandone	2002	60%股份	营销直销公司	增强直销能力

① 转引自陈徐彬、于远娜、叶蕾：《外资强势掘进，本土"脑体倒挂"》，载《广告大观》（综合版）2007年第10期，第27页，资料有更新。

续表

目标公司	并购年份	并购股份	并购公司实力	并购效果
21世纪公关（台湾地区）	2002	控股	专注于高科技公关	增强科技领域的公关能力
上海广告公司	2003	25%股份	本土大型国有广告公司	借助上广本土广告优势，增强市场影响力
福建奥华广告公司	2004	51%股份	福建最大的广告公司	向福建的二级城市拓展，在中国东部沿海地区建立一个稳固的立足点
旭日因赛	2004	30%股份	华南地区规模最大、最具专业实力的广告公司之一	填补智威汤逊—中乔广州分公司撤离的空缺，重新打回华南地区
北京华扬联众广告公司	2005	49%股份	中国互联网最大购买实体，拥有目前在国内最专业和庞大的互联网广告团队，以及一批国内一线企业和世界五百强企业	增强群邑的互联网广告购买能力和互动行销能力
iPR（香港地区）	2005	控股	精于财经公关，服务内地公司在香港上市。2005年，iPR负责大约20%在港上市项目的公关顾问服务	抓住更多内地企业到香港资本市场融资的市场机会，拓展其在财经公关领域的专业实力及网络
黑狐广告公司	2006	60%股份	专业房地产传播公司	获得黑狐在房地产领域的客户，以及在二三线城市已经建立起来的资源和渠道
阳光加信广告有限公司	2006	49%股份	国内领先的专业领域全案广告服务提供商	获取北方市场（沈阳、长春）

续表

目标公司	并购年份	并购股份	并购公司实力	并购效果
北京世纪美华广告公司	2006	—	国内领先的互联网广告代理公司	增强互联网广告代理、数字媒体广告代理服务能力，成立奥美世纪作为Neo@Ogilvy中国子公司，2006年一举成为国内排名第四的互联网广告代理公司
上海奥思维	2006	65%股份	通路促销的专业营销公司，已经在全国建立了最大的促销网络	加强专业的线下零售市场营销服务能力
北京华通现代信息咨询有限公司	2006	95%股份	中国历史最久、拥有覆盖全国城市及乡镇地区的庞大数据采集网络	融合双方优势给国内外客户提供研究分析
成都阿佩克思	2007	51%股份	擅长以整合营销进行品牌推广和策划，占据四川和西部地区市场	以此为基点向整个西部扩散业务，在成都、北京、西安分别合资成立公司
TNS（法国索福瑞集团）	2008	控股	全球第三大市场研究公司TNS（法国索福瑞集团）	与本集团的市场调研部门Kantar合并，WPP想凭借这一行为，促使其收入流多样化，合并后的新公司成为全球第二大市场研究、信息和咨询公司

2005年中国广告市场完全开放之后，跨国广告集团开始了在中国广告市场新一轮的强势扩张。"据不完全统计，2006～2007年，共有6家领先的大型本土营销服务公司被跨国集团收入囊中，包括尤尼森、奥思维、百达辉琪、永阳、星际回声、达生。"① 通过并购中国本土大型营销传播公司，可以迅速提升跨国广告集团在专门领域的服务能力和整合营销传播能力，利用国内这些公司在营销传播服务领域的专业实力和已经建立起来的全国性网络，实现跨国广告集团的全国性扩张。

---

① 陈徐彬、叶蕾、于远娜：《2007中国广告业的春秋图》，载《广告大观》（综合版）2008年第1期，第33页。

跨国广告集团并购本土大型营销传播集团，主要有两类：一类是在营销传播服务专门领域领先的公司，另一类是在行业领域领先的公司。并购前一类公司可以将自身的服务领域拓展到除广告核心业务之外的营销咨询、公关、促销、直销、数字营销以及其他专门行销传播领域，大大提升跨国广告集团在各营销传播服务领域的专业服务能力和整合营销传播服务能力；并购本土一些大型的专注于服务某行业的营销传播公司和广告公司，则可以迅速进入新的利基市场，扩大跨国广告集团的赢利空间。比如，2006年WPP收购国内领先的专业房地产传播公司黑狐60%的股份，进军中国成长迅速的房地产市场；2007年9月，宏盟集团收购医药咨询和营销传播服务公司康斯泰克公司的多数股份，并将其归入DAS的运营品牌旗下，标志着宏盟集团将深入拓展中国医疗保健市场；等等。

（2）跨国广告集团加速并购国内一线、二线省会城市最优秀的广告企业或与其合作成立外商控股的合资公司，进而实现其巩固和扩大一线市场战果以及开发二线市场的战略目标。

跨国广告集团在中国市场的扩张重点长期集中在京、沪、穗一线城市，这三地也是中国经济最发达的城市，世界五百强企业和中国的优势企业在京、沪、穗大都设有生产基地或销售基地，这三地的广告营业额之和占了整个中国广告营业额的半壁江山。近年来国内一线市场的竞争异常激烈，跨国广告集团通过并购国内一线市场优秀的广告企业或与其合作成立外商控股的合资公司，迅速获取新客户，扩大市场份额。例如，2003年，WPP集团和日本博报堂集团收购本土大型国有广告企业上海广告公司各25%股份，借助上广本土广告优势，增强市场影响力；2004年，WPP集团收购华南地区规模最大、最具专业实力的广告公司之一旭日因赛30%的股份，填补智威汤逊—中乔广州分公司撤离的空缺，重新打回华南地区；2006年，宏盟集团与国安广告以52/48的比例成立新的合资公司——国安DDB文化传媒公司；等等。

目前国内一线城市的广告市场几近饱和，跨国广告集团迅速敏锐地将触角伸向中国成长空间广阔的二线省会城市。跨国广告集团向二线城市拓展市场，主要有两个方面原因：一是中国市场幅员辽阔，不同地区的消费水平和文化水平存在一定差异，跨国企业正加紧进军中国二线、三线城市，跨国广告公司的进入可以更好地服务于这些跨国企业；二是跨国广告公司在中国的发展也面临瓶颈，就是要实现营业额的显著增长，单纯依靠国际客户显然已经力不从心，因而这些跨国广告公司纷纷将视角转向开发本土优质的客户资源，最有效最直接的方式就是通过资本收购、兼并或合资等形式，将本土最优秀的广告公司纳入旗下，从而迅速实现资本效益的最大化。目前，国内二线城市本土广告公司经营理念和广告专业服务水平大都处于较低层次，跨国广告企业的进入在带来新的经营理念和服务理念的同时，也必将会给二线城市本土广告公司带来巨大的生存压力。大型跨国广告集团近年在中国二线城市都有新的市场动作，2004年，WPP集团收购福建最大的广告公司福建奥华广告公司51％的股份，组建奥华奥美广告有限公司，在中国东部沿海地区建立一个稳固的立足点；2004年，宏盟集团所属的BBDO广告有限公司与四川西南国际广告公司结盟建立BBDO中国西南分部，这也是中国入世后首家外资广告公司落户成都；2007年，WPP并购成都阿佩克思广告有限公司51％的股份，成立阿佩克斯达彼思整合营销传播公司，以此为基点向整个西部市场扩散业务，在成都、北京、西安也分别合资成立公司；北京电通为了抢占东北、中西部市场，也分别在成都、武汉筹建事务所，在成都、沈阳成立合作公司；等等。

　　以上列举跨国广告集团在中国一线、二线市场的动作只是一个缩影，由此反映出跨国广告集团在中国广告市场完全开放之后，加速在中国市场扩张的现实。在中国一线城市，跨国广告集团主要选择成立独资公司或成立绝对控股的合资公司方式拓展市场，在二线省会城市由于目前对区域市场的相对陌生，主要选择与当地领先的广告公司合资成立外资控股的广告公司方式或与其建立战略联盟关系进入。中国广告业统计数据报告显示，2005年广告经营单位外商投资企业为461家，2006年为497家，2007年为577家，2008年为737家，中国广告市场完全开放之后短短三年时间，新成立的外资广告公司就有276家，而且随着这些跨国广告集团扩张步伐的加快，这一数据还会有大幅度增加。跨国广告集团在中国市场扩张的全面提速，必将使得中国广告市场越来越向少数几家大型的跨国广告集团集中，形成对中国广告市场的垄断局面，进而影响中国经济和民族广告业的可持续发展。

第三章

低集中度与中国广告产业的过度竞争

与欧美发达国家广告产业高度集中形成鲜明对比的是,中国广告产业一直处于高度分散与高度弱小的低集中度状态,根据美国哈佛大学贝恩教授对产业垄断和竞争类型的分类,中国广告产业属于一种完全竞争的原子型市场结构。本章重点解析中国广告产业低集中度的市场结构、过度竞争的市场行为,以及利润空间日渐萎缩的市场绩效的产业现状及其三者之间的关系,并提出解决中国广告产业低市场绩效的有效途径。

第一节 市场结构的低集中度

一、中国广告产业完全竞争的原子型市场结构

(一)从绝对集中度看我国广告公司的垄断与竞争状况

市场集中度是指在某一特定产业中市场份额控制在少数大企业手中的程度,是反映特定产业市场竞争和垄断程度的一个基本概念。测定市场集中度的指标有绝对集中度和相对集中度,绝对集中度一般是指产业中最大的 n 个企业所占市场份额的累计数占整个产业市场的比例,这一指标能够反映市场上 n 个最大企业的情况。贝恩最早运用绝对集中度指标对产业的垄断和竞争程度进行分类研究,他将集中类型分为 6 个等级,并依据这种分类对当时美国产业的集中度进行了测定,见表 3-1。相对集中度主要用来反映产业内企业的规模分布情况。

产业组织理论关于市场集中度的研究对象最早是制造业,20世纪60年代欧美国家服务业迅猛发展,尤其是进入20世纪八九十年代以后,西方学者也开始运用产业经济学的理论范式研究服务业的市场结构、市场行为和市场绩效。① 国内目前这方面的研究成果还比较少。尽管贝恩教授关于绝对市场集中度的测定指标主要源于制造业,但这一指标对于研究广告产业的市场类型同样具有重要的参照价值。对于我国广告产业的市场结构,我们运用绝对集中度指标重点考察广告市场上最大的n家广告公司所占市场份额及市场实力情况,同时通过对广告公司数量及户均经营额情况,对广告公司的整体市场规模和实力进行考察,力图全面反映中国广告公司的发展情况。

表3-1 贝恩对产业垄断和竞争类型的划分(美国)②

类　型	前四位企业市场占有率(CR_4)	前八位企业市场占有率(CR_8)	该产业的企业总数
Ⅰ. 极高寡占型 $\begin{cases} A \\ B \end{cases}$	75%以上 75%以上		20家以内 20~40家
Ⅱ. 高集中寡占型	65%~75%	85%以上	20~100家
Ⅲ. 中(上)集中寡占型	50%~65%	75%~85%	企业数较多
Ⅳ. 中(下)集中寡占型	35%~50%	45%~75%	企业数很多
Ⅴ. 低集中寡占型	30%~35%	40%~45%	企业数很多
Ⅵ. 原子型	30%以下	40%以下	企业数极其多,不存在集中现象

根据中国广告协会和《现代广告》杂志历年发布的中国广告行业统计数据分析报告,我们对中国广告产业的绝对集中度进行了统计分析,见表3-2。该数据反映出以下特点。

---

① 参见孙海刚:《国外产业组织发展研究趋势:从制造业到服务业》,载《石家庄经济学院学报》2007年第4期,第20页。

② 王俊豪主编:《现代产业经济学》,浙江人民出版社2005年版,第67页。

第三章 低集中度与中国广告产业的过度竞争

（1）我国广告产业依然处于一种完全竞争的原子型市场结构。从我国广告公司1994~2007年的CR_4和CR_8值来看，CR_4在2007年达到最高值为24.72%，CR_8为41.63%，根据贝恩关于市场类型的划分，我国广告产业目前属于一种原子型的市场结构，这类市场的特点是市场上广告公司数量极其多，不存在集中现象。

（2）我国广告产业有向集中化发展的趋势。从广告产业十多年的发展历程来看，1994~2007年间，1996年市场集中度最低，CR_4和CR_8值分别为12.67%和20.11%，2007年市场集中度最高，CR_4和CR_8值分别为24.72%和41.63%，比1994年分别增加了10.8和26.55个百分点，这说明我国广告公司经过十多年的发展，少数大型广告企业的市场实力越来越强。

（3）中国广告产业集中度的提高，主要是由一些合资广告公司业务的迅速扩张引起的。集中度就是大公司的营业额与全国广告公司总营业额的比例，集中度提高说明大公司的业务扩张速度高于广告公司业务平均增长速度。①

从第一章中表1-4可以看出，1996~2007年间，除2004年北京未来广告公司和2007年分众传媒（中国）控股有限公司营业额排名第五位外，广告公司营业额前五位公司全部是合资广告公司，从这些合资公司营业额的快速增长来看，跨国广告公司对我国广告市场的影响力越来越大。2007年，排名前五位跨国广告公司营业额之和占全年广告公司营业额的29.71%，合资广告公司营业额前十位之和占广告公司营业额的38.35%。由此可见，跨国广告公司已经在一定程度上具备了影响我国广告市场的实力。如果中国广告产业的市场集中度继续大幅度提高而且大公司都是一些跨国广告公司的话，那么在中国广告业中，本土广告公司将很难产生影响力。

---

① 参见李天宏、郝峰：《从集中度看中国广告公司的竞争状况》，载《现代广告》1998年第4期，第13页。

表 3-2　1994~2007 年我国广告公司的绝对集中度①

年份	广告公司数量（户）	广告公司经营额（万元）	C_4（万元）	C_8（万元）	CR_4（％）	CR_8（％）
1994	18 375	706 013	98 246	106 453	13.92	15.08
1995	22 691	1 071 645	136 871	216 112	12.77	20.17
1996	25 726	1 567 858	198 713	315 328	12.67	20.11
1997	29 010	1 941 413	345 638	505 820	17.80	26.05
1998	33 290	2 301 138	402 696	590 617	17.50	25.67
1999	36 162	2 778 129	497 283	714 358	17.90	25.71
2000	40 497	3 177 300	488 032	769 417	15.36	24.22
2001	46 935	3 709 800	495 551	842 452	13.36	22.71
2002	57 434	3 956 500	724 859	1 115 051	18.32	28.18
2003	66 353	4 448 400	1 021 106	1 507 735	22.95	33.90
2004	76 210	5 652 956	1 260 766	1 745 965	22.30	30.89
2005	84 272	6 153 837	1 280 738	1 996 130	20.81	32.44
2006	99 368	6 313 245	1 484 330	2 466 928	23.51	39.08
2007	113 222	6 884 977	1 701 769	2 866 157	24.72	41.63

（二）从广告公司数量及户均营业额看广告公司高度分散与高度弱小

上述对广告市场绝对集中度的分析，主要反映市场上最大的四家或八家广告公司的市场份额及其广告市场垄断和竞争状况。对中国广告产业整体规模的考察，我们重点关注广告公司的数量、经营额与户均经营额及其增长情况，其中包括本土广告公司和跨国广告公司的数量、经营额与户均经营额及其增长情况的对比。通过对广告公司数量、经营额及户均营业额情况的分析，可以看到，中国广告公司处于一种高度分散与高度弱小的状况，这是我们对中国广告产业发展现状的整体判断。

---

① 数据来源：根据中广协和《现代广告》杂志历年发布的中国广告业统计数据报告整理。

从我国广告公司数量来看，截至2007年底，我国广告公司总数为113222户。从下表3-3我们可以看出，我国广告公司数量增长有三个高峰期，第一个高峰期发生1992~1994年间；第二个高峰期发生在2002年；第三个高峰期发生在2006年。这三个时期我国广告公司数量的快速增长与中国市场的开放程度及产业政策有着非常密切的关联。"跨入1992年，国家改变了对广告业进行'总量控制'的政策，不再把个体、私营企业限制在设计、制作范围之内，允许各种经济类型的广告企业广泛参与广告经营，进行公开、合法、公平的竞争，使广告业呈现无限生机与活力。加之'两制'的推行逐步铺开，特别是党中央、国务院在关于加快第三产业发展的决定中，把广告业列入重点支持的十大产业，制定了广告行业第一次列入国家发展规划的《关于加快广告业发展的规划纲要》（以下简称《纲要》），以及此后《纲要》的贯彻实施，更促进了行业的大发展，形成了连续三年的高速发展期。"[①] 1993年也被称作"中国广告年"，是中国广告业恢复发展以来高速猛进的一年。1992~1994年三年间，我国广告公司数量分别增长了166.18%、258.92%、66.38%；广告公司经营额分别增长了169.12%、147.71%、52.90%。随着中国经济的迅猛发展，中国市场开放程度的日益深化，中国广告公司的数量也明显增加。2002年我国广告公司数量增长率为22.37%，营业额增长率为6.65%；2006年我国广告公司数量增长率为17.9%，营业额增长率为2.59%。广告公司数量的增长与中国2001年底加入世界贸易组织，2005年底中国广告市场完全对外资开放之后跨国广告集团加速在中国扩张有一定的关联，同时也与中国经济快速增长带来中国广告市场规模扩大，产业界看好广告市场，纷纷投资开办广告公司也有着重要关系。2002年和2006年广告公司经营额增长比率不高，说明随着广告公司数量的急速增长，整个广告市场正进入一种调整和整合期。

从我国广告公司户均营业额来看，1992~2007年十多年间，仅增长了0.23万元。2007年，我国广告公司营业额为6 884 977万元，户均营业额60.81万元，如果以最高15%的利润来计算，广告公司的平均利润仅9.12万

---

① 范鲁斌：《中国广告25年》，中国大百科全书出版社2004年版，第43页。

元,这里的统计数字包括了本土广告公司和合资广告公司。广告公司的高度分散与高度弱小由此可见一斑。我国广告公司整体表现为数量极多,市场上存在大量的中小型广告公司,很多广告公司甚至就是维持在5~10人的规模,广告公司的户均营业额和利润率极低,这说明我国广告产业尚处于一种粗放式的增长状态,亟须产业整合以实现规模经济效应。

表3-3 1992~2007年我国广告公司数量、经营额、户均营业额及增长率①

年份	广告公司数量(户)	增长率(%)	广告公司经营额(万元)	增长率(%)	广告公司户均经营额(万元)	增长率(%)
1992	3 077	166.18	186 404	169.12	60.58	1.10
1993	11 044	258.92	461 746	147.71	41.81	-30.98
1994	18 375	66.38	706 013	52.90	38.42	-8.12
1995	22 691	23.49	1 071 645	51.79	47.23	22.93
1996	25 726	13.38	1 567 858	46.30	60.94	29.03
1997	29 010	12.77	1 941 413	23.83	66.92	9.81
1998	33 290	14.75	2 301 138	18.53	69.12	3.29
1999	36 162	8.63	2 778 129	20.73	76.82	11.14
2000	40 497	11.99	3 177 300	14.37	78.46	2.13
2001	46 935	15.90	3 709 800	16.76	79.04	0.74
2002	57 434	22.37	3 956 500	6.65	68.89	-12.84
2003	66 353	15.53	4 448 400	12.43	67.04	-2.69
2004	76 210	14.86	5 652 956	27.08	74.18	10.65
2005	84 272	10.58	6 153 837	8.86	73.02	-1.56
2006	99 368	17.91	6 313 245	2.59	63.53	-13.00
2007	113 222	13.94	6 884 977	9.1	60.81	-4.28

---

① 数据来源:根据中广协和《现代广告》杂志历年发布的中国广告业统计数据报告整理。

二、中国广告产业低集中度状况形成的深层原因

（一）广告市场的进入退出壁垒过低，使得市场上存在大量中小型广告公司

自 1979 年中国广告市场重开以来，中国广告产业受中国经济增长的拉动获得快速发展。我国广告市场成长初期的低成本、低风险和高利润回报，使得广告公司成了一个投资热点，这一时期中国经济也刚刚开始恢复，对于广告公司的需求比较大，企业急需借助广告这一重要的营销传播工具打造全国知名品牌；随着中国经济的持续快速增长以及市场开放程度的深化，中国市场日益国际化，国际品牌和民族品牌争夺消费者的竞争异常激烈，无论是跨国企业还是民族企业也都需要借助广告公司提升品牌附加值和品牌竞争力。统计数据显示，1992～1994 年、2002 年、2006 年是我国广告公司数量增长最快的三个时期，2006 年中国广告公司数量达到 99 368 万户，成为全球广告公司数量最多的国家。我国广告公司数量的急速膨胀与广告市场的巨大容量有着密切关联，但是由于广告公司的过度进入，本土广告公司的高度分散与高度弱小，也造成广告公司的客户资源和人才资源过度分散，一直难以产生大型的本土广告集团，在跨国广告集团强势扩张的背景下面临生存的巨大挑战。

过低的进入壁垒和退出壁垒，是形成我国广告产业低集中度局面的主要原因之一。所谓进入壁垒，从经济学角度来看，就是厂商进入某一市场时所遇到的障碍。进入壁垒是影响市场份额和集中度的决定因素，市场份额和集中度又是市场结构的两个主要决定因素。[1] "形成进入壁垒的因素主要有五方面：规模经济壁垒、必要资本量、产品差别化、绝对费用和政策法律壁垒。"[2] 对于广告公司来说，行业的品牌代理经验，在广告行业拥有的声誉度，以及获取优势媒体资源的能力等，也会成为广告公司的进入壁垒。我们

---

[1] 参见臧旭恒、徐向艺、杨蕙馨主编：《产业经济学》（第二版），经济科学出版社 2004 年版，第 156～157 页。

[2] 孙海刚：《我国广告业的产业组织分析》，载《商业时代》2006 年第 5 期，第 101 页。

分别从以上各方面因素来分析我国广告公司的进入壁垒。

（1）规模经济性。广告公司由于提供的是无形的广告服务，不同企业面临的市场问题不同也就需要寻求差异化解决方案，广告公司不可能进行如工业企业那样大规模的重复生产，因而也很难形成规模经济的壁垒。

（2）必要资本量。总的来看，第三产业所需的投资一般比较少，进入的壁垒比较低，而且生产过程中也不需要追加资本。1993年2月17日国家工商行政管理局颁布实施的《广告经营者资质标准及广告经营范围核定用语规范（试行）》规定，"有与广告经营范围相适应的经营场所、设备和流动资金，场地不少于20平方米，流动资金不少于5万元人民币"的个体广告经营户在法律允许的范围内，可依法经核准登记。"专业性广告经营企业（内资）注册资本不少于50万元，中外合资、合作广告企业注册资本不低于30万美元"①，由此可见，广告公司的开设所需要的资本也比较少。

（3）产品差别化。在广告策划、创意、制作等领域，广告公司的服务差别化不是很明显，这些领域广告公司的进入壁垒往往很低，市场上大多数的中小型广告公司主要集中在广告运作的专业领域，而在营销传播的专门领域和整合营销传播领域，产品差别化程度比较高，相对而言进入壁垒要高。目前我国广告公司存在低水平进入和中等水平进入过多，而高水平进入不足的问题。②广告公司在中低端市场竞争过于激烈，业务主要集中在广告策划、广告创意、广告设计制作等广告运作领域，在市场调研、营销咨询、客户关系管理、整合营销传播代理等方面显得能力不足。

（4）绝对费用和政策法律壁垒。广告公司由于提供的是智力服务，因而其成本的衡量往往无法精确计算，广告公司的服务费用具有较大的弹性。从政策和法律法规来看，1992年之后由于放松政策管制，私营广告企业和外商投资广告企业在中国迅速发展，根据国家工商管理总局和商务部联合发布的《外商投资广告公司管理规定》，2004年3月2日之后允许外商投资企业控

---

① 刘林清主编：《广告监管与自律》，中南大学出版社2003年版，第79~81页。
② 参见刘传红：《广告产业过度进入问题探析》，载《企业研究》2006年第10期，第69页。

股，但股权最高比例不得超过70%，2005年12月10日之后中国广告市场完全对外资开放，目前在中国成立各种类型的广告公司，除具有一定的资本量和从业人员资质等简单条件之外，已经没有任何的政策法律限制。

（5）品牌代理经验、行业声誉度和特有资源。相对于前面四种进入壁垒而言，行业的品牌代理经验、在行业内拥有的声誉度以及占有特有资源或获取优势媒体资源的能力等，一定程度上形成了进入广告行业的壁垒。但一般业内比较有经验的广告专业人士，具有了一定的从业经验，也积累了一些资源和资历，新成立广告公司可以降低进入壁垒，这部分公司占了新成立广告公司的很大比例。从以上分析可以看出，我国广告公司的进入壁垒非常低。

再来看看广告公司的退出壁垒。所谓退出壁垒，"是指当某一产业的在位厂商不能赚取到正常利润（亏损）决定退出时所负担的成本，或者说是已经投资还未收回的那部分投资在退出时依然还不能收回，即沉淀成本"。[1] 进退无障碍理论存在的关键在于没有沉淀成本。当存在沉淀成本时，厂商就将面对退出壁垒。广告公司作为服务型企业，主要是人力资本和基本的机器设备投入，退出时的沉淀成本也比较少，资本比较容易从广告行业中转移出去，基本属于一种进退无障碍市场。目前广告市场上也有一些广告公司虽然经营业绩不佳但还是勉强维持着，主要原因还是在心理方面，"从人力资源的资产专用性角度分析，不少广告人出于对广告业的喜爱而不愿意离开，存在退出意愿不足，存在好死不如赖活和等待观望的心理"[2]。

广告市场上大量中小型广告公司的存在，与"低进低退"的广告市场特点有着很大关系。中国广告市场巨大的成长空间，加上广告公司较低的进入退出壁垒和广告人的广告情结，使得广告公司进入的数量大大超过退出的数量。应该来说，市场上大量中小型广告公司的存在也是必要的，它可以服务于不同规模的企业，满足企业不同层面的需求。但是这种广告公司过度分散与过度弱小的状况，也造成很多社会问题，如广告公司之间的恶性竞争，广

---

[1] 臧旭恒、徐向艺、杨蕙馨主编：《产业经济学》（第二版），经济科学出版社2004年版，第189页。

[2] 刘传红：《广告产业过度进入问题探析》，载《企业研究》2006年第10期，第69页。

告公司与企业之间的一锤子买卖，虚假广告、低俗广告泛滥等，从而进一步恶化了我国广告公司的生态环境，对于中国广告产业的发展极为不利。同时，广告公司的过度进入，也使得本土广告公司人力资源匮乏、客户资源匮乏的问题更为突出，不利于中国本土广告公司整体规模的提升。

（二）独立广告产业发展模式限制了媒介广告公司和企业广告公司发展

由于对广告代理制本质上是一种市场运作机制而非行政管理制度缺乏认识，政府主管部门对于媒体广告公司和企业广告公司一直是采取抑制其发展的态度和政策。[①] 对广告代理制本质的剖析将在后文中重点阐述。

1987年国务院《广告管理条例》明确提出"代理费"概念。1988年1月开始施行的《广告管理条例实施细则》第十五条规定，承办国内广告业务的代理费，为广告费的10%；承办外商来华广告付给外商的代理费，为广告费的15%，第一次明确提出了"广告代理费"的概念。1990年，国家工商行政管理局下发《关于在温州市试行广告代理制的通知》，迈出了我国广告代理制探索的第一步。1993年7月，国家工商总局发布《关于在部分城市进行广告代理制和广告发布前审查试点工作的意见》，决定从1993年下半年起在全国开展广告代理制试点。广告代理制把媒介直接承揽发布广告业务的经营体制，改为媒介通过广告公司承揽广告业务的经营体制。1994年广告代理制逐步在全国范围内推广，使广告客户、广告媒介与广告公司之间的关系得到调整，并逐步向国际惯例靠拢。1995年12月，国家计委、国家工商总局发布《广告服务收费管理暂行办法》，规定广告代理收费标准为广告费的15%。国际通行的广告代理制以条文形式被正式确立下来。这种代理制实际上是直接搬用美国的模式，即鼓励和推动广告公司作为中立的专业服务机构实行第三方独家代理。[②]

广告学界和业界长期以来对媒介和企业办广告公司多有质疑和指责之声，主要是认为媒介广告公司和企业广告公司弊大于利。关于媒介广告公司

---

① 参见张金海、廖秉宜：《广告代理制的历史检视与重新解读》，载《广告研究》2007年第2期，第25页。
② 参见陈刚等：《对中国广告代理制目前存在问题及其原因的思考》，载《广告研究》2006年第1期，第8~9页。

弊端的观点主要集中在以下方面。

（1）媒介广告公司普遍采取一套人马、两块牌子的管理体制，即媒体广告部人员既是广告部的工作人员，又是媒介广告公司的经营管理的业务骨干，受媒体长期以来的国家事业单位体制及其形成的惰性影响，其专业化运作水平较为低下。

（2）媒介广告公司能从其所属媒体获得更高折扣或更优惠条件，而其他广告代理公司则无此便利，二者的竞争并非"在同等的条件下进行公平的市场竞争"，严格地说，它是一种不正当竞争行为，会极大挤压独立广告公司的发展空间。

（3）媒介广告公司由于与母体媒体有着特殊的内在渊源关系，因而在经营广告业务的过程中，势必将更多的"单"投向母体媒体，而不考虑这样做对广告主是否必需，长此以往必然影响广告效果，造成其金钱的浪费，不利于广告运动的成功开展和广告业的长远发展。

（4）媒体价格上的内外有别，容易养成媒介广告公司对优惠价格和政策的依赖性，从而造成其在广告运作过程中的不思进取和惰性，进而导致广告业整体水平的下降。

（5）这种内外有别的广告价格增加了媒体的经营成本，不利于公平竞争环境的营造，还容易造成媒体价格管理上的混乱，进而扰乱广告市场秩序，最终不利于媒体自身的长远发展。

（6）由于媒介广告公司与其母体不分，媒体对媒介广告公司缺乏有效的制约机制，容易造成广告刊播过程中费用无法收回的呆账、坏账现象，无形中加大媒体自身的经营风险。

关于企业广告公司的弊端也主要集中在认为它是阻碍广告产业发展的陈旧作业形态，剥夺了独立广告公司的发展机会，损害了独立广告公司的利益，也增加了企业广告公司经营运作的成本，会阻碍广告产业整体竞争力的提升等。

广告代理制的确立，实质是确立广告市场三方主体——广告主、广告公司和广告媒体之间的利益平衡关系，这种平衡结构只有在广告公司具有足够的规模实力和专业服务水平的前提下才能实现。欧美国家最早建立起来的广告代理制,核心就是主张广告公司的独立化发展,即独立于媒体和企业之外。这一代理制模式有着特定的背景,20世纪初,欧美广告业刚刚开始起步,这一时期媒介的市场力量还不是很强大,媒介也需要借助广告公司来实现版面或时段的销售,1917年,最先在美国建立的广告代理制确立了15%的代理佣金标准,这一收费方式保证了广告公司获得稳定的经营收入,因而能够迅速扩大规模,提升专业化的服务水平,从而也逐步获得了与媒体、广告主博弈的市场实力。

而在中国,媒体长期处于一种绝对垄断地位,广告主的力量也很强大,相比之下,广告公司则是过度弱小。广告公司在与媒体和广告主的博弈中一直处于一种弱势地位,这与广告公司的规模实力和专业服务水平有着很密切的关系。广告公司的发展需要有大资本、大的广告客户和优质媒体资源的支撑,这些往往又是本土广告公司所不具备的,而国内的强势媒体集团和企业集团则具有这方面的优势。强势媒体集团和企业集团投资广告业,能够迅速孵化大型的广告企业,这已为日韩广告公司的发展经验所证明,日本的电通、博报堂最早就是依托媒体起家,至今在公司的股份中媒体股份也占有相当大的比重,日本其他大型的广告公司,如大广属于朝日新闻集团,读卖广告社属于读卖新闻集团,朝日广告社属于朝日新闻集团,日本经济广告社属于日本经济新闻集团等,东急、JR东日本企画、Delphys则是企业集团建立的广告公司,分别属于东急集团、JR东日本铁路公司和丰田集团。韩国三星集团创办的第一企划,LG集团所属的LG AD,乐天集团成立的大弘企划,现代集团所属的金刚企划等,都是韩国大型的广告企业,第一企划在20世纪70年代就进入全球前三十位广告公司,而且一直是韩国广告业的领头羊。[①] 我国政府主管部门强制推行欧美国家的广告代理制,限制媒介广告公司和企业广告公司的发展,加之媒体和企业缺乏对把广告公司作为独立产业来运作的认识和经验,从某种程度上严重影响了我国广告公司的规模化发展。

---

① 参见陈永、张金海等:《中国广告产业将走向何方?——中国广告产业现状与发展模式研究报告》,载《现代广告》2006年第7期,第27~31页。

（三）广告公司多是内向型广告企业，少有外向型广告企业和跨国广告公司

事实上，企业家的战略眼光直接决定了企业未来的发展方向。创新理论的创始人美国经济学家熊彼特就特别强调企业家的作用。"在熊彼特的创新理论中，企业家处于中心地位。在他看来，经济静态均衡和'经济循环'被打破，经济的发展，都是由于具有远见卓识和冒险精神、超人勇气与魄力的企业家从事创新活动的结果。"① 当然，也有学者提出创新是"一定客观技术、经济条件下，企业内部因素与外部因素相互作用而产生的企业组织行为，而不是企业家的个人行为"。② 笔者认为，企业家行为和企业组织行为共同构成企业创新的决定因素。对于广告公司发展来说，企业家的作用更大。国内目前的广告公司以个体和私营公司数量最为庞大，这些广告公司的发展主要还是靠决策者的战略眼光。长期以来，我国广告公司的领导者往往缺乏一种长远发展的战略部署，比较重视眼前的经济利益，在市场竞争日趋激烈、生存空间日渐萎缩的情况下，顿时感觉到巨大的生存压力，再来发展却早已错过最好的时机，有些高获利的领域已经建立起很高的进入壁垒，如媒介购买、户外媒体经营、整合营销传播等领域。

按市场范围划分，可将广告企业分为内向型广告企业、外向型广告企业和跨国广告企业。所谓内向型广告企业，主要是指业务主要局限在本区域的广告公司；外向型广告企业则是业务不断向国内其他市场扩张的广告公司；跨国广告公司则是更高层面的外向型企业，其业务延伸到国际市场。总体来看，我国本土广告公司一直是内向型企业占了绝大多数，少有外向型企业，基本没有跨国广告公司，这与中国经济大国地位以及中国企业集团的全球扩张态势极不相称。形成这种局面的主要原因在于本土广告公司管理层缺乏资本运作的意识和经验，少有精通经营管理方面的人才，广告公司领导人大都是策划或创意出身，鲜有管理或经济类学科背景和相关从业经历，他们中很

---

① 臧旭恒、徐向艺、杨蕙馨主编：《产业经济学》（第二版），经济科学出版社2004年版，第285页。
② 刘满强：《技术进步系统论》，社会科学文献出版社1994年版，第104页。

多人是积累一定经验之后自己开公司,在策划创意等专业领域具有丰富的实战经验,而对于经营管理却并不是很在行,内部也没有相应的部门来规划整个公司的长远发展,因而大多也只能停留在手工作坊式运作的层面。

目前,战略扩张已经成为大多数广告公司的未来选择。《2006年广告公司生态调查:广告公司大抉择》显示,2006年,近3/4的被访广告公司在未来一年选择扩张发展。2006年,被访广告公司选择比重最大的扩张方式,是在公司内部增设相应的业务部门,选择率为46.1%,其次是在其他地区设立分支机构,选择率为44.5%。综合代理公司选择率最高的扩张方式,是在其他地区设立分支机构,其次是在公司内部增设相应的业务部门和其他广告公司建立战略联盟。未来一年内计划扩张的被访创意设计制作公司和媒介代理/销售公司都选择了在公司内部增设相应的业务部门作为扩张的方式,选择率第二高的是在其他地方设立分支机构,选择率排在第三位的方式是与其他广告公司建立战略联盟。① 这一调查结果表明,一方面广告公司出于收益增长的考虑选择向外扩张市场;另一方面广告公司也明显感觉到竞争的压力,意识到只有扩张才能更好地发展。然而,从扩张方式的选择上来看,调查显示在公司内部增设相应的业务部门、在其他地区设立分支机构、与其他广告公司建立战略联盟等仍然是主要的扩张方式,广告公司的规模化发展相对比较缓慢,而采用并购方式扩张以及跨地域成立股份公司所占的比例则较少。

相比较而言,日本则多是外向型广告企业和跨国广告公司,日本广告公司通过联合、并购和建立战略联盟等方式迅速实现在国内市场和国际市场的扩张。例如,2002年12月,博报堂与广告代理公司Daiko和Yomiko合并,以缩小与日本排名第一的电通在业务上的差距,同时,该公司还通过与总部位于荷兰的李岱艾结成战略联盟拓展全球业务;旭通(Asatsu-DK,ADK) 1999年收购Dai-Ichi Kikaku广告公司后,缩小了与电通及博报堂的业务差距,在海外业务方面,旭通与WPP达成战略合作。② 2006年,日本电通、博

---

① 陈永、丁俊杰、黄升民等:《2006年广告公司生态调查:广告公司大抉择》,载《现代广告》2007年第3期,第73页。
② 参见袁铭良、马晶:《4A广告公司格局图》,载《新财富》2003年第8期,第67~68页。

报堂和旭通在全球广告市场营业额排名分别在第五位、第八位和第十位。

由此可见，我国广告公司经营者没有制定外向型的扩张战略，没有建立全国大型广告集团、全球大型广告集团的战略雄心，也就很难产生本土大型的广告集团，更不可能产生跨国广告公司。

（四）广告公司仅仅依靠自有资本积累方式发展，影响广告公司规模化扩张

我国广告公司长期仅仅依靠自有资本积累方式发展，很难产生大型的广告集团。广告公司这种发展方式，与广告行业自身的特点有很大关系：一是广告公司作为服务型企业，需要的资金量相对比较少，对资金的渴求也不是那么急切；二是由于我国广告公司多是内向型企业，扩张动力不足。当然，具体到不同类型的广告公司，对资金的需求也存在一定的差异，如创意制作型广告公司，资金投入比较少；媒介购买/销售型广告公司，则对资金需求量比较大，需要广告公司具有垫付资金的实力；综合型广告代理公司，由于涉及广告运作的多个领域，包括市场调查、广告策划、广告创意与制作、媒体计划与购买、广告效果测定等，这类公司对资金的需求最大。综合型广告公司利润的主要来源在于策划创意费和媒介代理费，而媒介代理业务逐渐被一些大型的国际媒介购买集团蚕食，这些媒介购买集团开始改变过去仅仅服务于母公司的做法，直接面向企业和其他广告代理公司。由于媒介批量购买需要大量的资金，很多综合型广告公司并不具备相应的实力，而跨国广告公司由于有大资本的支撑，通过其媒介购买公司进行集中购买，大大挤压了本土广告公司的生存空间，使得本土综合型广告代理公司有可能沦为策划创意的执行公司，这对我国广告公司未来的发展将是致命的。

广告公司迫切需要改变传统的依靠自我资金积累发展的方式，通过资本的力量迅速实现广告公司的规模化发展。利用业内外资金的途径有多种。

（1）利用国内外风险投资基金或上市融资。这类广告公司目前主要集中在新媒体和户外媒体领域，如利用国外风险投资基金和上市融资迅速成长壮大的分众传媒和分时传媒，就属于这种类型。

（2）吸纳国内大型传媒集团和企业集团的资金。这两类资金的进入对于广告公司的发展是极为有利的，不仅可以获得广告公司发展所需要的资金，而且

能够与媒体、企业建立一种战略联盟关系，获得稳定的媒体资源和客户资源。

（3）本土广告公司联合出资建立新的股份公司，可以是同地域组建，也可以是跨地域组建，这种方式能够整合多家广告公司的资金和资源，迅速形成规模优势。

（4）利用跨国广告公司的资金。例如三赢传播就是广东省广、广东广旭、省广博报堂三家广告公司以及省广属下所有公司的媒介购买联合体，吸纳了省广博报堂的资金。

国内本土广告公司目前利用外资存在的最大问题，就是与跨国广告公司合资成立新公司都是由外资控股，从长远来看对中方是极为不利的。"2006年，国安集团解除与Grey、WPP所有合作关系，精信广告成为独资公司。两家关系破裂，暴露了合资广告公司存在的诸多问题，例如，资产和运营不公开透明，中方无法进入管理核心，没有决策权，财务核心设在香港，平时无权审计等。所谓合资公司实乃外资独营，国安付出大量的资金和资源，却没得到合理的利益分配，最终走向'离婚'，还留下资产讨回等问题。这其中既有中方放弃管理监督的问题，也有跨国广告公司对中方的压榨与失责。"[①]这也正是前车之鉴。相比之下，日本在20世纪60年代开放广告市场时，外资只能以有限的比例与日本本土广告公司合资，通过学习跨国广告公司先进的经验，日本广告公司迅速成长壮大，很重要的经验就是坚持"以我为主，为我所用"。

第二节 市场行为的过度竞争

一、同质化竞争与广告市场的"逆向选择"

（一）"逆向选择"理论

"逆向选择"是信息经济学的一个重要概念。1970年，美国著名经济学

---

① 陈徐彬、于远娜、叶蕾：《外资强势掘进，本土"脑体倒挂"》，载《广告大观》（综合版）2007年第10期，第45页。

家阿克洛夫创立了旧车市场模型,也称为"柠檬"模型。这一模型的建立开创了逆向选择理论的先河。在旧车市场上,逆向选择问题主要来自于买者和卖者有关旧车质量信息的不对称。卖者知道车的真实质量,而买者不知道,他只知道车的平均质量,因而只愿意根据平均质量支付价格,但这样一来,质量高于平均水平的旧车就会退出交易,只有质量低的旧车进入或留在市场。其结果是,市场上出售的旧车的质量逐步下降,买者愿意支付的价格也随之进一步下降,更多的较高质量的旧车退出市场。最后,在均衡的情况下,只有低质量的车成交。在极端情况下,市场可能没有任何旧车成交,或者说,旧车市场根本不存在。因此,旧车市场的帕累托改进是无法实现的。①简而言之,所谓"逆向选择"现象,就是市场交易双方之间的信息不对称,使得信息劣势方只愿意根据平均质量支付平均价格,从而导致高质量商品退出市场,最终消费者只能购买到质量次的商品,而非质量高的商品。

由此可见,市场逆向选择发生的主要原因在于交易双方的信息不对称。所谓不对称信息(Asymmetric Information),是指交易的一方拥有另一方不拥有的信息,甚至第三方也无法验证,即使能够检验也要花费大量的人力、物力、财力和精力,在经济上是不划算的。② 在自由市场经济中,信息不对称现象通常表现为两种结果,一是信息占有优势方经常会做出"败德行为";二是信息占有劣势方不得不为信息占有优势方承担风险,从而使自己面临交易中的"逆向选择"。信息经济学认为,信息不对称造成了市场交易双方的利益失衡,影响了社会的公平、公正以及市场配置资源的效率,并提出了种种解决办法。在现实经济中,信息不对称的现象十分普遍,且影响很大,造成了占有信息优势方从交易中获取太多的剩余,出现因信息力量对比过于悬殊导致利益分配结构严重失衡的情况。

信息经济学针对市场的"逆向选择"现象,也提出了解决的具体途径。就信息优势方而言,通过"信号传递"方式,尽可能把自己的"私人信息"

---

① 陈瑞华编著:《信息经济学》,南开大学出版社2003年版,第212~213页。
② 妥艳贞:《不对称信息经济学理论观点述评》,载《兰州学刊》2004年第5期,第88页。

变为"公共信息",让信息劣势方获取尽可能多的信息;就信息劣势方而言,则是通过"信息搜寻"和"信号甄别"方式,掌握更多对方信息。通过上述方式,可以有效消解交易双方的信息不对称,降低信息劣势方的认知风险,从而有效规避市场的逆向选择。

(二)广告市场的逆向选择

广告市场同样存在"逆向选择"问题。广告主和广告公司之间作为一种委托代理关系,作为委托方的广告主和代理方的广告公司总是处于一种信息不对称状态,广告公司拥有自身广告服务的完全信息,包括广告公司自身的实力和广告服务的质量和费用等,而广告主则拥有广告公司的非完全信息。处于信息劣势方的广告主在选择广告代理公司时,只愿意根据广告公司的平均服务质量来支付平均代理费用,这样使得高于平均服务质量而且期望收益高于广告主愿意支付的平均价格的广告公司退出广告市场,留下来的则是那些服务质量低于平均水平的广告公司,继续类推,广告主愿意支付的平均价格更低,在极端的情况下,广告主和广告公司的交易就不会发生。

广告市场逆向选择的严重后果在于,服务质量高的广告公司将会被服务质量低的广告公司挤压出市场,使得广告公司的服务质量大大降低,不利于中国广告产业整体竞争力的提升。事实上,广告市场的逆向选择对广告主而言同样是非常不利的,广告主只能选择到服务质量低于或等于平均水平的广告公司,感觉好像是节约了成本,但实质上却造成营销成本的大幅提升,因为广告公司的服务如果不能取得预期的市场效果和传播效果,广告主所支付的广告费用实际上就是浪费掉了。

广告市场逆向选择的存在,关键原因在于广告主和广告公司之间的信息不对称。从广告主的角度来看,一方面是对广告公司的具体情况缺乏了解,所以在选择广告公司时必然存在心理风险;另一方面认为广告公司之间没有太大差异,所以愿意支付的价格肯定就低于市场的平均价格。从广告公司的角度来看,确实也存在同质化竞争的问题。为了消解因信息不对称引发逆向选择,广告主和广告公司都需要进行有效的信息搜寻、信号甄别和信号传递。对广告主而言,比稿就是一种进行信息搜寻、信息比较和信号甄别的重要途径,尽管目前广告市场比稿还存在很多不规范的地方,比如广告主利用比稿窃取广告公司的智力成果而不支付相应的报酬、广告主的暗箱操作、广告公司的恶性价格竞争等现象，值得深刻检讨，但是比稿也是一种合理的存在，它是广告主减少与广告公司之间信息不对称、降低广告主消费风险的一种有效途径。对于广告公司而言，就是要形成自己的核心竞争优势，产生广告公司的品牌效应，进而在广告市场上造就良好的口碑。

（三）广告公司的同质化是产生广告市场逆向选择的根源

广告公司的同质化竞争已经严重削弱了中国广告产业的竞争力，广告公司同质化竞争的事实和广告主对广告公司同质化的认知，使得广告市场的"信号失灵"，广告公司的信号传递以及广告主的信息搜寻和信号甄别都无法发生作用，从而进一步加剧广告主和广告公司之间的信息不对称，导致广告市场逆向选择的发生。正是从这个角度来说，笔者认为，广告公司的同质化是产生广告市场逆向选择的根源。

目前，广告服务的同质化现象愈演愈烈——无论是大型的还是中小型广告公司，在服务内容、服务方式和服务水准上逐步趋同。由于服务趋同，找不到核心专长，广告公司之间往往相互压价抢单，陷入激烈的价格竞争，造成广告公司营业额/利润空间狭小，无力投入公司升级运作，无法集聚更多资源，而这一状况又使得广告公司核心竞争力的打造更为艰难。经营趋同，缺乏个性，已经成为当前限制我国广告公司发展的重大瓶颈。①

广告公司是市场专业化分工的必然产物，广告公司存在的核心价值就在于为企业提供高度专业化的营销传播服务。长期以来，我国本土广告公司专业服务水平的低下使得企业对其认同度较低，由此引发企业对广告公司专业服务能力的普遍质疑，引发广告市场的"逆向选择"，导致"劣币驱逐良币"，将那些真正的服务优秀的本土广告公司置于一种非常不利的竞争境地。

（四）解决我国广告市场逆向选择的方略

广告市场的逆向选择对于广告公司和广告主而言都是不利的。解决我国广告市场存在的逆向选择问题，就是要消解广告主和广告公司的信息不对

---

① 廖秉宜：《中国本土广告公司经营的问题与对策》，载《中国广告》2005年第7期，第57页。

称。具体来说，一是广告公司通过差异化、专业化的服务和提升整合媒介资源和营销传播手段的能力，形成广告公司的核心竞争力；二是通过"信号传递"方式，消解广告主和广告公司间的信息不对称，让广告主能够选择到优秀的广告公司。

1. 专门化、专业化与整合力：广告公司核心竞争力的打造

我国广告公司的同质化，主要是在于服务的行业和内容上的趋同。国内广告学界、广告业界和企业界对整合营销传播的顶礼膜拜，也使得广告公司纷纷拓展自己的业务领域，为企业提供整合营销传播服务。然而，由于广告公司的内部组织结构并没有进行相应的调整，也没有其他服务领域如公关、促销、直销和网络行销等方面的运作经验以及相关人才的储备，因而所谓的整合营销传播也只能停留在口号的层面，在实际的执行中并不能很好地执行，原因正在于此。

笔者认为，只有专门化才能形成差异化。这种专门化的组织，可以是集中在广告运作的某个环节，如策划创意公司、平面设计公司、影视广告公司、媒介购买公司等；可以是集中代理某类媒体，如电视媒体代理公司、户外媒体代理公司、公交移动电视广告公司、楼宇/卖场电视广告公司、网络媒体代理公司等；可以是集中在企业营销传播的某个领域，如专业的咨询公司、市调公司、公关公司、促销公司、直销公司、数字互动行销或网络广告服务公司等；也可以是集中服务于某个行业，如房地产广告公司、医疗健康传播广告公司、汽车广告公司、化妆品广告公司、食品饮料广告公司等。

如果每个广告公司都能够在某个专门化的领域具有高度专业化的服务水平，进而形成自己的核心竞争优势，那么我国广告公司的整体竞争实力将会有显著提升。在这些高度专门化和专业化的营销传播组织的基础上，通过资本的力量加以有效整合，如通过联合、并购、合作成立新的股份公司、建立战略联盟等方式，从而形成具有整合各种营销传播手段或媒体资源的大型广告集团，实现我国广告公司的规模化。关于专门化、专业化、整合力形成广告公司核心竞争力的内容在第七章将做重点阐述。

2. "信号传递"：消解广告主与广告公司之间的信息不对称

"逆向选择与道德风险等信息问题导致市场失灵或市场运行的低效率，

使市场参与者不得不借助其他方式来提高市场效率,从而使由于非对称信息而呈现低效率的市场能够重新运转起来。其中,制造与传递信号是最重要的手段,知名的产品品牌与教育文凭分别是产品市场和劳动力市场上解决市场低效率的两种信号,这是两种典型的市场信号。真实的市场信号是对信息不完备、非对称状况的有益补充。"① 在广告市场上,广告公司的品牌,如公司历史与规模、成功的代理品牌案例、高素质的人才、专门化和专业化的优势等,则是解决广告市场低效率的重要信号。广告市场信号传递的方式主要有以下两种。

一是广告公司自身的品牌塑造与推广。广告公司是提供智力服务的企业,通过其在策划创意、媒介推广以及整合营销传播等方面的专业能力,塑造具有鲜明个性的品牌形象,为客户创造价值,最终为企业带来社会效益和经济效益。而自身的形象同样需要规划和设计,即广告公司如何树立在广告主心目中的形象,这实际上涉及一个广告公司如何给自身定位的问题。而本土广告公司在为企业塑造品牌的同时,一直忽视了自身品牌形象的塑造,使得竞争力不强。笔者认为,我国广告公司只有通过专门化、专业化的运作,才能真正提升广告公司的竞争力和品牌形象。

事实上,本土广告公司不仅要给自己定位,而且要给跨国广告公司进行重新定位。经过在中国二十多年的厉兵秣马,一些大型的跨国广告公司已基本实现本土化,比如公司的中高层经营管理者以及员工大都从本地人中产生,公司集中了本地广告界的大批精英人士,他们对中国传统文化有着深刻的体认,也知道如何与企业和媒体打交道,成为本土广告公司的强大竞争对手,再加上跨国公司先进的经营理念、管理模式和全球的策划创意资源,以及国际资本运作的经验等,似乎势不可当。但是,跨国广告公司也并不是不可超越的神话。长期以来,跨国广告公司掌控着广告业的话语权,无论是本土广告公司还是民族企业大都是对其顶礼膜拜,觉得似乎跨国广告公司无所不能。实际上,跨国广告公司也并不是在每个领域都是专业的,这虽然是一个不争的事实,却一直被广告界所忽视。如果我国本土广告公司能够形成自

---

① 陈瑞华编著:《信息经济学》,南开大学出版社2003年版,第236页。

己专门化和专业化的核心竞争优势,而且能够被企业界所广泛认可,必然会获取更多优质的国际国内客户资源。

二是广告行业协会对广告企业资质的认定与重点推介。由行业权威机构进行广告企业资质认定,可以有效消解广告主与资质认定广告企业的信息不对称,并以此向企业重点推荐本土一些优秀的广告公司,从而形成客户资源的相对集中,有利于本土广告公司更大规模的提升,应该是广告企业资质认定的重大价值和意义所在。

二、低集中度、广告产业过度竞争与恶性价格战

(一) 低集中度与广告产业的过度竞争

产业组织理论体系是20世纪30年代以后在美国以哈佛大学为中心逐步形成的。1959年,贝恩出版了第一部系统论述产业组织理论的教科书《产业组织》而成为产业组织理论的集大成者。在代表作《产业组织》一书中,贝恩充分表达了其从市场结构推导竞争结果的结构、绩效的两段论范式。谢勒在贝恩两段范式的基础上采纳了各种批评意见后发展而成现代主流产业组织理论中流行的市场结构、市场行为、市场绩效三段论范式。由此构造了一个既能深入具体环节又有系统逻辑体系的市场结构—企业行为—市场绩效的分析框架,简称SCP分析框架。在哈佛学派的SCP分析框架中,产业组织理论由市场结构、市场行为、市场绩效三个基本部分和政府的公共政策组成,其理论主张结构、行为、绩效之间存在着因果关系,即市场结构决定企业行为,而企业行为决定市场运行的经济绩效。后来的经济学家对贝恩等人的SCP框架进行了修正,即不仅市场结构决定行为和绩效,市场绩效,特别是市场行为也会影响市场结构。例如,企业的兼并行为会直接影响产业内企业的数量和规模;企业的创新和广告活动也会提高新企业进入产业的壁垒;企业的掠夺性定价战略行为也可用作迫使竞争者退出市场的武器。这些都会影响原来的市场结构。① 由此发展为一种双向动态的分析范式,参见"导论"中图0-1所示。

---

① 王俊豪主编:《现代产业经济学》,浙江人民出版社2005年版,第16页。

<<< 第三章 低集中度与中国广告产业的过度竞争

在对广告产业市场结构、市场行为、市场绩效的分析中，我们使用了产业组织理论经典的 SCP 范式，认为广告产业的市场结构决定广告公司行为，广告公司行为又决定了市场绩效，同时广告公司行为和市场绩效也会影响广告产业的市场结构。为了提高广告产业的市场绩效，可以通过改变广告公司行为，如产品差异化策略、合作定价行为、并购或建立战略联盟等方式，提高广告产业的集中度，改变广告产业的市场结构。在前面的分析中，我们知道，中国广告产业处于一种原子型的完全竞争的市场结构，市场上存在大量的广告公司，而处于市场领导者地位的大都是一些跨国广告公司。低集中度的市场结构，使得广告市场存在严重的过度竞争现象，广告公司之间同质化竞争严重，相互压价、挖竞争对手墙角、回扣风盛行等，严重扰乱了广告市场正常的秩序，不利于我国广告产业的持续健康发展。2005 年，笔者曾与《中国广告》杂志社合作组织了一次关于中国本土广告公司经营状况的调查，在被问及"您觉得贵公司经营遇到的最大挑战来自于哪方面"时，选择比例最高的是"同行业的恶性竞争"为 62%，"人才的匮乏"和"客户的无理要求"也有相当高比例，分别为 51%、33%，其他分别是"零代理"为 18%、"地域的限制"为 18%、"资金缺乏"为 16%、"4A 公司的压力"为 13%、"员工跳槽"为 7%、"媒介购买公司的冲击"为 4%、"媒介的无理要求"为 4%、"其他"为 4%。① 广告公司的恶性竞争已经成为影响我国广告产业发展的重要障碍。一方面需要政府主管部门的监管和广告行业协会的自律；另一方面恶性竞争与产业低集中度有着直接的关系，因而，通过广告公司的市场行为提高产业集中度，也可以反过来影响广告公司的市场行为。

（二）恶性价格竞争是广告产业过度竞争的重要表现

中国广告产业存在过度竞争的问题，有多方面的原因，一是广告产业进入退出的低壁垒，使得经营广告公司并没有太大的经济风险；二是中国广告市场的巨大成长空间，使得经营者对广告公司现实或未来收益的预期比较高，因而也刺激了投资者的热情。由此，产生了我国庞大的广告公司群体。

---

① 廖秉宜等：《中国本土广告公司状况调查》，载《中国广告》2005 年第 7 期，第 52 页。

广告市场上存在着大量的"过江龙","过江龙"是市场的掠夺者,他们只是在行业景气时进来捞一把,赚取非正常暴利,扰乱市场竞争秩序,不断发生"劣币驱逐良币"的恶性竞争现象。恶性价格竞争就是广告市场过度竞争的重要表现,在广告市场上存在服务质量参差不齐的广告公司,这些广告公司往往通过低价竞争等方式吸引客户,在获取到客户之后广告公司并不能提供高质量的广告服务;同时,广告公司的低利润,也使得其无力投入更多资金吸引和培养优秀广告专业人才,提升广告公司的专业化水平和规模化程度。

从整个广告业生态来说,国内目前很多本土广告公司的竞争多以价格竞争为主,而少有品牌竞争。这种恶性价格竞争,对于中国广告产业的发展是极为不利的,它使得广告公司的利润缩减,无力投入公司升级运作;使得广告公司的专业价值遭到广告主的质疑;也使得广告市场"信号失灵",大大提高了广告公司和广告主之间交易的成本。

(三)零代理本质上是一种恶性价格竞争行为

价格竞争行为是一种基本的定价行为,包括限制性定价和掠夺性定价。从本质上看,价格竞争行为的两种类型是企业行使的非合作策略行为。之所以称为非合作,是因为厂商试图通过改善自己相对于竞争对手的地位而使自己的利润最大化。[1] 限制性定价(Limit Pricing),或称阻止进入定价,是指现有企业通过制定低于诱发进入的价格来防范进入,这一价格水平使潜在进入者认识到进入市场后,预期获得回报将与克服进入障碍以及遭到报复所付出的代价正好相抵,从而放弃进入。掠夺性定价(Predatory Pricing),是指在位厂商将价格削减至对手平均成本之下,以便将对手驱逐出市场或者遏制进入,即使自己会遭受短期损失。一旦对手离开市场,在位厂商就会提高价格以补偿掠夺期损失。[2] 与限制性定价不同的是,掠夺性定价并不直接针对那些尚未进入市场的企业,而主要是为了驱除或消灭现有的竞争对手,并对潜在进入者产生一种恫吓效应,使其不敢轻易进入该市场,从而垄断市场。

---

[1] 参见杨建文等:《产业经济学》,学林出版社2004年版,第99~100页。
[2] R. Schmalensee and R. D. Willing (1989), *Handbook of Industrial Organization*, Elsevier Science Publishers B. V.

由于掠夺性定价中价格水平的降低并非来自效率的提高和成本的节约，而仅是一种策略性行为，因而降价企业不可避免地要在短期承受一定的损失，而一旦将对手逐出市场，它再行提高价格，以弥补前期降价造成的亏损。①

广告服务有不同于一般有形产品的特性，但上述两种定价行为在广告行业同样存在。零代理就是广告市场恶性价格竞争的一种重要表现，它是广告市场领导者为阻止进入或驱除竞争对手所实施的一种策略性定价行为。理论上所谓广告公司的代理佣金基本上可以拆分成：策划创意、设计制作、媒介计划与购买。如果广告主的媒介投放量够大，通常可以不必支付广告代理公司任何服务费用，广告公司通过媒介购买业务，直接向媒介业者提取购买总量的15%的佣金，作为自己为客户全面服务的报酬。如果广告主的媒介购买量太小或自己进行购买，那么他必须支付广告公司服务费，而服务费的收取，则根据双方主客观条件谈判，采取"月费"或"年费"形式结算。2001年某家跨国广告公司出台了"零代理"服务，在广告界引起轩然大波。事实上，"随着广告市场的竞争日趋激烈，为了争夺客户，排挤竞争对手，广告公司之间竞相压价，将媒介支付给自己的代理费优惠给广告主，低价代理甚至零代理便不可避免地出现了"②。目前，国内学界关于"零代理"也有不同的看法，有学者认为零代理只是一个噱头而已，也有学者认为零代理属于一种不正当竞争行为，等等。

笔者认为，科学评价零代理现象主要集中在两点：一是零代理是广告公司代理收费制度变化的必然；二是零代理是广告市场过度竞争的一种产物。首先来看第一点，"世界范围内广告代理收费制度有三种基本模式，即佣金模式、服务费模式和激励模式。佣金模式是指广告代理公司根据广告主的媒介投放量提取一定的佣金作为广告代理费的制度；服务费模式是指广告主按劳务成本、管理费以及利润向广告代理公司支付广告代理费的制度；激励模

---

① 臧旭恒、徐向艺、杨蕙馨主编：《产业经济学》（第二版），经济科学出版社2004年版，第200页。
② 陈刚等：《对中国广告代理制目前存在问题及其原因的思考》，载《广告研究》2006年第1期，第9页。

式是指广告主根据广告代理公司的广告专业服务所产生的实际效果而支付相应代理费奖励的制度。进入20世纪90年代以后,在欧美广告业发达国家,服务费模式和激励模式逐渐取代佣金模式,成为主流的广告代理收费模式"①。事实上,零代理只是媒介购买的零代理,而策划创意和设计制作方面还是要收取相应的服务费。再来看第二点,零代理是广告市场过度竞争的一种产物。零代理首先是由广告市场的领导者跨国广告公司发起的,其目的是以压低价格的方式,使竞争公司无利可图或利润微薄而放弃竞争,从而获取广告客户。这种价格策略的定价接近成本,目的是驱除竞争对手、驱除对手后提高价格,近乎一种掠夺性定价行为。这种定价行为主要是集中于争夺本土客户,跨国广告公司为了提高自身赢利空间,纷纷将目光投向本土具有发展潜力的民族企业或民族品牌。为了赢得更多本土客户,跨国广告公司不惜压低价格。这种价格策略一方面可以把本土一些优秀的、有竞争力的广告公司驱除市场,使得广告客户越来越向少数跨国广告公司集中,从而形成跨国广告公司的垄断格局;另一方面从长期来看,市场上的竞争对手被驱除市场之后,跨国广告公司再提高价格。事实上,由跨国广告公司发起的零代理风暴已经迅速席卷整个广告产业,使得本土广告公司也不得不投入这种价格战之中,由此引发广告市场恶性价格竞争愈演愈烈,这对于本土广告公司和民族企业的长远发展都是极为不利的。

(四)规避广告市场恶性价格竞争是规范和发展广告产业的必需

广告市场的恶性价格竞争,对于成长中的中国广告产业来说,产生了极大的负面效应。广告市场恶性价格竞争是广告市场不规范、不成熟的主要表现,这种恶性价格竞争使得广告公司的利润空间大大萎缩,增加了广告主的价格敏感性,广告主更加重视广告公司服务的价格而非质量,这也导致广告公司无力投入升级运作,无法实现专业化水平的提升,因而也就无法为广告主提供高质量的、实效的营销传播服务,进而引发广告主对广告公司专业服

---

① 张金海、廖秉宜等:《中国广告产业发展与创新研究》,载《中国媒体发展研究报告(2007年卷)》,武汉大学出版社2007年10月版,第489页。

务能力的普遍质疑，形成广告市场的恶性循环，不利于我国广告产业的升级，尤其会进一步恶化本土广告公司的生态环境，将本土广告公司置于一种更加不利的竞争境地。可见，规避广告市场恶性价格竞争是规范和发展我国广告产业的现实必需。

广告市场的恶性价格竞争与广告产业的低集中度有着直接关系，要从根本上解决广告市场恶性价格竞争问题，需要溯本求源，提高广告产业的集中度。当前提高我国广告产业集中度的主要途径是：重新制定行业标准，加速中国广告产业升级；依托大型媒体集团和企业集团资源，创新专业广告公司形态；创新广告产业发展路径，实现规模经济和范围经济。除此之外，有效遏制广告市场恶性价格竞争，重点还需从以下三个方面着手。

一是通过政府主管部门加强对广告市场恶性价格竞争行为的监管和广告行业协会成员强化自律来实现。2005年11月28日，根据《中华人民共和国价格法》《中华人民共和国广告法》，以及国家发展改革委员会《关于商品和服务实行明码标价的规定》《禁止价格欺诈行为的规定》，国家发改委和国家工商行政管理总局制定的《广告服务明码标价规定》，以此规范广告经营单位的价格（收费）行为，维护广告行业的价格秩序，提高广告服务价格的透明度，加强对广告行业的管理，健全广告监管制度，促进广告行业的健康发展。规定要求广告经营单位向广告主提供服务，应当公开明示广告服务价格以及收费等相关内容。各级工商行政管理部门协助价格主管部门对广告经营单位实施明码标价，进行监督管理。媒体广告费用的明码标价和广告公司服务项目的明码标价，对于规范广告市场价格具有重要作用，同时，也有利于政府主管部门对恶性价格竞争行为进行及时有效的监管。此外，行业协会在通过自律方式，遏制恶性价格竞争方面也要发挥强有力的作用。长期以来，广告行业协会作为一种半官方机构，处于一种事实上的缺位状态，并没有真正发挥其服务于广告行业组织的职能。随着行业协会组织民间化改革的发展和深化，广告行业协会组织应充分发挥其职能，规范广告市场主体的价格行为，从而保证广告公司有合理的利润，为广告公司发展创造良好的生态环境。

二是广告公司提高专业服务能力,以高度专业化的服务产生品牌效应,形成无可替代的核心竞争优势。广告公司之间的恶性价格竞争,也与广告公司的同质化有着直接关系。广告公司和广告主之间是一种委托—代理关系,广告主作为委托方,广告公司作为代理方,双方之间的这种委托—代理关系,只有在广告公司能够为广告主提供专业化服务的前提下才能发生。如果广告公司不能提供专业化的服务,广告主自然也不愿意为此支付高额的费用,而广告公司为了争夺广告客户纷纷采取压低价格的方式,更加剧了广告市场的恶性价格竞争。广告公司只有形成自己不可替代的核心竞争优势,让其专业服务能力获得广告主的广泛认同,才能获取高于平均利润的收益。专门化与高度专业化则是形成广告公司核心竞争力的重要途径。零代理中媒介代理费用的消失,一方面是恶性价格竞争的结果,另一方面也是由媒介代理的非专业化所致。如果能够提高媒体计划的专业能力和媒体谈判能力,以大批量的媒介购买获取更加优惠的媒体价格,广告公司自然能够也应该获取媒体计划和媒体购买的相应报酬。可以说,价格虽然也是广告主考虑的重要因素,但广告的传播效果或销售效果则是广告主更加看重的,强势的广告公司品牌自然可以获得更高的溢价。

三是加强对广告公司和广告主的广告素养教育。广告素养教育的目的,是为了使广告公司和广告主正确认识广告和认识广告公司的经营行为等。广告公司是智力型企业,它是通过广告专业人员为广告主提供智力服务来获取报酬,广告主需要认同其专业价值并支付合理费用,以保证广告公司的正常运转,从而调动广告公司员工的积极性和创造性,更好地为广告主服务,广告公司恶性价格竞争实质是以牺牲服务质量为代价的,最终受害的还是广告主。广告公司也必须认识到,广告公司个体的发展必须要有良好的广告生态环境,恶性价格竞争将使得广告产业沦为劳动密集型的低利润产业,不利于广告产业的健康发展,以长远眼光来看又会反过来制约广告公司自身的发展,因而,广告公司必须自觉对广告市场的不良竞争行为予以抵制,营造良好的广告产业生态环境。

第三节 市场绩效：利润空间的日渐萎缩

一、市场绩效的评价及其准则

在 SCP 的分析框架中，与市场结构、市场行为并列的另一个重要范畴是市场绩效。所谓市场绩效，是指在一定的市场结构和市场行为条件下市场运行的最终经济成果，主要从产业的资源配置效率和利润率水平、与规模经济和过剩生产能力相关的生产相对效率（或简单说规模经济效益）、销售费用的规模、技术进步状况与企业内部组织管理效率（或 X – 非效率程度）、价格的伸缩性以及产品的质量水准、款式、变换频度和多样性等方面，直接或间接地对市场绩效优劣进行评价。

市场结构和一定市场结构下的市场行为是决定市场绩效的基础。市场绩效受市场结构和市场行为的共同制约，是市场关系或资源配置合理与否的最终成果标志，反映市场运行的效率，同时，市场绩效的状况及变化，反过来又影响市场结构和市场行为。SCP 分析框架对市场绩效的研究，主要是从产业的资源配置效率和利润率水平、与生产规模大小和生产能力过剩相关的生产的相对效率、销售费用的比重大小，以及企业和产业技术进步状况等几个方面，直接或间接地论述市场绩效的基本内容和特征，并通过分析市场绩效与市场结构、市场行为诸因素的关系，对市场绩效优劣及其原因作出解释。①

市场绩效评价的主要准则包括以下几点。一是看价格对生产要素流动的导向作用。如果价格变动将引导生产要素流向生产效益好、生产成本低、市场需求量大的产业和企业，市场绩效就越好；否则，市场绩效就越差。二是看产业内企业的生产量是否达到规模经济的要求，企业产量过大或过小，都不利于企业乃至整个产业的发展。三是看产业内企业生产耗费和利润率的高低，即考察企业生产费用尤其是销售费用及产品改型上是否存在浪费，以及

---

① 参见杨公朴、夏大慰主编：《现代产业经济学》，上海财经大学出版社 2005 年版，第 84~85 页。

有多大程度的浪费,产业的平均利润率是否合理。四是产品的质量和品种规格是否能够满足消费者的需求,以及在多大程度上满足其需求。五是产业的技术进步是否在不断加快。市场绩效状况与市场结构和市场行为有关,也与政府的产业组织政策有关。①

二、广告市场绩效评价的五个维度

(一)广告市场资源配置效率

产业资源配置效率是用来评价市场绩效的最基本的指标。微观经济学认为,完全竞争的市场机制能够保证资源的最优配置,这表现为社会总剩余或社会福利(生产者剩余与消费者剩余之和)的最大化。消费者剩余是指消费者愿意支付的价格与实际支付的价格之间的差额,生产者剩余是指销售收入和生产费用的差额。但现代经济学不断证明,完全竞争市场并不一定是实现资源优化配置最有效的市场结构。由自由竞争市场向垄断竞争市场的过渡,是产业升级发展的必然。

我国广告产业长期处于一种完全竞争的原子型市场结构,产业集中度非常低。在完全竞争的市场结构中,价格机制引导资源向效益更好的产业转移,从而实现资源优化配置。从广告产业发展来看,也可以看出资源向高效益领域集中的趋势,如近年来媒介购买、数字新媒体、传统户外媒体以及整合营销传播等领域的迅猛发展即是。但从总体来看,我国广告市场资源配置的效率还是非常低的,这与广告产业完全竞争的市场结构直接相关。我国广告产业集中度低,广告公司服务同质化严重以及进入退出的低壁垒等,使得我国广告产业整体效率较低。按照市场规律,服务质量差、效益差的广告公司退出市场,媒体资源、客户资源和人才资源向服务质量高、效益好的广告公司集中,广告产业集中度提升。但事实并非如此。我国广告产业有巨大的成长空间,加之广告公司对未来收益的较高预期,都使得市场上的广告公司数量不减反而加速上升,使得我国广告公司高度分散与高度弱小的状况更加

---

① 臧旭恒、徐向艺、杨蕙馨主编:《产业经济学》(第二版),经济科学出版社2004年版,第270~271页。

严重,生产者剩余极其低下,也无法实现广告市场资源的优化配置。

(二)广告公司规模经济与生产的相对效率

生产的相对效率,主要是从产业内企业是否实现了规模经济以及已有生产能力的利用程度这一侧面,分析资源在产业内的有效利用程度。产业内企业规模经济的实现有三种情况。(1)未达到实现规模经济的企业是市场主要供给者。这表明该产业未能充分利用规模经济效益,存在着低效率的小规模生产。(2)达到和接近经济规模的企业是市场的主要供给者。这是理想状态,它表明该产业充分利用了规模经济效益,使产业的长期平均成本达到最低,资源在产业内得到了有效的利用。(3)市场的主要供给者是超经济规模的大企业。由于这种超经济规模的企业过度集中,不能再使产业的长期平均成本降低,只是加强了企业的市场支配力,因此并不能提高生产的相对效率。

根据前述,2007年我国广告公司有113 222户,从业人员达761 887人,营业额为6 884 977万元,户均广告营业额为60.81万元,人均广告营业额为9.04万元,如果按15%的利润来计算,每家公司的平均利润仅为9.12万元;由此可见,我国广告公司还远未达到有效经济规模。"广告业不像汽车行业的典型社会化生产,规模效益不明显,不能拥有一个规模经济的数量,但通过中美之间的横向比较可以清楚地看到,我国广告公司的生产效率比较低。美国广告公司的平均规模是我国广告公司的十倍以上。所以我国广告公司距离规模经济很远。规模经济不明显是影响目前广告公司运行效率的重要原因,众多的中小公司不能形成规模,从而整个市场也不能形成有效的规模,直接制约整个市场的效率提升。"[1] 此外,生产能力不足或生产能力过剩也是生产的相对效率不高的表现。我国广告公司由于数量庞大,大都规模较小,而且广告客户数量有限,两三个广告主维持一家广告公司生存的局面普遍存在。广告公司往往是根据开发广告客户的情况决定公司的用人指标,广告公司失去广告客户就会面临生产能力过剩,而获得新客户则可能又面临生

---

[1] 孙海刚:《我国广告业的产业组织分析》,载《商业时代》2006年第25期,第102页。

产能力不足。总体来看,我国广告行业存在高级专业人才严重匮乏的问题,生产能力相对不足严重影响我国广告市场的相对生产效率。

(三)广告公司的平均利润率

美国学者贝恩最早将产业的平均利润率与作为市场竞争和垄断程度指标的集中度、产品差别化及进入壁垒等市场结构因素之间的相关关系进行实证研究,其研究结果表明,随着集中度提高,利润率也有所提高,不过集中度和利润率之间的相关关系并不明显(相关系数0.28),贝恩的成果主要是对不同产业进行横向比较。斯蒂格勒考察了68个产业20年的利润率与集中度的关系,他认为利润率与产业集中度的线性正相关关系不是很明显,但是产业内部利润率分布与产业集中度关系明显。① 除了市场集中度外,产品差别化和进入壁垒对产业利润率也有重要影响。产品差别化和进入壁垒不仅通过影响集中度间接影响利润率,同时又是影响利润率的独立的市场结构因素。可以认为,产业的产品差别化程度越大,进入壁垒越高,表明资源流入时所遇到的阻力越大,也就越容易形成比较高的利润率。

我国广告产业的低集中度,以及服务同质化和进入退出的低壁垒,使得广告产业存在明显的过度竞争,由此引发广告公司之间的恶性竞争,使得行业利润更加微薄,这已成为限制我国广告产业发展的重大障碍。2004年中国广告业生态调查之广告公司专项综合调查表明,被访广告公司的税后纯利润普遍较低,2003年被访公司税后纯利润的平均值为348.8万元。但各类广告公司的情况又不同,媒介策划购买/销售公司的赢利现状相对而言较为良好,2003年税后纯利润平均值最大,达到664.6万元。而综合代理公司及创意设计制作公司等其他类型的广告公司利润平均值相对较低,分别为287.2万元和61万元。同时,比较利润的具体分布情况,超过半数(51.1%)的被访广告公司税后纯利润在0~100万元之间。此外,分布在101万~500万元之间的被访公司占总样本量的30%,利润超过500万元的比例仅为15.6%。②

---

① 参见杨公朴、夏大慰主编:《现代产业经济学》,上海财经大学出版社2005年版,第85~87页。
② 陈永、丁俊杰、黄升民等:《2004年中国广告业生态调查报告——广告公司专项调查综合报告》,载《现代广告》2005年第3期,第18页。

2005年广告公司生态研究数据表明，48.3%的被访广告公司2005年上半年营业额与2004年同期相比呈增长态势，但增长速度放缓，被访广告公司营业额增长的平均幅度相比较与2003年、2004年继续下降。被访广告公司2004年平均利润为473.8万元，其中小型公司税后纯利润平均值为81.8万元，中型公司为411.8万元，大型公司为2571.3万元。① 税后纯利润高的大型公司主要是一些跨国广告公司，我国广告公司平均利润率的低下由此可见一斑。

（四）广告主对广告公司品牌服务的满意度

广告公司塑造行业知名品牌的数量，塑造领导品牌的数量以及广告主对广告公司品牌服务的满足度等，也是考察广告市场绩效的重要指标。广告业作为智力服务型行业，它是通过广告公司专业的营销传播代理服务为广告主提升品牌价值，促进销售增长等，其服务是否获得广告主的认可，反映了广告公司服务的能力和水平。2004年中国广告业生态调查之广告主专项调查综合报告显示，"销售数量的增加""品牌知名度的提高"以及"市场占有率的提高"是广告主判断广告活动有效性的三大重要标准，在被访企业中，分别有57.4%、54.1%和50.7%的广告主选择它们作为考核标准。此外，选择"品牌好感度提高"的广告主占总样本量的27%，以"销售利润率的提高"为判断标准的也占10.8%。② 该项调查虽没有就广告主对广告公司服务质量满意度进行考评，但通过广告公司与广告主之间合作时间的长短，可以间接反映出广告主对广告公司服务的满意程度。

2004年广告业生态调查之广告公司专项调查综合报告显示，将近70%的被访广告公司与广告主的平均合作时间在两年到五年之间。其中，合作时间在2~3年区间内的广告公司有35.4%，3~5年的有32.3%，2年以下或5年以上的比例分别为18%、14.3%。③ 合作时间较短、合作关系不稳定是目

---

① 陈永、丁俊杰、黄升民等：《2005年中国广告业生态调查报告——广告公司专项调查综合报告》，载《现代广告》2006年第3期，第17页。
② 陈永、丁俊杰、黄升民等：《2004年中国广告业生态调查报告——广告主专项调查综合报告》，载《现代广告》2005年第1期，第29页。
③ 陈永、丁俊杰、黄升民等：《2004年中国广告业生态调查报告——广告主专项调查综合报告》，载《现代广告》2005年第3期，第26页。

前广告公司与广告主合作的主要问题之一。尽管广告公司和广告主合作关系的终结有很多方面的因素，有广告主的原因，如广告主不能及时付款、广告主发生人事变动、广告主缺乏明确的投放目标和规划等；也有广告公司的原因，如广告公司的并购、广告公司人员跳槽带走客户等，但最根本的原因，还是由于广告公司的营销传播服务不能满足新营销传播环境下广告主的要求，或是广告公司缺乏专业代理能力，或是缺乏整合营销传播代理能力等。这与欧美国家广告公司与广告主长期合作的状况形成鲜明的对比，如麦肯与"可口可乐""雀巢"的合作时间超过40年，甚至是60年，与"欧莱雅"的合作也已经30多年，最长久的是与国外某些石油品牌的合作历史可以追溯到100多年前，"旁氏""多芬"与奥美的合作时间也长达50年，等等。

（五）广告公司知识技术创新、组织创新、市场创新和制度创新水平

产业创新水平，是衡量广告产业市场绩效的又一重要指标。美国经济学家熊彼特认为，创新是对循环流转的均衡的突破，是企业家实行对"生产要素的新的结合"，建立一种"新的生产函数"。也就是说，把一种从来没有过的关于生产要素和生产条件的"新组合"引入生产体系。自熊彼特之后，"创新"作为企业的内生变量日益受到理论界和业界的重视。衡量产业创新水平主要可以从企业的知识技术创新、组织创新、市场创新和制度创新等方面来加以考察。

从上述四个方面对广告产业市场绩效进行考察，我们发现，我国广告公司知识技术创新、组织创新、市场创新和制度创新水平整体上还是非常低的。从知识技术创新的角度来看，我国广告公司长期都是学习西方的理论，少有能够根据中国的具体国情发展和创新广告理论，来解决中国品牌的实际问题，因而也就很难真正帮助中国的民族品牌迅速发展壮大。在组织创新方面，基本上也是仿照跨国广告公司的运作模式，并没有根据新的营销传播环境的变化及时进行组织变革，因而也就无法满足企业的需求。比如面对企业整合营销传播需求的增加，我国广告公司并没有实现战略转型，或是固守传统的广告业务领域，或是在广告公司自身机体的基础上增设相关营销传播部门，而由于专业人员的缺乏和缺少相关领域的运作经验实质上无法执行整合营销传播等。此外，在市场创新和制度创新方面广告公司也少有成效，比如

我国广告公司多为内向型广告企业，少有外向型广告企业和跨国广告公司，地方性广告企业往往也固守自己的区域市场，既无向外扩张的动力也无向外扩张的实力。从公司的运作来看，大都是通过自身资本积累方式发展，对资本运作提升公司规模缺乏认识和经验等，这些因素都严重影响广告公司的规模化发展。

我国广告公司大都规模较小，无力投入过多资金开展市场研究或购买市场调研公司的专业数据，这也使得本土广告公司服务的专业能力会大打折扣。而一些大型的跨国广告公司则倚仗雄厚的资金开展市场研究并拥有市场一手资料，其专业能力进一步加强，从而加剧广告市场中本土广告公司和跨国广告公司的差距。广告公司知识技术创新、组织创新、市场创新和制度创新乏力在某种程度上与低集中度的市场结构直接相关。根据美国经济学家熊彼特和加尔布雷斯（J. K. Calbraith）的研究，他们认为，大规模的企业对技术进步和创新的推动作用最大，大企业在以下方面更符合现代产业技术进步的需要：（1）研究开发新技术需要巨额投资；（2）需要高度的科学知识和复合的技术积累；（3）研究开发存在很大风险性；（4）研究开发设备的建设、利用方面也存在规模经济性。因此，一定程度的产业集中可以保护和促进技术进步。[①] 我国广告产业的高度分散与高度弱小，也使得我国广告公司创新水平一直比较低下。

三、中国广告产业低市场绩效成因分析

广告产业的市场绩效是由广告产业的市场结构和一定市场结构下的市场行为所决定，同时反过来也影响广告产业的市场结构和市场行为。我国广告产业长期处于一种低集中度的原子型市场结构，广告公司高度分散与高度弱小，广告产业的这一市场结构导致广告市场的过度竞争，其中最直接的表现就是同质化竞争和恶性价格竞争，同质化竞争使得广告市场面临逆向选择的困境，服务低劣的广告公司大量充斥广告市场，将专业服务能力强的广告公

---

① 参见杨公朴、夏大慰主编：《现代产业经济学》，上海财经大学出版社2005年版，第87页。

司置于一种不利的竞争境地；恶性价格竞争使得广告产业沦为劳动密集型的低利润产业，广告公司的核心价值日益受到广告主的质疑。由原子型的市场结构和同质化竞争、恶性价格竞争等市场行为决定了广告市场的低绩效，主要表现为广告市场资源配置效率低下；广告公司没有达到有效经济规模，相对生产效率比较低；广告公司的平均利润率低；广告主对广告公司品牌服务的满意度比较低；广告公司知识技术创新、组织创新、市场创新和制度创新水平低下；等等。广告产业的低市场绩效，反过来也影响广告产业的市场结构和市场行为。利润率和生产相对效率的低下，使得广告公司无力投入更多资金用于扩大规模，引进和培养高级专业人才等，严重影响广告公司的规模化发展和专业化水平的提升，将使我国广告产业长期停留在原子型的市场结构状态。为了维持生存，广告市场的同质化竞争和恶性价格竞争也将会愈演愈烈。由此可见，提高广告产业的市场绩效是当务之急，而要提高市场绩效，根本途径就是要改变目前广告产业低集中度的现状以及同质化竞争和恶性价格竞争的市场行为。

在前文中我们指出，要提高广告产业的集中度，避免同质化竞争和恶性价格竞争，一是需要政府和行业协会组织重新制定行业标准，加速中国广告产业升级，二是可以通过创新专业广告公司形态和产业发展路径，实现规模经济和范围经济。

从中国广告经营单位数量、营业额、户均广告营业额及增长情况可以看出，尽管我国广告产业一直保持高速增长，但广告产业的增长一直走的是外延式、粗放式增长的道路。这种外延式、粗放式的增长方式，在市场发展初期或许是一种必需和必然，然而当中国广告市场逐渐进入成熟阶段时，诸多深层的问题也便开始显现出来。比如，中国专业广告公司的高度分散与高度弱小，以及与之相伴随的广告市场主体三方"强媒体、强企业和弱广告公司"的市场格局；由于资源的过度分散导致规模经济效应和范围经济效应在短期内很难形成，在中国广告市场融入世界广告市场的现实状况下，中国专业广告公司生存的艰难也便自然显现出来。中国广告产业目前急需实现由粗放式、外延式增长方式向集约型、内涵式增长方式的转变，并将有限的资源集中产生规模经济效应和范围经济效应。① 可以说,我国广告产业已经进入了结构调整和产业整合的关键时期。

目前我国广告产业基本未设置准入门槛,或者说进入壁垒极低,这是造成广告业进入者众多,长期处于低层次分散竞争状态的一个重要原因。近12万户专业广告公司,120多万广告产业大军,数量是如此惊人。户均营业额、人均营业额、户均利润、人均利润是如此低下,简直不可思议。市场准入门槛过低,也使整个市场充满了"过江龙"。"过江龙"是市场的掠夺者,他们只是在行业景气时进来捞一把,赚取非正常暴利,扰乱市场竞争秩序,不断发生"劣币驱逐良币"的恶性竞争现象。改变这种状况,加速产业升级已迫在眉睫。

---

① 廖秉宜:《解读2007中国广告业现状及变局》,载《广告研究》2007年第4期,第22页。

第四章

中国广告产业战略转型与核心竞争力的消解

纵观全球广告产业发展的历程,经历了两次重大升级,即从单纯的媒介代理到综合型的广告代理,从综合型广告代理到整合营销传播代理。跨国广告公司随市场环境、传播环境以及企业营销传播需求的变化不断建构广告产业的核心竞争力。与欧美广告产业发展不同的是,中国广告产业是在第一次产业升级还不是很充分的情况下,面临第二次产业升级的迫切需要,因而面临的挑战和困境更大。由于广告公司是在非专业化的基础上扩展自己经营业务的边界,也使得中国本土广告公司呈现业务多元化的特点,广告公司认为自己什么都能做,但其实什么也不能做到专业,从而引发广告主对广告公司专业服务能力的质疑和信任危机。本章运用核心竞争力理论,重点对核心竞争力和广告产业核心竞争力的内涵和特征进行深度阐释,并分析业务多元化如何严重消解中国广告产业核心竞争力的问题。

第一节 核心竞争力理论

一、核心竞争力的概念及其特征

企业核心竞争力的思想可以追溯到亚当·斯密(A. Smith)、阿尔弗雷德·马歇尔(Alfred Marshall)等的微观经济理论。1776年,亚当·斯密在《国富论》中提出企业内部劳动分工决定企业的劳动生产率,进而影响到企业的成长。① 而企业核心竞争力理论强调企业之间的能力分工，企业内部的能力分工决定企业的成长。1925 年，马歇尔提出了企业内部各职能部门之间、企业之间、产业之间的"差异分工"，并指出这种分工直接和各自的技能与知识相关。1959 年，伊迪斯·彭罗斯（Edith Penrose）发表了《企业成长论》一文，她从分析单个企业的成长过程入手，对企业拥有的能够拓展其生产机会的知识积累倾向给予高度重视，特别强调了企业成长过程依赖于企业内部的能力资源。此外，乔治·理查德森（George Richardson）在 1960 年发表的《信息与投资》和 1972 年发表的《产业组织》、理查德·尼尔森（Richard Nelson）等在 1982 年出版的《经济变革成长论》、普拉哈拉德和加里·哈默尔（C. K. Prahalad, Gary Hamel）1990 年在《哈佛商业评论》上发表的《公司的核心竞争力》等文章，都极大地推动了企业核心竞争力理论的发展。②

事实上，在经历了 20 世纪六七十年代多元化经营的高潮阶段后，西方企业界出现了反对多元化的呼声，各大公司在进入 80 年代以后纷纷调整经营战略，表现出业务的"归核化"趋势，着手清理企业的非核心业务，强化核心业务，注重培养企业的核心竞争优势。1990 年，普拉哈拉德和哈默尔发表的《公司的核心竞争力》一文，第一次正式提出了核心竞争力的概念，他们认为核心竞争力（Core Competence）就是"企业内部的积累性学习（Collective learning），尤其涉及如何协调（Coordinate）多种生产技能（Production Skills）和整合（Integrate）多种技术流（Streams of Technologies）的问题"。③他们的理论和方法在东西方学界和业界迅速传播，被称为"西方管理学最前沿理论、最尖端武器之一"。④ 在核心竞争力概念提出后，科斯勒（Kesler）、克雷因（Klein）、斯多克（George Stalk）、伊万斯（Philip Evans）、舒尔曼

---

① ［英］亚当·斯密著，郭大力、王亚南译：《国民财富的性质和原因的研究》，商务印书馆 1979 年版，第 31 页。
② 参见徐向艺、谢子远：《核心竞争力理论及其对当代企业管理理念的影响》，载《文史哲》2005 年第 1 期，第 155 页。
③ Prahalad C. K & G. Hamel (1990), "The Core Competence of Corporation", *Harvard Business Review*, p. 68, (3).
④ 邹义钧、胡立君主编：《产业经济学》，中国财政经济出版社 2002 年版，第 272 页。

(Lawrence E. Shulman)、提斯（David J. Teece）等学者为此做出了较大的贡献，形成了现在影响较大的核心竞争力学派。国内学者王毅等（2000年）对国外企业核心竞争能力主要代表人物及其理论观点做了系统梳理，主要包括整合观（不同技能与技术流的整合），网络观（各种技能及根据其相互关系所构成的网络），协调观（卓越资产、认识能力、程序与常规、组织结构、行为与文化的协调配置），组合观（企业战略管理能力、企业核心制造能力、企业核心技术能力、企业核心营销能力、企业组织/界面管理能力的组合），知识载体观（用各种知识载体来指示，员工、技术系统、管理系统、价值与规范），元件—构架观（元件能力与构架能力），平台观（用户洞察力、产品技术能力、制造工艺能力、组织能力），技术能力观（专利份额与显性技术优势）等。[1] 尽管企业核心竞争力理论目前尚无统一而严密的理论体系，不过在一些主要问题上已经达成了初步共识：（1）企业本质上是一个能力集合体；（2）能力是对企业进行分析的基本单元；（3）企业拥有的核心竞争力是企业长期竞争优势的源泉；（4）积累、保持、运用核心竞争力是企业的长期根本性战略。

理解核心竞争力的内涵，有四个重要的关键词，即资源、能力、整合与协调、价值。核心竞争力是指企业整合和协调各种资源（包括物质资源、技术资源、人力资源、知识资源、财务资源与组织资源等）与多种能力（包括生产能力、管理能力、营销能力、技术能力、员工能力等），能够创造并提升买方价值，所形成的一种确保本企业在市场竞争中获得竞争优势与可持续发展的独特能力。它并不是指某项单独的能力（如生产能力或营销能力），而是企业具有多种竞争优势的能力集合体。

核心竞争力具有多方面的属性，如价值性（能满足市场需求）、复杂性（拥有一群应用不同技术的个体和具有竞争优势的知识体系）、不可见性（不易识别）、难于模仿性（不易被复制）、持久性（比单独的产品寿命更长）、独占性（其优势仅能被拥有者利用）、不可替代性（不能被可选择的竞争力

---

[1] 参见王毅、陈劲、许庆瑞：《企业核心能力：理论溯源与逻辑结构剖析》，载《管理科学学报》2000年9月第3卷第3期，第27~28页。

替代)、优越性(明显地要优越于其他企业拥有的相似的竞争力)、延展性(将竞争优势扩散到本企业其他产品或服务)、异质性(是一个企业独一无二的,其他企业不具备的或至少是暂时不具备的)、动态性(从长期来看,它是发展变化的)。①

二、广告产业核心竞争力的内涵

所谓广告产业核心竞争力,就是指广告公司整合与协调各种资源(包括媒体资源、客户资源、消费者资源、知识资源、人力资源、技术资源、资金资源与组织资源等)与多种能力(包括营销传播咨询能力、市场调研与分析能力、广告策划创意能力、设计制作能力、媒体计划与购买能力、公关服务能力、促销服务能力、互动行销能力、体育行销能力、娱乐行销能力以及组织管理能力等),从而为广告主提供高度专业化的营销传播服务,由此形成的一种能够确保广告公司在广告市场竞争中获得竞争优势与可持续发展的独特能力。

广告产业核心竞争力可以是单方面能力,如在广告运作的某个领域(广告策划创意、广告设计制作、广告媒体计划与购买、广告效果监测与评估等),或在营销传播的某个方面(广告、公关、促销、事件行销、互动行销等),或在某个行业形成核心竞争优势(房地产行业、化妆品行业、汽车行业等);也可以是整合多种能力,在整合营销传播领域形成核心竞争优势。

对广告产业核心竞争力的理解,主要集中在两个方面:一是广告公司作为智力服务型企业,高度专业化的营销传播服务是广告产业核心竞争力的根本;二是市场环境和传播环境是不断变化的,广告公司需要适时调整自己的业务领域来满足广告主营销传播代理的新需求。

广告产业核心竞争力具有以下六个方面的重要属性。

(一)异质性

美国学者迈克尔·波特教授在《竞争优势》一书中,指出竞争战略的选

---

① 盛小平、孙琳:《企业核心竞争力理论透视》,载《经济问题探索》2006年第11期,第81~82页。

择由两个中心问题构成，第一个问题是由产业长期赢利能力及其影响因素所决定的产业的吸引力，它是由五种力量共同作用的结果，即新的竞争对手的入侵、客户的砍价能力、供应商的砍价能力以及现存对手之间的竞争，这就是著名的"五种竞争力量模型"；第二个中心问题是决定产业内相对竞争地位的因素，他在五种力量模型的基础上，提出了赢得竞争优势的三种基本战略方法，即成本领先战略、标歧立异战略和目标集聚战略。① 标歧立异与目标集聚战略，实际上就是一种产品差异化和市场差异化战略，它能够形成企业的核心竞争力。广告公司的异质性（或差异化）是建立在专业化基础之上的，它能够形成广告公司的核心竞争力，增加新广告公司进入的成本，提高进入壁垒，淘汰行业内低效益的广告公司，从而有利于形成良好的市场竞争格局。

比如广告公司在房地产广告代理方面具有核心竞争力，该公司定期通过大量的市场调研，对全国或区域房地产市场状况和消费者情况都有着深刻洞察，新的广告公司若想进入该领域，市场调研成本也必然在其进入成本之列，而且该公司形成的竞争优势，对广告客户产生强大的吸引力，也使得客户资源逐渐向该广告公司集中。

（二）价值性

"独特性如果对买方没有价值，就不可能经营歧异性。一个成功的标歧立异企业找到创造买方价值的途径，使获得的溢价大于增加的成本。""一个企业通过两种机制为买方创造他们需要的价值，这种价值是一种合理的溢价（或者是在一种相同价格上的优惠），即降低买方成本，提高买方的效益。"② 对于广告公司而言，其差异化经营需要是能够给广告主创造价值的，这也是形成广告公司核心竞争力的必然要求。广告公司差异化的经营、专业化的服务以及服务价值的提升等，有助于大大提高其经营效益，增加广告主的"转

---

① 参见［美］迈克尔·波特著，陈小悦译：《竞争优势》，华夏出版社2002年版，第1、4、11页。
② ［美］迈克尔·波特著，陈小悦译：《竞争优势》，华夏出版社2002年版，第134~135页。

换成本"①，即增加广告主从选择某一广告公司代理其业务转换到另一广告公司那里时所遇到的一次性成本。事实上，转换成本越高，广告主更换广告公司的可能性就越小。因而，对于广告公司来说，提高转换成本，也是增强广告公司竞争力、提高广告主品牌忠诚度的重要途径。

以化妆品企业为例，该企业选择某家广告公司代理其广告业务，广告公司投入费用开展市场调研与分析，这部分费用实际上已包含在广告服务费中，企业与广告公司之间由于信息不对称，双方之间发生交易成本和管理成本。如果广告主选择更换广告公司，就存在转换成本与市场风险的问题。广告公司的代理能力越强，广告主的转换成本越高，也就越不会轻易更换广告公司，否则从经济上来说是不划算的。

（三）不可替代性

广告公司的核心竞争力，或是因为拥有优势媒体资源，或是能够提供更专业化的营销传播服务，或是在不降低专业服务水准的前提下价格更优惠，是在其长期的经营运作中所逐渐形成的相比较竞争对手更具竞争优势的资源和能力。核心竞争力提高了其他广告公司进入该领域的壁垒，增加了新进入者的进入成本和市场风险，具有不可替代性。

比如在户外媒体代理领域，像分众传媒（中国）控股有限公司、江苏大贺国际广告集团有限公司、海南白马广告媒体投资有限公司、云南昆明风驰传媒有限公司等，已经构筑了很高的市场进入壁垒。拥有户外媒体资源及专业化的服务能力等，就是它们不可替代的核心竞争力。除非有大资本的进入，否则这些公司可以确保其垄断地位而获取更多收益。

（四）延展性

核心竞争力是形成广告公司强势品牌的重要构成元素。一个强势的广告公司品牌必然拥有强有力的核心竞争能力，这种核心竞争能力也是被广告主所广泛认知和认可的，具有强大的辐射效应，广告公司可以将其竞争优势扩散到本公司的其他领域。

比如广告公司在代理化妆品广告方面具有很强的专业服务能力，通过

---

① 同上书，第9页。

对化妆品市场的调研和女性消费者心理的洞察,广告公司积累了大量的一手资料,其专业代理能力也获得较高的行业代理声誉,因而也形成在化妆品广告代理方面的核心竞争力。此时,广告公司若要扩大规模,一是可以考虑向化妆品企业营销传播咨询、市场调研、促销、公关、互动行销、娱乐行销、事件行销等业务领域延展;二是可以考虑向其他女性用品行业延展,如女性服饰、女性保健用品、食品饮料等行业。这种延展与广告公司的核心竞争力具有很强的关联性,对于广告公司而言,一方面可以节省其进入的成本,降低进入的壁垒;另一方面也可以利用原有的资源和能力,提高其在新业务领域和行业市场的专业服务能力,也更易获得广告主对其价值的认同。

(五)持久性

广告公司的核心竞争力一旦形成,便具有持久的影响力,能够为广告公司带来品牌客户,提高广告公司的营业额和利润率。比如一些运作成功的大型广告公司的核心竞争力长盛不衰,在历史的磨砺中显示出持久的韧性。究其原因,就是广告公司的核心竞争力已深深扎根于组织体系之中,融入广告公司的文化和管理模式之中。

(六)动态性

"经典战略管理实质上是组织对其环境的适应过程以及由此带来的组织内部结构化的过程。"① 广告公司的核心竞争力具有动态性,其组织也需要随着市场环境和传播环境的变化而重新结构化。比如,在传统的营销传播环境下,广告一直是广告公司的核心业务,也是广告公司最引以为傲的。然而,由于营销传播环境的改变,传统广告的作用日趋式微,一些营销传播公司如咨询公司、市调公司、促销公司、公关公司、媒介购买公司等开始受到广告主的青睐,一些大型的广告代理公司在提高广告专业服务能力的同时,必然要考虑转型,以期形成新的核心竞争力。

---

① 邬义钧、胡立君主编:《产业经济学》,中国财政经济出版社2002年版,第259页。

第二节 战略转型：全球广告产业的必然选择

一、从单纯的媒介代理到综合型的广告代理

早期的广告代理，是应媒体自身发展的需要，以媒体代理者的身份而出现的。大众化媒体发展最早的是报纸。具体来说，早期的所谓广告代理本身从属于报业。其中一部分为报业自身的广告业务员直接面对营销主即广告主销售报纸版面；一部分则为社会人员受雇于报业，代表报业向营销主推销版面。这一时期为广告代理业的"版面销售时代"。随着社会经济的发展，企业广告活动日趋频繁，早期广告代理的缺点和局限很快暴露出来。原先受雇于媒体、专为一家媒体作版面推销的雇佣推销人员，也同时推销起多家媒体的广告版面，成为自主的媒体版面或时间的掮客。① 这种广告代理，虽具有独立经营性质，但在职能上仍保留有媒体业务代表的性质，只是单纯的媒介代理。

由于市场的扩展和日益繁杂化，企业之间竞争的加剧，企业营销意识与广告意识的不断增强，单纯的媒介代理已经很难满足广告客户的要求，由此广告代理从单纯的媒介代理向不仅是独立的而且是多样化的专业代理演进。19世纪60年代广告业进入一个独立的专业化代理时代，其重大标志之一就是具有真正意义的广告代理公司的出现。第一家具有现代意义的广告代理公司是1869年在美国费城创建的艾耶父子广告公司，该公司不仅从事报纸广告的媒介代理业务，并且向广告客户提供文案撰写、广告的设计与制作、媒介的建议和安排等方面的服务，甚至还开展市场调查，为客户提供广告宣传用的资料。此后，不同规模却同类型的广告代理公司相继涌现。

事实上，早期的广告代理业主要还是负责媒介代理业务，广告策划、创意及制作等服务还只是广告代理公司在提供媒介代理服务时的副产品，这一时期的广告代理收费模式也只是根据广告主的媒体投放量提取一定比例的佣

---

① 张金海、程明：《广告经营与管理》，高等教育出版社2006年版，第66页。

金（即佣金制），这一制度保证了广告代理公司的经营收入，从某种程度上推动了广告产业独立化和规模化发展。独立化发展的广告产业要想获得更大的发展空间，必然要实现服务的专业化。推动广告代理的专业化发展有两个方面原因，一是广告代理公司寻求自身竞争优势的内在动因，二是企业为实现营销战略目标对广告代理公司服务专业化提出更高要求的外在动因。广告代理由此经历了从早期单纯的媒介代理走向全面服务的综合广告代理的过程，为企业提供包括市场调查、广告策划、广告创意、广告设计与制作、媒体计划与购买、广告效果测定等在内的广告运作领域的代理服务。整个20世纪上半叶，服务专业化成为广告代理公司的核心任务，尤其是一些广告大师更是有力推动了这一进程，如霍普金斯、拉斯克尔、罗瑟·瑞夫斯等。1910年，"文案"写作服务已经成为广告代理公司服务的标准内容。20世纪60年代开始的"创意革命"更是使"创意服务"成为广告专业服务的重要服务项目。20世纪70年，广告策划成为广告标准内容。

广告产业的第一次重大升级具有两大特点：一是广告公司的核心业务集中在广告代理服务领域；二是广告代理的专业化服务水平不断提升。广告公司在这一时期将广告代理作为其最核心的业务也是有其市场背景的，因为这一时期被称为广告的"强效传播时期"，市场环境和传播环境比较单纯，广告在企业营销手段中占据突出地位。广告代理公司由此不断发展自己的广告策划、创意及制作实力，从而保证为企业提供专业化的广告代理服务。

二、从综合型广告代理到整合营销传播代理

在新的营销传播环境下，任何单一的营销传播手段都不可能成功执行营销，全球广告代理业正经历第二次重大转型，即从综合性广告代理到整合营销传播代理。此次战略转型是新营销传播环境下对广告代理公司提出的更高要求。传统营销传播环境下，广告具有强大功效，并且成为一种主导的营销传播手段，单一的广告传播手段就可以实现企业的营销目标。但是，随着营销传播环境的改变，广告进入"有限效果时期"，出现了很多专业的代理公司，如管理咨询公司、公关公司、媒介购买公司、促销公司、市场调查公司、网络营销公司和事件行销公司等，瓜分和蚕食广告代理业的利润，广告代理业的核心业务策划创意和媒介购买的利润受到极大挤压。以美国为代表的欧美广告业发达国家率先看到这一趋势并成功实现战略转型，将产业经营的领域由广告服务拓展到企业整合营销传播的多个领域，包括企业管理与营销咨询、公关、媒介购买、促销、市场调查、网络营销、事件行销等。

如果用经济学的交易费用理论来解释，整合营销传播服务的成本低于企业选择多个单一型代理公司的成本。而且从传播效果上来说，整合营销传播服务也更利于企业整体形象的推广。因而，以美国为代表的欧美广告业发达国家的广告公司都在不断进行业务重组和产业价值链重构，并且在全球范围内进行扩张。

为了更好地整合各种不同的营销传播工具，西方许多传统广告公司都已经对自身的组织结构进行了不同层次的改革，开拓出不同形式的整合型组织。① 营销传播代理收入已成为广告集团收入的重要构成部分。2007年5月，美国《广告时代》杂志发布的最新统计数据显示，2006年全球广告集团各项业务收入构成中，广告（Advertising）占36.4%、直效行销（Direct Marketing）占13.1%、互动行销（Interactive Marketing）占13.0%、公共关系（Public Relations）占11.0%、媒介代理（Media Agencies）占10.0%、销售促进（Sales Promotion）占8.8%、医疗保健传播（Health Care）占7.6%。从跨国广告集团的业务构成来看，除广告之外的直效行销、互动行销、公共关系、媒介代理、销售促进、医疗保健传播、客户关系管理等已经成为公司经营收入的重要构成，这些大型的跨国广告集团实质就是整合营销传播集团。广告代理业从综合型广告代理向整合营销传播代理的战略转型，适应了新的营销传播环境下企业对广告公司的新要求，成为广告代理业新的核心竞争力。

---

① 何佳讯、丁玎：《整合营销传播范式下的西方广告公司组织变革》，载《外国经济与管理》2004年1月第26卷第1期，第44页。

第三节　业务多元化：中国广告产业战略转型问题透视

一、过度多元化严重消解广告产业核心竞争力

1993年，美国西北大学唐·E.舒尔茨教授等在其《整合营销传播》一书中，首次提出整合营销传播（IMC）的概念，并系统阐述了它的运作规律。这一理论的提出，引发了市场营销观念和广告传播观念的深刻变革。

20世纪90年代初，整合营销传播理论开始在中国流行并获得热捧。整合营销传播理论的核心内涵是，"以消费者为核心重组企业行为和市场行为，综合、协调使用各种形式的营销传播方式，对准一致的目标，通过各种不同的传播渠道，传递一致的营销信息，树立一致的品牌形象，实现与消费者的双向沟通，与消费者建立长久的密切关系，有效实现营销传播效果的最大化"①。国内也有学者在总结舒尔茨理论观点的基础上提出整合营销传播的内涵包括五个方面，即以消费者为中心、以资料库为基础、以建立消费者和品牌之间的关系为目的、以"一种声音"为内在支持点、以各种传播媒介的整合运用为手段。②

广告公司由广告专业代理向整合营销传播代理的转型有其特定的市场背景。

一是中国经济自1997年以来由短缺进入富裕，买方市场形成，中国企业迫于市场环境的改变，已经或正在转变经营理念，从以生产者、产品或销售为中心，逐步走向以消费者、营销为中心，实现结构调整与体制创新，企业也开始更加重视营销传播手段的整合运用。在新的营销传播环境下，市场上出现了大量专业的代理公司，如管理咨询公司、公关公司、媒介购买公司、促销公司、市场调查公司、网络营销公司和事件行销公司等，瓜分和蚕食广

---

① 张金海：《20世纪广告传播理论研究》，武汉大学出版社2002年版，第142页。
② 丁俊杰：《现代广告通论——对广告运作原理的重新审视》，中国物价出版社1997年版，第33~35页。

告代理业的利润，广告代理业的核心业务策划创意和媒介购买的利润受到极大挤压。

二是媒体和广告主本身的强势地位，以及广告公司之间的残酷竞争，使得广告公司策划创意费和媒介代理费严重缩水，有些公司甚至打出"零代理"的口号招揽客户。我国广告公司在专业营销传播代理公司、强势媒体和企业的多重挤压下，正面临极大的生存挑战。广告公司向营销传播领域的业务扩展，适应了广告主对整合营销传播代理需求的新变化，一方面可以增强广告公司对广告主的市场影响力，寻求新的市场盈利点；另一方面也可以避免广告公司对媒体的过分依赖。

可以说，广告代理业的战略转型已经成为必然的趋势，即广告公司由传统的广告代理领域拓展到整合营销传播代理领域。但是，从广告公司的层面来说，实现战略转型面临两方面困难，"第一，广告公司推行整合营销传播服务，由于需要兼顾多方面范畴，亦未必能做到样样皆通，样样皆精。第二，对广告公司而言，要提供整合营销传播，做到全面及专业化兼备，不但要招揽更多的各方面专业人才，更要重新作出公司架构上的配合，便需要大量人力、物力和资金"①。

与欧美广告产业发展不同的是，中国广告产业是在第一次产业升级还不是很充分的情况下，面临第二次产业升级的迫切需要，因而面临的挑战和困境会更大。由于广告公司在从传统领域向整合营销传播代理领域拓展的过程中没有实现相应的组织变革和相关人才的储备与培养，广告产业核心竞争力在逐步消解。核心竞争力具有不可替代性，传统广告公司把"创意"作为其核心竞争力，具有不可替代性，而在业务多元化背景下广告公司几乎所有业务，如市调、公关、促销、媒介代理、互动行销等，都是可替代的。

二、专业广告公司整合营销传播代理热的冷思考

（一）市场评估与广告公司能力评估

自20世纪90年代以来，整合营销传播一直成为企业界、广告界和学界

---

① 陈欢：《重新审视整合营销传播》，载《中国广告》2002年第1期，第37页。

关注的焦点话题之一。从企业的角度来看，单一的营销传播手段已经无法成功执行营销，企业开始重视多种营销传播手段的整合，以期实现营销传播效果的最大化。从广告公司的角度来看，传统的广告代理正遭受极大挑战，顺应广告主营销传播需求的变化，由传统的广告专业代理广告公司向整合营销传播型广告公司的转变成为很多广告公司的一种选择。从学界的角度来看，研究整合营销传播理论，探讨整合营销传播在中国的执行等话题，自然也成为学者们关注的重要课题。

但是，客观来分析，整合营销传播理念在中国存在明显过热的现象。我们可以看到，这些年整合营销传播理论的介绍与推广是热热闹闹，但却鲜有成功的案例。主要原因在于我们缺乏对整合营销传播的正确认识。事实上，整合营销传播的运用和执行也是需要具备一定的条件的。舒尔茨教授等（1993年）明确提出，"组织结构本身即是整合行销传播的障碍"[①]，他们的研究主要还是从企业的角度来看整合营销传播的执行，并提出首先要从组织结构整合着手。此外，整合营销传播的执行需要有完备的资料库，需要分众市场的普遍存在、媒体的高度多样化以及科学的市场细分及媒体细分手段，还需要有传播效果测定技术的支撑，以便及时了解消费者反馈，建立消费者与品牌之间长期的密切关系等。由此，引发我们对三个问题的审视：一是企业是否真正需要广告公司提供整合营销传播代理；二是广告公司是否有能力执行整合营销传播；三是如果企业真正需要整合营销传播代理，广告公司采取何种结构模式服务广告主。可以说，我国企业和广告公司长期以来是在这三个问题上没有科学的评估，导致它们对整合营销传播的过分热衷，很多并不具备实力的广告公司纷纷向整合营销传播代理公司转型，消解着广告公司核心竞争力。先来看前面两个问题。

1. 市场评估

市场评估主要解决企业是否真正需要广告公司提供整合营销传播代理的问题，它主要包括行业市场评估、企业评估、媒介市场评估、目标消费者评估。行业市场评估主要分析行业市场的分众化程度、竞争对手的营销传播战

---

① ［美］唐·E. 舒尔茨等著，吴怡国等译：《整合行销传播》，中国物价出版社2002年版，第218页。

略等；企业评估重点考察企业是否有相应的整合组织来执行整合营销传播以及企业是否具有整合营销传播所需的资金；媒介市场评估则是对媒介的分众化程度、媒介受众的构成及特点等的评价；目标消费者评估主要涉及目标消费者的消费心理、媒体接触等方面的考量。

2. 广告公司能力评估

广告公司能力评估则是解决广告公司是否有能力执行整合营销传播代理的问题。它主要是广告公司对自身优势资源和核心能力的评估。整合营销传播代理需要广告公司拥有专门领域的高度专业化人才，然而，即使拥有各个领域高度专业化的人才，广告公司没有相应的组织结构来整合公司内部的资源，也很难成功执行整合营销传播。笔者认为，广告公司提供整合营销传播代理，需要重点考量两方面因素：一是广告公司是否拥有各个营销传播领域的高度专业化人才；二是广告公司是否有为企业提供整合营销传播代理的组织结构，这一组织结构是否可以实现对公司内部和外部资源的有效整合。

（二）广告公司价值链的集聚与张大

在解决上述两个问题之后，广告公司需要重点思考的即是如果企业真正需要整合营销传播代理，广告公司采取何种结构模式服务广告主。

这里我们引入"价值链"的概念对广告公司经营开展研究。迈克尔·波特教授认为，每一个企业都是用来进行设计、生产、营销、交货以及对产品起辅助作用的各种活动的集合。所有这些活动的集合就是构成了企业的价值链，包括基本活动（内部后勤、生产经营、外部后勤、市场营销、服务）、辅助活动（企业基础设施、人力资源管理、技术开发、采购）以及在此基础上产生的利润。一个企业的价值链和它所从事的单个活动的方式反映了其历史、战略、推行战略的途径以及这些活动本身的根本经济利益。[①] 广告公司作为服务型企业，其价值链表现为广告公司为广告主提供广告或其他营销传播服务所开展的各项基本活动（如市场调研、策划创意、设计制作、媒体计划与购买、广告效果测定与广告战略调整，以及其他营销传播服务）和辅助

---

① 参见[美]迈克尔·波特著，陈小悦译：《竞争优势》，华夏出版社2002年版，第36~37页。

活动（广告公司基础设施、人力资源管理、财务管理等）的集合，这些活动最终能为广告公司带来利润。传统广告公司的价值链模式见下图4-1。

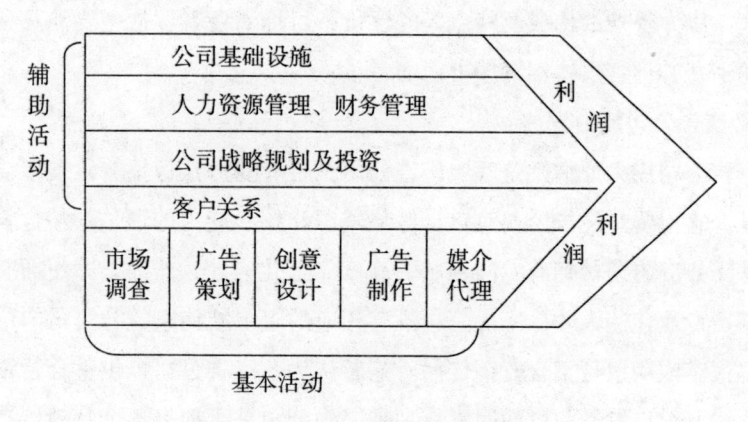

```
辅助活动 {
    公司基础设施
    人力资源管理、财务管理         利润
    公司战略规划及投资
    客户关系                     利润
}
市场调查 | 广告策划 | 创意设计 | 广告制作 | 媒介代理
              基本活动
```

图4-1 传统广告公司的价值链

传统的广告公司价值链主要集中于广告专业代理领域，很少涉及营销传播的其他方面，如促销、公关、网络行销等。然而，随着企业营销传播环境的改变，企业对整合营销传播代理需求的增长也促使广告公司必须转型，从而延长或加宽广告公司的价值链。但是，在广告公司的转型过程中，并不是所有的广告公司都需要转型或者说都有能力转型，这就需要广告公司对自身能力和组织结构进行评估。对于很多中小型广告公司而言，可以集聚价值链，在某些专门的领域发展自己的核心竞争力，成为大型综合型广告公司的下线公司，未尝不是一个明智的选择。而对于国内一些大型的外向型广告公司而言，则可以张大价值链，转型成为是一种必然的选择。

那么，一些大型的外向型广告公司如何通过价值链的张大，实现企业整合营销传播的代理？跨国广告公司发展的轨迹为我国广告公司的发展提供了有益的启示。广告公司的战略转型主要有以下三种途径。（1）自身机体上增设营销传播职能部门，如果客户需要使用多种营销工具，就无须从外部寻找专业营销服务机构合作，可以交由一家代理商统一完成，FCB Worldwide公司就曾经在其全面服务型广告公司中增设了促销和直销部门。（2）新组建或并购专业的营销传播公司。许多大型广告公司近年来都积极地收购其他类型的传播服务公司。例如，WPP集团在2002年大约进行了40次收购交易，涉及公关、咨询和医疗保健传播等领域，在进军新市场的同时以收购的方式来增强服务市场的业务能力①。（3）与其他专业营销传播公司建立战略联盟。广告公司执行媒体广告的工作，帮助客户制定总体战略，并决定采用哪些营销手段，而公共关系、直销和促销等活动则外包给联盟公司。整合工作则由广告公司的客户团队承担，即协调各个专业代理机构以确认信息、形象和时间安排等是否得到有效的整合。广告公司到底采取上述何种方式，则视广告公司自身的实力和公司的总体战略目标而定。

但是，无论采取上述何种方式，实现整合营销传播的目标是关键，这就需要广告公司进行组织变革。组织变革可以在广告公司内部展开，如消除传统的层级制组织观念，以团队合作方式将各种"营销专才"编成"客户价值管理团队"。也可以整合集团内部其他公司的人力资源，组建营销传播团队。法国第一大广告传播集团哈瓦斯下属的两个公司就曾做过这方面的努力，哈瓦斯的广告公司"灵智大洋"，就曾与市场服务机构"精实整合营销"，充分利用双方的优势，成立"品牌小组"，为客户提供度身定制的广告代理、市场调研、公关活动、品牌推广和营销渠道管理等系列服务。

中国广告产业目前正在经历的第二次产业重大转型是更高层次的战略转型，它必将改变广告代理公司传统的代理地位（即仅限于企业营销传播战略和策略建议和执行的服务角色），直接进入企业的决策层面真正参与企业决策。

---

① 何佳讯、丁玎：《整合营销传播范式下的西方广告公司组织变革》，载《外国经济与管理》2004年1月第26卷第1期，第47页。

第五章

中国资源型广告公司的竞争优势与产业发展空间

世界范围内广告产业发展大致归为三种主要模式，即以美国为代表的自由竞争背景下的独立产业发展模式、以我国港台地区为代表的自由开放背景下外资全面控局的产业发展模式和以日韩为代表的由本土主导的依托强势媒介和大型企业集团的共生型发展模式。① 本章重点分析日韩广告产业发展的成功经验，在此基础上，对中国专业广告公司的发展形态以及广告代理制在中国的推广、困境及实质做深度解析，并提出政府和广告产业界要引导和扶持有实力的大型媒介集团、企业集团组建和发展资源型广告公司的产业主张。

第一节 日韩广告产业发展的成功示范

一、本土广告公司主导的日韩广告产业

日本广告代理店最早大都是脱胎于媒体，与媒体之间的关系密切。1886年，在广告媒体和广告客户之间从事广告中介业务的"弘报堂"成立，它当时从事《时事新报》的广告代理，标志日本广告代理业的出现。1890年，大阪"万年社"创立，作为"大阪每日新闻社"的广告代理店。1895年，"博

---

① 参见陈永、张金海等：《中国广告产业将走向何方？——中国广告产业现状与发展模式研究报告》，载《现代广告》2006年第7期。

报堂"最早作为杂志的广告代理店在东京成立。1901年，日本电通广告公司开业，它最早脱胎于通讯社，以讯息服务换取报纸的广告版面。由于受到战争影响，日本广告业发展缓慢。广告业务渐渐萎缩，后来更受到战争摧残，广告公司被合并为12家。

二战结束以后，日本广告业进入恢复和整顿期。日本政府对广告业给予了充分的重视，包括政府制定产业政策对广告业进行保护和引导，制定相关广告法律法规以及行业协会制定自律公约对广告市场进行规范。1946年，日本新闻协会成立。1947年，日本广告会成立，这是日本最早的广告行业协会组织。同年，日本政府制定《禁止垄断及公正交易法》《食品卫生法》。1947年吉田秀雄担任电通社长之后，促成当局制定媒介公开的价格标准；促成整顿广告业；促成建立ABC协会，确立15%的媒介代理费制度，支持民营广播业的发展。1949年，《户外广告物法》公布。1950年，日本广告业协会成立。同年，《外资法》公布，对外资企业进入日本情况做了详细说明和限制，有效地保护了本国广告公司的发展。1952年，日本广告主协会成立。同年，日本ABC协会成立，公布印刷媒体发行量，为广告主投放广告提供科学依据。1953年，全日本广告联盟建立，是全国性广告自律机构，发布的《广告伦理纲领》成为日本广告制作者必须遵守的最高准则。1955年，日本广告业步入起飞期。

20世纪50年代末，日本逐步开放广告市场。1960年，麦肯通过与博报堂合营的方式进入日本市场。1963年，大广与精信（Grey）合作。六七十年代，日本广告业通过有条件地与跨国广告公司的合资、合作模式，逐渐将自己转化为成熟的具有国际化运作水准的公司。20世纪80年代之后，日本广告业进入全球扩张时期，美国《广告时代》公布的2008年全球广告集团总营业额排名中，电通、博报堂和旭通（Asatsu-DK）分别排在第5位、第8位和第10位。

日本广告市场的集中度很高，本土广告公司居于绝对主导地位。跨国广告公司目前在日本所占市场份额比较小。2002年，排名前十位的公司中只有两家跨国广告公司。2006年日本排名前十位广告公司占到整个广告行业经营额的比重为55.4%，本土广告公司处于绝对的强势地位，仅日本电通、博报堂和旭通三家公司就占到整个日本广告市场份额的45%（见表5-1）。

表5-1 日本排名前十位广告公司经营额及占全国比重①

单位：百万日元

	2002年 广告经营额	2002年 占全国比重	2003年 广告经营额	2003年 占全国比重	2004年 广告经营额	2004年 占全国比重	2005年 广告经营额	2005年 占全国比重	2006年 广告经营额	2006年 占全国比重
Dentsu（电通）	1 369 346	24.0%	1 379 142	24.3%	1 505 234	25.7%	1 559 149	26.1%	1 606 759	26.8%
Hakuhodo（博报堂）	681 035	11.9%	653 995	11.5%	674 631	11.5%	705 250	11.8%	714 391	11.9%
Asatsu-DK（旭通）	334 915	5.9%	357 598	6.3%	373 897	6.4%	384 849	6.5%	378 804	6.3%
Daiko Advertising（大广广告公司）	152 629	2.7%	152 608	2.7%	144 466	2.5%	145 901	2.4%	136 092	2.3%
Tokyu Agency（东急广告公司）	184 171	3.2%	163 593	2.9%	137 781	2.4%	124 656	2.1%	123 175	2.1%
East Japan Marketing & Communications（东日本企划）	86 682	1.5%	83 973	1.5%	89 066	1.5%	96 203	1.6%	101 993	1.7%
Yomiko Advertising（读卖广告社）	106 402	1.9%	111 294	2.0%	107 331	1.8%	102 119	1.7%	90 522	1.5%
Delphys（代思广告社）	48 916	0.9%	52 866	0.9%	67 640	1.2%	78 541	1.3%	61 447	1.0%
Asahi Advertising（朝日广告社）	57 497	1.0%	60 251	1.1%	57 756	1.0%	57 000	1.0%	57 011	1.0%
Frontage	44 540	0.8%	46 395	0.8%	45 195	0.8%	48 589	0.8%	50 645	0.8%
Total（总计）	3 066 133	53.8%	3 061 715	54.0%	3 202 997	54.8%	3 302 257	55.3%	3 320 839	55.4%

数据来源：日本电通2006年度财务报告。

① 资料来源：Annual Report 2007. http://www.dentsu.com/ir/marketing/annual.html. 2007年3月31日。

韩国广告业起步比较晚，20世纪70年代之前，韩国广告业一直都是处于缓慢发展阶段。1910年韩星广告社成立，是韩国最早的广告公司。1957年发起的韩国广告社可以看作是最早具有初步职能的广告代理公司。1967年合同通讯社成立了广告企划室，它是韩国最早的综合性广告代理公司。在第一企划出现以前，合同广告社和万报社是广告业最大的两家广告公司，他们对韩国广告业的稳定发展起到了重要作用。

1973年韩国政府提出的工业化宣言成为财阀企业成长的有利契机，财阀企业可以依托政府的出口政策得到财政金融上的支持，从而加速成长。这样，韩国很快就出现了一批实力雄厚的财阀企业，财阀企业的成长刺激了集团广告公司的发展。1973年三星集团成立了第一企划，这是韩国最早的企业集团广告公司。

1980年韩国放送广告公社法颁布，1981韩国放送广告公社成立，制定《关于广告公司代理广播电视广告的规则》。要求所有代理地面电波媒体的广告公司都必须经过韩国放送广告公社认定。在这一政策保护下，20世纪80年代企业集团广告公司大量涌现并快速成长。1982年乐天集团在公共关系部门的基础上，成立了大弘企划。1983年，现代集团成立了金刚企划。1984年，LG AD成立，它是乐喜金星（LG集团的前身）所属的广告公司。

1984年，美国看到韩国广告市场的潜力，开始要求韩国开放广告市场。1985年韩美商务部长级会议上，韩国广告市场开放的问题被提上日程。1987年10月，韩国允许广告公司里的外资股份占到49%。1989年，放送广告代理认证条件大幅度放宽，广告公司数量开始快速增长。同年5月，JWT Korea成立，成为第一家进入韩国的外资广告公司。1990年1月，韩国政府允许广告公司中外资股份占到99%。同年韩国政府允许广告公司中外资股份占到100%，韩国广告市场完全开放。1993年政府允许外国的广告公司经营韩国国内的广播电视。同年7月1日流通业和户外广告市场也完全开放，导致韩国与广告相关的所有产业全面开放。1994年1月1日，放送广告业务代理资格认证制改为登记制，这进一步加速了广告公司的增长趋势。

值得注意的是，韩国广告市场是在本土广告公司成熟的情况下开放的。20世纪80年代末和90年代初韩国的广告产业已具相当的规模。1988年广告费占 GDP 的比重已达 1.01%，1991 年为 1.13%。另外，开放广告市场的 80 年代末和 90 代初，像第一企划、大弘企划、金刚企划、LG AD 等韩国的一些大型的广告公司也相当成熟。第一企划早在 80 年代末已进入世界前 30 位最大广告公司行列。1997 年，在韩国成立的外国广告公司 9 家，其营业额占全年广告营业额的比重仅为 4.95%。在跨国广告公司全球扩张的背景下，韩国本土广告公司虽受到一定程度的冲击，但是韩国第一企划一直是韩国广告市场的领头羊，2005 年其全球营业收入达到 16963.6 亿韩元。

二、日韩广告产业依托媒体和企业的模式解析

（一）依托媒体、企业的日韩广告公司

在日本和韩国，广告公司或依托媒体或依托企业，与媒介和企业形成了一个稳固的产业共同体，从而有效地抵制了跨国广告公司的市场入侵，迅速实现了本国广告产业的升级。

日本的广告公司与媒体和企业有着密切的关系，以日本目前排名前十位的广告公司为例，有三家广告公司是企业集团所属的广告公司，东急 Tokyu Agency、JR 东日本企划（East Japan Marketing & Communications）、Delphys，分别属于东急集团、JR 东日本铁路公司和丰田集团，其他七家或是媒体集团所属的广告公司，或是有媒体或企业持股的广告公司。电通、博报堂和旭通（Asatsu-DK）属上市公司，媒体和企业股份也占有相当数量（见表 5-2）。

表 5-2 日本电通集团主要股东及其所持有的股份①

	主要股东	所持股份数额（股）	所占总股份百分比（%）
1	Jiji Press, Ltd.（时事通讯社）	322 786.80	11.60
2	Kyodo News（共同通讯社）	204 888.00	7.36

---

① 数据来源：Annual Report 2007. http://www.dentsu.com/ir/marketing/annual.html，2007 年 3 月 31 日。

续表

	主要股东	所持股份数额（股）	所占总股份百分比（%）
3	Mizuho Corporate Bank Ltd. (Standing proxy: Trust & Custody Service Bank, Ltd.)（东京瑞穗实业银行）	113 288.80	4.07
4	Japan Trustee Services Bank, Ltd. (Trust accounts)（日本信托服务银行）	111 995.00	4.02
5	The Master Trust Bank of Japan, Ltd. (Trust accounts)（日本信托银行）	82 976.00	2.98
6	Group Employees' Stockholding Association（电通员工持股协会）	68 160.78	2.45
7	Yoshida Hideo Memorial Foundation（吉田秀雄纪念事业财团）	49 848.08	1.79
8	Japan Trustee Services Bank, Ltd. (Trust accounts 4)	43 406.00	1.56
9	Tokyo Broadcasting System, Incorporated（东京广播系统）	40 000.00	1.43
10	Nippon Life Insurance Company（日本生命保险相互会社）	38 737.00	1.39

从投资者类型来看，除媒体投资广告公司外，企业和金融机构，如银行、投资公司、保险公司等都对广告公司有大量投资。通过与媒体和企业相互持有股份，日本广告公司获得丰富的媒体资源和稳定的客户资源。

韩国广告公司的发展主要是依托大型的企业集团，如第一企划依托三星集团，金刚企划依托现代集团，LG AD 依托 LG 集团等。以第一企划为例，公司目前最大持股者分别是三星企业（Samsung Corp.）、Samsung Card（信用卡和资料库公司）、三星电子（Samsung Electronics）。依托三星集团，第一企划在广告客户资源方面有了很大的保证。2003 年韩国第一企划在本国广告营业额中，三星集团的广告投入 1 159 057 百万韩元，份额高达 72.7%（见

图 5 - 1）。

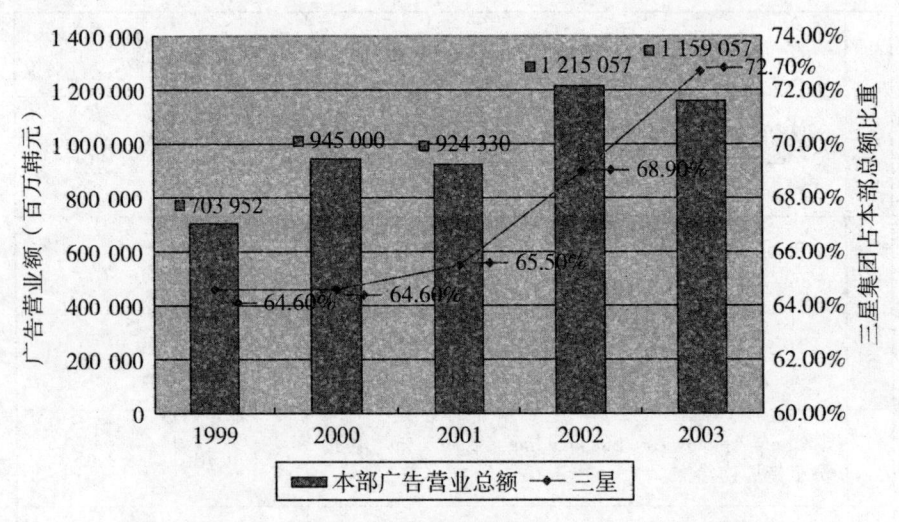

图 5 - 1　1999～2003 年三星集团在本部总广告营业额中所占比重

数据来源：韩国第一企划 2003 年度财务报告

（二）日韩资源型广告公司的经营运作

1. 媒介型广告公司的经营运作——以日本为例①

一是由于依托媒体，日本本土广告公司可以同时代理同一个行业的多个企业品牌。

在二战期间，日本广告业受到摧毁性打击，广告公司被合并到只有 12 家。二战结束后，日本经济开始复苏，广告业也进入恢复和整顿期，到 1948 年，日本共有 224 家广告公司。20 世纪 50 年代，日本在学习欧美广告代理制的同时，根据日本广告市场的特点，并没有直接采用欧美模式。当时的日本广告业并不发达，广告公司大都依托媒体提供广告服务，而且，日本的很多广告公司同媒体有较多的渊源，同媒体建立了非常稳定而密切的关系。结合日本的社会文化特色，日本的广告业并没有抛弃媒介代理，而是进一步强化媒介代理，促进广告公司与媒体更紧密的结合。在此基础上，为客户提供

---

① 参见廖秉宜：《日本媒介型广告公司的发展及其启示》，载《新闻与传播》2007 年第 7 期，第 70～74 页。

全案服务。由于依托媒体,日本的广告公司可以对某一行业的多个企业进行广告业务受理,不同部门进行不同品牌的广告活动,具有极强的兼容性而彼此不受到行业竞争的约束。这与欧美国家实行一个行业代理一个品牌的规则是截然不同的,这种运作方式使得日本广告公司能够拥有丰富的客户资源,从而加速日本广告公司的规模化进程。

二是广告公司通过吸收媒体和企业股份,保障其获得稳定的媒体资源和客户资源。

日本企业集团内部广泛采取交叉持股,而且企业集团内公司之间相互持股的比率相当高,从而形成了长期稳定的持股机构。此外,各企业集团之间相互持股的比例也是比较高的。① 从目前获取的资料来看,日本广告公司是否持有媒体或企业股份尚无相关数据证明,但是媒介和企业持有广告公司股份却非常普遍。

媒体投资开办广告公司或持有广告公司股份。日本广告公司大都依托媒体,有些是媒介集团直接投资开办的广告公司,如大广、读卖广告社、朝日广告社、日本经济广告社等;有些则是有媒介集团参股的广告公司,如电通、博报堂等。这种交叉持股的股权结构,使得广告公司和媒体之间结成稳定的合作互利关系,因而能够保障广告公司便利地获得稳定而较好的媒体资源。

企业投资开办广告公司或持有广告公司股份。日本广告公司与企业之间也有着密切的关系,有些是企业集团直接投资开办的广告公司,如东急、JR东日本企画、Delphys等;有些则是有企业集团参股的广告公司,以电通和博报堂为例,企业股份占有相当大的比重(见表5-3、表5-4)。这种方式使得广告公司和企业之间结成更为紧密的战略合作伙伴关系,一荣俱荣,一损俱损,从而保障广告公司能够拥有稳定的客户资源。

---

① 梁磊、王洪涛:《企业集团发展模式与运行机制比较》,机械工业出版社2003年版,第43页。

表 5-3　电通股份所有者及分布状况

	股东数额（个）	所持股份数额（股）	占总股份（%）
其他日本企业	672	927 095	33.33
日本个体和其他	42 401	649 182	23.34
日本金融机构	144	625 775	22.50
国外机构及个人	365	466 596	16.77
日本证券公司	41	75 134	2.70
财政部股份	1	38 056	1.37
合　计	43 624	2 781 840	100.00

数据来源：日本电通 2006 年度财务报告（截至 2007 年 3 月 31 日）。

表 5-4　博报堂股份所有者及分布状况

	股东数额（个）	所持股份数额（股）	占总股份（%）
其他日本企业	143	14 220 134	36.60
日本个体和其他（包括财政部股份）	6 377	12 295 307	31.64
经济机构	82	7 071 060	18.20
国外投资者	271	4 821 334	12.41
证券公司	20	447 975	1.15
合计	6 893	38 855 810	100.00

数据来源：日本博报堂 2006 年度财务报告（截至 2007 年 3 月 31 日）。

三是将创意、行销、策划、咨询等业务费用包含在媒体手续费中，致使欧美媒介购买公司在日本生存空间狭小。

日本和欧美国家在媒体购买交涉过程方面存在较大差异（见图 5-2）。在欧美国家，广告公司接受广告主委托代理其广告业务，大都是通过媒体购买公司购买广告媒体，这为媒体购买公司提供了非常大的发展空间。这种媒体购买公司 20 世纪 80 年代在欧洲出现，其后，美国也开始出现媒体购买公司，同时蔓延到东南亚、大洋洲和南美等地区，媒体代理逐渐成为世界标准，唯有日本是例外。媒体购买公司在欧美采用独立公司制度，而在日本，媒体购买则是广告公司内业务的一个部分。日本的广告公司对创意、行销、策划、咨询等业务收费的想法起初就很淡薄，在广告公司和广告主之间，创意费用包含在媒体手续费中的做法已经成为惯例,并且一直延续至今。媒体费用是多少,创意费用是多少,二者并不明确,这致使交易情况非常不透明。日本媒体购买的交涉不透明,也招致欧美的广告客户以及广告公司的批评。但也正因为此,在日本媒体购买成为广告公司业务内的一个部分,也使得欧美媒体购买公司在日本很难找到生存的土壤,加之日本广告公司与媒体和企业之间的深厚渊源,致使跨国广告公司在日本的发展受到限制,从而有效地保护了日本的民族广告产业,提升了本国广告公司的市场竞争力。

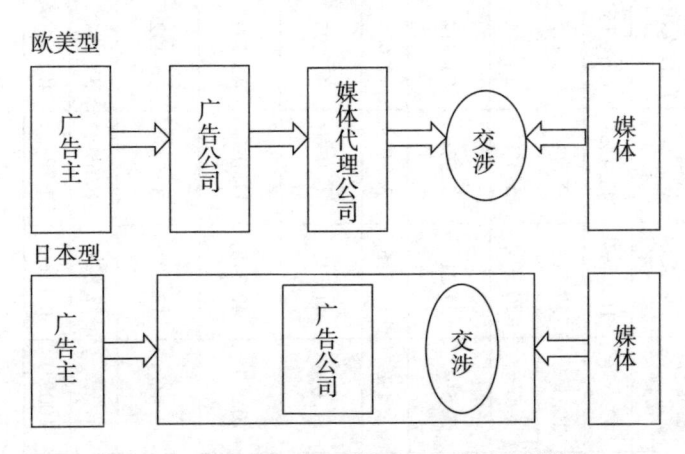

欧美型

广告主 → 广告公司 → 媒体代理公司 → 交涉 ← 媒体

日本型

广告主 → 广告公司 → 交涉 ← 媒体

图 5-2 欧美和日本在媒体购买交涉过程的差异

四是伴随日本企业的全球扩张,日本广告公司在立足国内市场的基础上拓展全球业务。

日本广告业以国内市场为主,在于日本本身就是目前全球第二大广告市场,国内市场空间巨大。来自日本电通网站的数据显示,2006 年全球广告市场总额为 4285.2 亿美元,美国广告市场占到全球市场份额的比重为 40.8%,排在第二位的是日本占 9.0%,随后是英国 (5.2%)、德国 (5.0%)、法国 (3.1%)、中国 (2.9%)、意大利 (2.6%)、西班牙 (2.1%)、韩国 (2.1%)、澳大利亚 (1.9%),其他占 25.3% (见表 5-5)。

表 5-5 2002～2006 年日本及其他国家广告市场占全球份额

单位：百万美元

	2002 年		2003 年		2004 年		2005 年		2006 年	
	广告支出	占全球份额	广告支出	占全球份额	广告支出	占全球份额	广告支出	占全球份额	广告支出	占全球份额
United States（美国）	149 756	43.3%	152 282	42.6%	161 487	42.1%	166 235	41.4%	174 838	40.8%
Japan（日本）	36 136	10.4%	36 107	10.1%	37 511	9.8%	38 175	9.5%	38 393	9.0%
German（德国）	21 085	6.1%	20 047	5.6%	20 304	5.3%	20 546	5.1%	21 366	5.0%
United Kingdom（英国）	18 927	5.5%	19 581	5.5%	21 214	5.5%	21 914	5.5%	22 220	5.2%
France（法国）	11 978	3.5%	12 010	3.4%	12 556	3.3%	12 686	3.2%	13 146	3.1%
Rest of Europe（其他欧洲国家）	38 355	11.1%	39 283	11.0%	41 841	10.9%	44 295	11.0%	47 358	11.1%
Rest of Asia-Pacific（其他亚太国家或地区）	34 127	9.9%	38 591	10.8%	42 348	11.0%	46 309	11.5%	51 437	12.0%
Latin America（拉丁美洲）	11 517	3.3%	12 054	3.4%	13 603	3.5%	16 432	4.1%	18 562	4.3%
Others（其他）	24 034	6.9%	27 636	7.7%	32 829	8.6%	35 154	8.8%	41 200	9.6%
Total（总计）	345 915	100%	357 591	100%	383 693	100%	401 746	100%	428 520	100%

注：该数据主要统计各国大众媒介广告支出情况，包括电视、报纸、杂志、广播、电影、户外和网络广告。

资料来源：Zenith Optimedia, Advertising Expenditure Forecasts, June 2007

<<< 第五章 中国资源型广告公司的竞争优势与产业发展空间

以日本电通为例,作为一家全球性的广告集团,电通虽不断在全球拓展业务,但其重心仍是放在国内市场。2005 年,电通集团总营业额 19 104.69 亿日元,国内市场营业额 17 910.1 亿日元,占 93.7%,国外市场营业额 1 194.59 亿日元,仅占 6.3%(见图 5 – 3)。

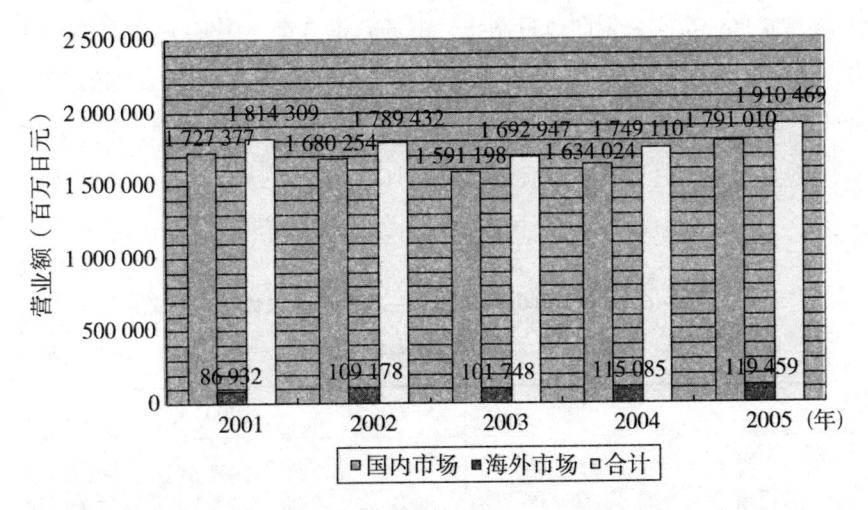

图 5 – 3 2001 ~ 2005 年电通集团营业额收入国内和海外市场分布

数据来源:电通 2005 年度财务报告。

2. 企业集团广告公司的经营运作——以韩国为例①

一是依托本企业集团。韩国广告公司的发展主要是依托大型的企业集团,如前面谈到的第一企划依托三星集团,金刚企划依托现代集团,LG AD 依托 LG 集团等。以第一企划为例,公司目前最大持股者分别是三星企业(Samsung Corp.),持 581 574 股,占 12.64%;信用卡和资料库公司(Samsung Card),持 140 000 股,占到 3.04%;三星电子(Samsung Electronics),持 119 949 股,占 2.61%。依托三星集团,第一企划在广告客户资源方面有了很大的保证。

二是开展多元化的产业经营。韩国企业集团所属的广告公司在完成本集

---

① 参见廖秉宜:《韩国企业集团广告公司的发展及其启示》,载《广告研究》2006 年第 6 期,第 8 ~ 15 页。

团的广告宣传任务之余,还积极承揽其他企业的广告业务,因而能够激发公司内部活力。同时,在广告公司进行多元化经营的尝试中,大弘企划成立了新媒介事业部,并向出版、event、经营战略及市场营销咨询领域扩展;LG AD向event、PR、出版、户外广告方面扩展;Korea AD向影像事业、DM、PR领域扩展;金刚企划向节目制作、市场营销咨询、DM、户外广告领域扩展;第一企划向节目制作、经营战略及市场营销咨询、audio soft领域发展。另外,从表5-6中我们也可以看出,和传统四大媒体比较起来,新型媒体比如有线电视、互联网广告等的增长更加明显,虽然总量不大,但是其成长的速度相当快,这也反映出该公司在经营领域方面的拓展。

表5-6 2001~2005年韩国第一企划四大媒体经营额及营销服务总额　　　　　单位:百万韩元

	2005年	2004年	2003年	2002年
电视	473 423	564 848	493 013	532 140
广播	27 604	25 324	28 489	34 774
报纸	164 288	149 632	152 812	172 206
杂志	70 888	77 826	59 581	61 196
四大媒介经营总额	736 203	817 630	733 895	800 316
促销/产品	530 685	488 190	395 949	387 513
有线电视	34 377	29 427	17 295	15 206
互联网	18 051	17 398	11 918	12 022
营销服务总额	583 113	535 015	425 162	414 741
总营业额	1 319 316	1 352 645	1 159 057	1 215 057

数据来源:韩国第一企划2005年度财务报告。

三是在立足韩国本土的基础上积极拓展海外市场。伴随韩国企业集团走向国际化,韩国企业集团所属的广告公司也开始了它们的全球化扩张进程。例如,第一企划在将重心放在国内市场的同时,也积极向海外拓展市场,目前第一企划经营伙伴的全球网络,涉及18个有名的最大的产业。

2005年韩国第一企划广告总营业额为16 963.6亿韩元,其中韩国本部广告营业额为13 193.16亿韩元,占77.8%,海外子公司总营业额为

3 770.44亿韩元，占22.2%，近年来海外营业额增幅明显高于国内营业额增幅（见表5-7），分布在各国的海外子公司经营额呈逐年增长态势（见表5-8）。

表5-7 2001～2005年韩国第一企划经营收入国内与海外分布情况　　　　单位：百万韩元

	2005年	2004年	2003年	2002年	2001年
本土广告主在韩国广告额度	809 909	800 888	771 230	797 228	601 282
海外广告主在韩国广告额度	509 406	551 757	387 827	417 829	322 816
韩国本部总营业额	1 319 316	1 352 645	1 159 057	1 215 057	924 330
海外子公司总营业额	377 044	277 293	128 824	65 345	52 205
总营业额	1 696 360	1 629 938	1 287 881	1 280 402	976 303

数据来源：韩国第一企划2005年度财务报告。

表5-8 2004～2005韩国第一企划海外子公司营业额　　　　单位：百万韩元

	美国	英国	中国	俄罗斯	德国	印度	其他	总计
2005年	111 099	54 851	65 121	56 146	20 994	33 634	35 199	377 044
2004年	94 013	40 931	42 342	48 992	7 439	34 319	9 257	277 293
2003年	60 354	10 294	23 192	24 570	—	8 177	2 237	128 824

数据来源：韩国第一企划2005年度财务报告。

（三）日韩政府广告产业政策和制度的强力保护①

日韩广告业的迅速成长与国家政策的保护以及行业标准的维护是密不可分的。

二战之后，日本为了迅速恢复本国经济，政府采取了一系列政策保护民族产业的发展。日本把引进技术、对外借款、发行外债和引进外国直接投资

---

① 参见陈永、张金海等：《中国广告产业将走向何方？——中国广告产业现状与发展模式研究报告》，载《现代广告》2006年第7期，第30～31页。

表 5-9 韩国放送广告公社广播电视广告代理公司认证制及登记制演变历史

区分		广告经营额占总营业额的比例	与公社的合作期限	注册资金	代理实绩	广告客户数量	同一集团内客户广告经营额所占总营业额的比重
81.02.01	认证制度	70%以上（当年成立的新公司不能申请）	无	2亿韩元以上	年100亿韩元的广告代理额和年50亿韩元以上的广播电视广告代理额	30个以上	70%以下
84.03.19		80%以上（当年成立的新公司不能申请）	6个月		年150亿韩元的广告代理额和年80亿韩元以上的广播电视广告代理额		60%以下
86.01.01							50%以下
87.01.01 87.05.11					年50亿韩元的广告代理额和年30亿韩元以上的广播电视广告代理额	15个以上	非同一集团内客户广告经营额月平均30亿韩元以上
88.01.01			3个月	5000万韩元以上	年50亿韩元的广告代理额和年30亿韩元以上的广播电视广告代理额及非同一集团内客户广播电视广告代理额月平均3亿韩元以上	5个以上非同一集团内广播电视广告客户	非同一集团内客户广告经营额月平均3亿韩元以上

第五章 中国资源型广告公司的竞争优势与产业发展空间

续表

区分	广告经营额占总营业额的比例	与公社的合作期限	注册资金	代理实绩	广告客户数量	同一集团内客户广告经营额所占总营业额的比重
89.01.01 认证制度	80%以上（新成立的公司可以申请注册）	无规定		废止	3个以上非同一集团内广播电视广告客户	废止
90.01.01				登记注册后6个月以内必须有广告投放或1年内至少有2个以上客户投放广告，否则有可能被取消代理资格或终止代理协议	3个以上非同一集团内广播电视广告客户	
92.01.01			废止			
94.01.01 登记制度	a. 80%以上（新成立的公司可以申请注册）				废止	
2000年	b. 公司必须是股份公司					

资料来源：韩国放送广告公社。

统称为引进外资。为筹集建设资金和引进先进技术,日本对引进外资的前三项——引进技术、对外借款、发行外债是采取积极态度的,但是对于引进外国直接投资却采取十分审慎的态度。

1950~1964年的14年间,以合资和合营的形式引进的外国直接投资只有2.3亿美元,严格限制外国直接投资的法律依据是1950年制定的《外资法》。制定《外资法》的目的是有效地购买外国的先进技术和技术诀窍的专利。至于对引进外资办合资或者合营的企业,《外资法》规定:必须直接或者间接地有助于国际收支的改善;必须直接或者间接地有助于重要产业或者公益事业之发达;不能对"经济复兴带来恶劣影响"。

20世纪50年代末,跨国广告公司才开始以合资的形式陆续进入日本,但所占资本份额非常小。日本允许外资进入本国广告业的主要目的也是通过合资的形式,学习西方现代市场研究和广告专业化服务的经验,逐步将自己转化为成熟的具有国际运作水准的公司。这使得跨国广告公司进入日本的时候,已经很难从日本国内的大型企业获得市场份额。

韩国推行一种独特的广播电视广告销售制度。1981年根据《韩国放送广告公社法》,成立了韩国放送广告公社。从韩国放送广告公社广播电视广告代理公司认证制及登记制演变历史可以看到,国家制度对韩国广告产业直接有效的保护(见表5-9、5-10)。目前,韩国放送广告公社广告销售总收入中佣金比例为14%,其中广告公司为11%,因而广告公司有足够的资金发展自己;放送广告公社为3%,用于公益事业及维持公社运转;上交政府作为支援广电产业发展的广电发展基金约为5%;剩下的就是电台/电视台的广告收入。

表5-10 韩国放送广告公社认证的广播电视广告代理公司数量变化

年 份	1989	1990	1991	1992	1993	1994	1995	1996	1997
公司数量(户)	35	62	81	83	96	133	146	181	202
年 份	1998	1999	2000	2001	2002	2003	2004	2005	
公司数量(户)	154	173	198	215	244	244	255	258	

数据来源:韩国放送广告公社。

第二节　中国专业广告公司形态的历史检讨

一、广告代理制与专业广告公司形态

专业广告公司的形态是多元的，包括独立型广告公司、媒介广告公司、企业广告公司等。长期以来，中国沿袭的是欧美广告代理制模式，即发展独立型广告公司，而对媒介广告公司和企业广告公司，学界和业界一直持批判态度，这有多方面原因，部分是因为对广告代理制的实质存在误解，部分则是因为媒介广告公司和企业广告公司暴露出一些问题。可以说，自1979年中国广告市场重开以来，媒介广告公司和企业广告公司一直是犹抱琵琶半遮面。

长期以来，广告学界、业界和政界形成了一种错误的认识，认为实施广告代理制就是广告主和广告媒体必须委托广告公司代理广告业务，媒介广告公司和企业广告公司在中国是不合法或不经济的。笔者查阅了国内大量的法律文件和研究文献，发现在所有政府公布的法律文件中，并没有明令禁止媒介和企业办广告公司。1993年，国家工商行政管理总局发布《关于在部分城市进行广告代理制和广告发布前审查试点工作的意见》，文件指出："代理制是国际上通行的广告经营机制。实行代理制，即是由广告客户委托广告公司实施广告宣传计划，广告媒介通过广告公司承揽广告业务。广告公司处于中间地位，为广告客户和广告媒介双向提供服务。这有利于提高我国广告业策划、创意、制作、发布的整体水平，更好地为企业利用广告树立良好形象，参与公平竞争，进而为我国产品占领国内国际市场服务。""广告客户必须委托有相应经营资格的广告公司代理广告业务，不得直接通过报社、广播电台、电视台发布广告。上述规定不包括分类广告。兼营广告业务的报社、广播电台、电视台，必须通过有相应经营资格的广告公司代理，方可发布广告（分类广告除外）。"该文件确立了广告代理公司的中间地位，但对广告公司的类型并未做规定和限制，也就是说，只要具有经营资质的广告公司都可以代理广告业务，包括自身业务。1995年开始实行的《中华人民共和国广告

法》中也并未涉及广告代理制的内容。

那么，我们不禁要问，既然中国广告法律法规并没有禁止媒介和企业开办自己的广告公司，为什么媒介广告公司和企业广告公司一直没有发展起来？笔者认为，除了认识的误区之外，原因更多来自媒介和企业的观念。媒介和企业也曾经办过自己的广告公司，但都不是将其作为一个产业来经营，而是把他们作为媒介和企业下属的一个部门，这就是业界经常说的"一套班子，两块牌子"，无法为自身媒体和企业提供专业化的服务。此外，基于"部门利益"的考虑，媒介和企业的广告部经理层往往也并不愿意广告公司剥离出来。要解决这一问题，必须是媒介和企业高层充分重视广告对于自身发展的重要意义和价值，将广告公司作为独立产业来运营，同时增强内部竞争压力，促使媒介广告公司和企业广告公司提高专业化服务能力。

二、广告代理制在中国的推广及困境

欧美执行的广告代理制模式，可以概括为在广告活动中，广告主、广告公司、广告媒介之间明确分工，广告主委托广告公司制定和实施广告传播计划，广告媒介通过广告公司寻求广告客户的一种运行机制，其执行的基础是固定的代理费，广告公司作为代理的主体，其基本职责是对广告主和媒介进行双向代理服务。[①] 这一代理制模式包括两层含义：一是广告主和媒体必须委托广告公司代理广告业务；二是广告公司收取广告代理费。实际上，在中国，这一广告代理制模式的推广一直遭遇抵制，原因何在？

以代理费为例。1987年国务院发布的《广告管理条例》第十四条规定广告收费标准，由广告经营者制定，报当地工商行政管理机关和物价管理机关备案。1988年国家工商行政管理总局发布的《广告管理条例施行细则》第十六条规定：承办国内广告业务的代理费为广告费的10%；承办外商来华广告付给外商的代理费为广告费的15%。这是国内最早提出的关于"广告费"的政策文件。1993年国家工商行政管理总局发布的《关于进行广告代理制试点

[①] 陈刚等：《对中国广告代理制目前存在问题及其原因的思考》，载《广告研究》2006年第1期，第5页。

工作的若干规定（试行）》中规定广告代理费的收费标准为广告费的15%。2005年1月1日起施行经国家工商行政管理总局局务会议修改的《广告管理条例施行细则》第十四条明确规定广告代理收费标准为广告费的15%。尽管相关的法律法规文件中有对广告代理费的具体规定，但15%的代理费往往很难真正执行，有些可能只有3%~5%的代理费，甚至出现零代理的现象。"零代理有两种，一种是媒体和广告主规避代理制的结果，另一种则是广告代理公司恶性竞争的产物。在第一种情况中，广告主和媒体不愿意利润被分割，不承认广告公司的价值。或者直接交易，或者纷纷自行开办广告公司，随之而来的是广告代理费在广告主——广告主自办的广告公司、媒体自办的广告公司——媒体的内部流动，形成零代理现象。在第二种情况中，随着广告市场的竞争日趋激烈，为了争夺客户，排挤竞争对手，广告公司之间竞相压价，将媒介支付给自己的代理费优惠给广告主，低代理甚至零代理便不可避免地出现了。"[1]

我们再来看一看广告代理。广告主和媒体经常越过广告公司直接进行业务交易，不存在中间的广告代理。《2005年度广告公司生态调查专项报告》显示，一方面，广告主通过广告代理公司投放的广告费用占媒体购买总费用的平均比重，逐年下降；另一方面，媒体为广告主提供的附加服务的比重逐年上升，服务已经出单纯的媒介策划和咨询服务深入到企业营销活动的各个环节。在这种环境下，广告公司的客户资源和媒体资源优势逐步被消解，广告代理公司生存空间受到挤压。数据显示被访企业通过广告代理公司投放广告费用占媒体购买总费用比重均值2003年为57%，2004年为54.1%，2005年为42%。[2] 之所以出现这种情况，究其根本原因笔者认为是基于"成本—效益"的考虑。对于广告公司而言，企业和广告公司之间是"委托—代理"关系，广告公司作为代理方可能为了自身利益做出有损委托方的行为，使广告主面临道德风险，如广告公司为了获取更高的广告代理费，不顾实际情况

---

[1] 陈刚等：《对中国广告代理制目前存在问题及其原因的思考》，载《广告研究》2006年第1期，第9页。
[2] 陈永、丁俊杰、黄升民等：《2005年度广告公司生态调查专项报告》，载《现代广告》2006年第3期，第19页。

为广告主设计高额费用的媒体计划等。可以说,当广告代理公司不能为广告主提供专业的媒体服务和更加实惠的价格时,广告主就可能选择性价比更高的代理公司,或直接与媒体洽谈业务,节省交易成本。

欧美的广告代理制模式在中国推广遭遇困境,是一种必然的结果。那么,是不是由此就该否定广告代理制呢?笔者认为,上述问题的出现,并不意味着广告代理制的消亡,而是广告代理制的发展。这涉及一个更深层次问题的回答,即广告代理制的实质到底是什么?

三、广告代理制实质是市场运作机制

广告代理制包含两个层面,一是分工机制,二是交易机制。分工机制是广告代理制的核心机制,交易机制则处于一种动态的发展过程之中。我们现在看到的广告代理制遭遇的困境很大部分缘于交易费用的变化,是在新的营销传播环境下企业和媒体做出的新的选择。

事实上,广告代理和被代理是一种市场交易行为,而非强制行为。"代理的本质是什么?甲方或乙方进行相互间交易,因为种种原因,其中一方或双方认为直接进行交易的(时间、金钱或其他)成本比委托第三方进行交易的成本高,因此需要第三方来进行甲乙双方的交易的代理,委托方付给第三方代理的酬金就是代理费,广告业的代理也不例外。"[1] 广告代理制的实质是一种市场运作机制,它的最大意义在于促进专业化分工和广告产业的独立发展,保证广告市场高效率的运作。广告代理制是市场经济的产物,是一种市场运作机制,必然受市场经济四大基本原则,即成本原则、自身利益原则、利己—利他原则(双赢原则)以及完全信息原则的制约。[2] 首先是成本原则。经济学认为,如果甲方乙方直接交易的成本高于委托第三方进行交易的成本时,委托第三方进行交易必然是最佳选择,广告活动也是如此,当广告主在长期的市场营销实践中发现,委托第三方即广告代理公司代理其广告业务,

---

[1] 马蒂:《媒介广告公司无可非议》,载《国际广告》2000年第5期,第4~7页。
[2] 张金海、廖秉宜:《广告代理制的历史检视与重新解读》,载《广告研究》2007年第2期,第27页。

要比自己单独完成广告业务所花费的成本低得多的时候，广告主必然会选择委托第三方代理其广告业务。委托广告公司代理业务之所以能降低成本，在于广告公司专业化的生产经营。其次是自身利益原则。个人或团体往往出于自身利益的驱使而行动，这是由"经济人"的逐利性本能决定的，注重自身利益的卖方在广告上面的公开竞争会使同样注重自身利益的买方获得更低的价格和更多的产品。再次是利己—利他原则。广告代理的产生，也正是由于双赢原则的推动——企业通过广告代理商促进产品或服务的销售，增加品牌价值，媒体借助广告代理商销售版面或时段资源而获利，广告代理商则通过为二者提供专业服务而获得自身的发展，这种相互依存的利益格局正是广告代理制产生和发展的内在推动力。最后是完全信息原则。在激烈竞争的市场经济中，广告代理所涉及的不同广告主与广告公司、广告公司与媒介之间处于错综复杂的激烈竞争关系中，信息的公开使得市场主体获取对方信息更加全面、客观和真实，有利于各自做出正确的抉择。由此可见，广告代理制有助于推动广告专业化发展，节省广告主和媒体的交易成本和管理成本。

从交易机制的角度来看，广告代理费之所以遭遇挑战，主要集中在媒介代理方面。随着媒体刊播广告价格的提高，广告公司从广告费中提取的代理费越多。一是广告公司在其他各项投入基本不变的情况下，媒体刊播费用越大，代理费就越高，于是出现了广告公司为了一己的利益而鼓励广告主加大媒体刊播费用，或不顾实际需要建议广告主使用高价位的媒体时段或版面，以获取高额的代理费；二是广告公司媒介谈判能力的下降，有些广告主甚至能拿到比广告公司更低的价格；三是广告主对广告公司的广告效果以及媒介投放效果测定结果的不信任，因而对代理费的收取提出了质疑。广告主越来越精明，越来越会精打细算。广告公司时常因为在收费问题上无法与客户达成协议，而不得不放弃一些代理业务。如此看来，力求在广告代理中建立起一个统一的收费模式越来越不可能了，应该允许多种收费方式存在。但不管采取何种收费方式，都必须建立在广告主与广告公司双方充分协商的基础之上。

综上所述，广告代理制是一种市场运行机制，它是一种经济的原则。广告代理制的施行，一方面在于广告公司要不断提高自身实力，为企业和媒介提供专业化服务并节省交易成本；另一方面政府和行业协会组织要规范广告公司的行为并促使其提高服务水平。

第三节 资源型广告公司发展及其产业空间

一、中国广告产业的巨大增量空间

我们首先来预估一下中国广告业未来5~10年的发展情况。

一个国家的广告营业额与其国内生产总值（GDP）存在着一种正相关性。如果不把其他影响广告产业发展的因素考虑在内，按照广告营业额与GDP同比增长来计算，我们可以对我国的广告业发展进行初步的预测。以2008年我国广告经营总额1 899亿元为基数，按近五年来（2004~2008年）我国广告营业额年均12.01%的速度增长，那么，到2010年，我国的广告经营额预计可达2 382亿元，到2015年则可达4 199亿元，是2008年的2.21倍（见表5-11）。

表5-11 按近五年广告经营额12.01%的平均增速预测

单位：亿元人民币

年 份	2008	2009	2010	2011	2012	2013	2014	2015
预计年度广告经营总额	1 899	2 127	2 382	2 668	2 988	3 347	3 749	4 199

如果以2008年我国国内生产总值（GDP）300 670亿元为基数，按照我国近五年（2004~2008年）GDP年均10.32%的增长速度来计算，那么，到2010年，我国GDP预计可达365 930亿元，到2015年预计将达597 955亿元。按照我国近五年（2004~2008年）广告经营额占GDP的平均比重0.73%来预测，到2010年我国广告经营额将达2 671亿元，到2015年将达4 365亿元（见表5-12）。

表5-12 按近五年10.32%的平均GDP增长额、广告营业额占其0.73%
的平均比重预测　　　　　　单位：亿元人民币

年　份	2008	2009	2010	2011	2012	2013	2014	2015
预计GDP	300 670	331 699	365 930	403 694	445 355	491 316	542 019	597 955
预计年广告经营总额	1 899	2 421	2 671	2 947	3 251	3 587	3 957	4 365

2010年上海世博会以及广州亚运会等，都将刺激中国广告产业的增长。因此，无论是以近五年我国广告经营额年均增长速度预测，还是按近五年我国GDP平均增长速度和广告业占GDP的平均比重来预测，我国广告产业未来的发展都存在巨大的增长潜量，这无疑对媒介资本、企业资本以及风险资本等均有着巨大的吸引力。

二、媒体和企业产业扩张的需要

（一）传媒集团产业经营意识的强化

中国传媒体制的变革经历了三个阶段。1979年提出的"事业单位，企业化管理"，是中国传媒体制变革的起点，自此传媒的产业属性开始彰显，传媒不仅是事业单位，作为党和政府的喉舌，而且也具有产业属性，需要强化经营管理意识，实现传媒资产的保值增值。第二个阶段是以1996年广州日报报业集团的成立为标志，随后大批报业集团和广电集团纷纷成立，成立传媒集团之后，必须实现内部资源的整合和媒介市场的扩张，致使传媒集团的经营管理层必须树立产业经营意识，实现传媒集团社会效益和经济效益的双丰收。第三个阶段是在2003年文化体制改革的背景之下，国家提出将公共事业型传媒和产业经营型传媒"两分开"，明确产业经营型传媒必须强化经营意识，在市场化运作中提升自身竞争能力。由此可见，从传媒集团自身发展来看，产业经营型传媒集团也需要积极寻找新的经济增长点，实现传媒集团效益的最大化，而广告业巨大的发展潜量无疑对传媒集团具有巨大的吸引力。传媒集团投资广告业，一方面能够获得巨大的投资回报，另一方面可以有效防止国际媒介购买公司的大批量购买对传媒发展构成威胁。

(二)企业集团国际品牌战略的需要

经过改革开放40年的发展,我国已经拥有一批具有较强实力和市场竞争力的企业集团,如联想、海尔、中国移动等,这些公司在扩大国内市场份额的同时,也在积极向海外拓展市场业务。如联想每年的全球广告投入数亿元,足以支撑企业集团广告公司的发展,这些大型企业集团每年都投入不菲的广告费用。开办企业集团广告公司有诸多优势:一是能够将这部分费用转化为集团内的效益;二是由于集团广告公司作为广告主与广告公司之间紧密的纽带关系,对企业集团的经营战略有着深刻的了解,因而能够提供更具针对性的广告策划创意解决方案;三是可以防止广告公司泄露广告主的信息;四是面对雄厚资本的跨国广告公司的市场蚕食,企业集团广告公司的发展有利于保护中国的广告产业,同时能够促进民族企业自主创新品牌成长为全球知名品牌。从欧美跨国企业的发展历程来看,欧美广告集团伴随跨国企业的国际化而走向国际化,这些大型的跨国广告集团在世界各地帮助其拓展市场,打造强势品牌。

中国广告产业蕴藏着巨大的增长潜量,对于国内大型的媒体集团和企业集团来说,投资广告产业无疑也是产业扩张的优选。投资广告产业,一方面可以获得巨大的经济回报,另一方面则可以消解跨国广告集团强势扩张对我国媒体安全和民族品牌发展构成的威胁。

三、资源型广告公司在中国的实践及趋势

中国专业广告公司长期处于一种"高度分散、高度弱小"的状态,这与专业广告公司的发展形态密切相关。

由于中国媒体资源的垄断和强势,广告公司在与媒体的合作中处于一种弱势地位,无法形成与之抗衡的力量。广告公司媒介代理利润正日益下降,一方面是由于广告公司缺乏媒体选择与组合的科学研究,另一方面则是由于媒体的强势正严重挤压广告公司的利润空间。1996年以后,媒介购买公司在中国的兴起实质上是广告公司运用资本力量与媒体相抗衡的结果。在实力媒体和传统媒体强势扩张的背景下,中国广告产业界当时还只是惊呼媒介购买公司力量的强大,而并没有从更深层次的产业形态上探讨中国广告产业的未

来发展问题，即是否可以考虑利用强势媒介集团资源组建媒介型广告公司。

随着中国广告市场的完全开放和跨国广告集团在中国的强势扩张，提升中国广告的产业规模和专业化水平，成为时代呼声。中国的专业广告公司可以通过渐进式发展的方式走向集团化，这种速度在当前看来无疑是太慢了，产业界迫切需要创新广告产业发展的战略和策略。在对日韩广告产业发展成功经验的分析中，我们看到了资源型广告公司发展的竞争优势和巨大空间。在国内同样如此，例如1992年中央电视台成立的全资广告子公司北京未来广告公司，成为中央电视台探索专业频道经营、面向市场多元化经营的重要平台，公司经营收入占CCTV年度总收入约20%，公司独家代理经营着众多优质和最新央视媒体资源：CCTV-5体育频道、CCTV-8电视剧频道、CCTV-12社会与法频道，CCTV-1的《东方时空》《今日说法》栏目、央视国际网站等，2008年，北京未来广告公司实现广告经营额34.65亿元，在中国广告公司营业额前100名排序中居第7位。湖南电广传媒股份有限公司广告分公司依托强势媒体和品牌栏目资源，实现广告收入连续72个月的快速增长，其中湖南卫视单频道的广告收入突破了15亿元，在做好湖南广电下属媒体的广告代理业务的同时，公司还积极拓展异地广告业务，公司的控股子公司广州韵洪广告有限公司与广东东莞、佛山、中山等经济发达地区的媒体建立了良好的合作代理关系，取得了这些地方媒体的一级广告代理资格，经营业绩提升显著，2008年公司实现广告业务收入22.57亿元，同比增长20.62%。

中央电视台和湖南电广传媒股份有限公司在组建和发展媒介型广告公司方面进行了较为成功的探索，值得借鉴和推广。对于中国众多的传媒集团而言，发展媒介型广告公司是产业扩张的需要。事实上，媒介成立广告公司早已有之，但是媒介长期是将广告作为一个部门而存在，而非进行独立的产业运营，因而广告公司的发展受到很大限制，一直也没有能够成长壮大。笔者认为，国内一些大型的媒介集团，可以通过新组建、收购、兼并和控股等方式拥有自己的广告公司，媒介型广告公司可以首先将业务重点放在媒介代理上，并通过整合其他媒介资源逐渐发展为能够为多个行业提供全方位整合传播服务的媒介广告代理集团。

日本和韩国有很多经营十分成功的企业广告公司，如韩国第一企划，隶属于三星集团，一直是韩国广告业的领头羊，即使在经济危机的背景下，也因依靠三星集团强大的资金支持而拥有了成长的强劲动力。事实上，中国已经有一批实力雄厚的企业集团，像海尔、联想、蒙牛、李宁、中国移动等企业，成为广告投放的主体，拉动了中国广告产业发展。国内大型企业集团可以通过投资成立广告公司，或以资本收购、兼并、控股的方式进入广告业。由于有大资本的依托，广告公司的发展有了客户资源的保障，因而能够迅速发展壮大。企业集团组建的广告公司同时也可以通过资本收购、兼并、控股的方式进入企业整合营销传播的相关领域，整合如公关公司、促销公司、直效行销公司、网络营销公司等，进而发展为不仅能为本企业集团提供营销传播服务而且还为其他企业提供代理服务的大型整合营销传播集团。媒介广告公司和企业广告公司由于各自所具有的优势，还可以通过战略合作方式，实现资源优势互补，进而提升整个民族广告产业的竞争力。

第六章

专业化—归核化—集群化—集团化
——基于组织创新与制度创新的中国广告产业发展路径的选择

本章在比照欧美广告产业发展路径的基础上，通过对中国广告产业发展路径的深层探讨，提出基于组织创新与制度创新的中国广告产业发展路径的重新选择的产业发展主张，并分析了中国广告产业走专业化—归核化—集群化—集团化的发展路径的现实必然性和重大意义。专业化是一个包括广告运作领域专业化、行业代理专业化和营销传播代理专业化的多维概念。归核化是基于中国本土广告公司生存与竞争的重新选择，只有归核化才能实现高度专业化，因而笔者主张要以专业化和归核化重建广告产业核心竞争力，从而解决我国广告产业存在的业务多元化问题。在专业化和归核化的基础上，通过产业集群的方式提升中国广告产业的整体规模，解决专业化和归核化规模不足的缺陷，是中国广告产业升级的绝对必需。集团化是中国广告产业发展的必然选择。在广告产业集群的基础上，通过并购重组与联合重组等方式，提升广告产业的市场集中度，实现规模经济和范围经济。

第一节 专业化与归核化

一、广告专业化的多维思考

广告专业化涉及广告运作领域的专业化、行业代理的专业化和营销传播代理的专业化等多个层面。

(一)广告运作领域的专业化

广告运动是一个高度复杂与高度科学的系统工程,要求各个领域的高度专业化。广告公司由于受限于自身的资源和能力,往往无法在广告运动的每个环节都做到高度专业化。比如,有些综合型广告公司在策划创意和设计制作方面具有优势,但是在市场调查或媒体计划与购买等方面则可能又比较薄弱。这种在广告运作某些领域的弱势形成的主要原因在于广告公司缺乏相关的专业人才以及缺乏在该领域的代理经验。

广告公司究竟应该如何定位,是定位于综合型广告公司,为广告主提供包括广告调查与市场研究、广告策划创意、广告设计与制作、广告媒体计划与购买、广告效果测定等在内的一站式广告代理服务,还是定位于广告运作的某个环节,集中提供上述服务项目的某项服务或某几项服务,而非全面广告代理,取决于广告主的需求和广告公司自身的战略定位以及现有的服务能力。

广告主对专业代理的需求日渐增多。正如国内某地毯公司市场部人士所言,"我们期望比较理想的广告公司,专业水准要高,不求其全,但求其专。因为'尺有所短,寸有所长',公司不论大小,只要在平面或者影视或者制作,有自己的一技之长即可。我们要做的项目,广告公司要很快理解并提出合理的方案,而且比我们想得更周到,更细密,更全面。因为我们的广告投放量不大,跟大的公司合作,服务我们的也不过是几个人而已,成本反而增加,所以我们选择的一般是中小广告公司,主要是看其专长"①。

国内很多中小型广告公司往往并不具备全面广告代理的实力。综合型广告公司需要有广告运作各个领域的高度专业化人才,需要具有相应的规模实力和足够多的广告客户支撑等。如果能够定位于广告运作的某个环节或某几个环节,广告公司可以集中人力、物力和财力资源形成核心竞争优势。广告

---

① 郑金涛:《专业,广告公司的制胜之本》,载《广告大观》(综合版)2003年第1期,第19页。

公司通过高度专门化和专业化的代理服务赢得广告主对广告公司的认同和行业声誉，进而获得更多的广告客户。而广告公司积累的广告运作专门领域的代理经验，随着广告客户的增多，能够大大降低广告运作的成本。

一些中小型广告公司可以将其定位于广告运作的某个环节或某几个环节，如成立广告调查与市场研究公司，或成立媒体计划与购买公司、广告策划公司、创意咨询公司、广告设计与制作公司、广告效果测评公司等。由于广告运动是一个连续的过程，需要广告运作各个环节高度科学化的合作，因而不同类型的广告公司可以通过并购或建立战略联盟等方式，为广告主提供全面广告代理服务。一些大型的广告公司则可以进行组织再造建立高度专业化的组织部门，提高广告公司在广告运作各个领域的专业服务能力，也可以与国内一些专业广告公司建立战略联盟或并购这些公司，以最低的成本进入新的服务领域，从而发展成为能够为广告主提供全面广告代理服务的综合型广告公司。

（二）行业代理的专业化

广告产业的发展受国家宏观经济和行业政策的影响很大。"广告是国民经济的晴雨表""市场经济的风向标"，形象而深刻地描述了广告产业的依附性特点。随着中国经济的持续发展与国内市场竞争的加剧，各个行业的企业为了扩大市场份额或保持已有市场地位，纷纷加大对广告的投入，从而使得中国广告经营额呈快速上升态势。从下表中我们可以看出，2008年排名前十位的广告投放行业分别是房地产、药品、食品、汽车、化妆品、服务业、医疗服务、家用电器、保健食品、信息产业，占全行业广告投放额的65.14%。近年来，房地产、药品、食品、汽车、化妆品一直是广告投放额比较高的行业，这与社会的消费需求密切相关。整个社会的经济越发达，企业竞争也就越激烈，为了在激烈的市场竞争中获胜，各大企业都增加了对广告的投入以期形成广告壁垒，从某种程度上也推动了广告产业的迅猛发展。

2002～2008年中国各行业的广告投放额①

单位：万元人民币

类别	2008年	2007年	2006年	2005年	2004年	2003年
房地产	2 342 516	1 826 489	1 599 502	1 274 817	1 253 164	1 591 500
药品	1 581 640	1 479 711	1 490 093	1 410 929	1 223 937	1 274 800
食品	1 476 380	1 411 411	1 358 121	1 369 705	1 070 436	1 003 700
汽车	1 381 074	1 189 981	966 830	704 763	592 933	473 300
化妆品	1 140 440	1 067 279	1 091 086	1 116 650	866 991	730 100
服务业	1 071 337	831 954	613 105	479 256	355 293	-
医疗服务	951 539	912 906	982 195	763 636	621 025	525 400
家用电器	879 224	944 044	886 119	774 009	765 009	880 000
保健食品	867 734	707 648	639 131	516 140	480 734	-
信息产业	682 254	566 987	518 483	388 047	277 956	-
服装服饰	624 060	489 015	437 291	346 407	285 421	246 400
酒类	605 343	518 027	472 678	458 065	368 000	440 100
金融保险	476 543	392 558	274 777	201 105	131 465	-
医疗器械	429 383	442 857	364 727	293 087	267 764	318 600
招生招聘	335 638	302 466	285 293	208 956	145 197	-
烟草	160 241	172 890	166 771	179 441	178 590	132 300
农贸	76 692	78 343	68 619	77 462	47 242	-
其他	3 913 648	4 074 924	3 515 192	3 601 012	3 714 348	2 773 700
小计	18 995 614	17 409 626	15 730 018	14 163 487	12 646 000	10 786 846

注：2003年旅游广告营业额201 000万元。

不同行业的市场环境和消费心理存在很大差异，广告公司并不可能在每个行业领域都做到专业，这一点跨国广告公司也不例外。但是，国内很多广告公司往往在这一点上没有给自己明确定位，没有自己服务的主要行业领

---

① 数据来源：根据中广协和《现代广告》杂志历年发布的中国广告业发展统计数据报告整理。

域，没有在该领域建立起专业的资料库，在客户的开发与维系上往往缺乏长远规划和考虑，因而也就无法形成广告公司经营的特色和品牌。国内一些广告公司可以定位于服务某个行业的广告代理公司，如集中代理房地产、药品、食品、汽车、化妆品、家用电器、医疗服务、服务业、保健食品、信息产业、酒类、服装服饰、医疗器械、金融保险、招生招聘、烟草、农贸等行业中的某个行业或某几个行业，开展对该行业市场的深度研究，通过对行业市场的定量和定性研究，动态和静态分析，建立起该行业的数据库，提高广告代理的科学性和有效性，从而形成在该领域的核心竞争优势。

广告公司还可以主动开发一些极具成长性的朝阳产业，帮助这类行业的企业扩大声誉并迅速成长壮大。中国经济的发展带来中国居民消费结构的变革，从以前满足基本的衣食住行的需求，到开始更加注重生活的品质，非物质性支出的比例大大提升。"在美国，20世纪50年代初，物质消费支出占消费总支出的58.8%；80年代初已下降到45%，在体育、旅游、文化娱乐等非物质消费达55%。在日本，20世纪60年代的非物质消费为31.7%，80年代上升到41.1%。"① 中国社会已经表现出这一消费趋势。目前，这类企业的广告投入所占的比重还比较小，这与企业广告意识不强有很大关系，也与广告公司缺少对这些行业的关注有关。广告公司定位于这类新兴市场，不仅可以打造该领域的领导品牌，同时也可以开辟出广告经营的"蓝海"。

对于国内一些中小型广告公司而言，有必要通过收缩战线专门服务于某行业，提高在该行业代理领域的专业化水平，塑造强势品牌。一些大型广告公司同样需要凝练自己的竞争优势，集中代理某些广告投放量大和快速成长行业的企业，提高专业服务能力。以上海广告有限公司为例，"与综合性的一流公司的定位相匹配，上广在客户开发策略上强调：要形成一批标志性的国内外品牌客户。当前，上广重在培养汽车、通信、房地产、金融、IT产品等代表竞争新领域、消费新趋势的客户。即使是当前还没有此类客户，上广也充分利用公司在市场调查方面的优势加强对这类客户及其市场的研究，为

---

① 赵玉林：《创新经济学》，中国经济出版社2006年版，第25页。

下一步争取客户做好准备"①。

（三）营销传播代理的专业化

不仅广告运作的每个环节、广告代理的每个行业领域是高度专业化的作业，而且营销传播的各个领域同样也是高度专业化的工作。如在管理与营销咨询、市场调查与分析、CI 企划、广告、促销、公关、媒体计划与购买、数字互动行销、活动策划、展览展示等领域，都需要高度的专业化。

我国广告产业在以上这些领域一直发展得比较缓慢，与中国特定的市场营销环境和传媒环境以及业界的认识是直接相关的。传统的市场营销传播环境和传媒环境下，广告对于达成企业的营销传播效果往往具有很强大的功效，因而很多企业都非常重视广告投入，如20世纪90年代企业争夺央视黄金段"标王"的狂热可见一斑，在90年代中期这种狂热达到极致。这与我国当时的市场环境和传媒环境相对单纯有关，具体表现为大众市场和大众媒介的共存，受众的可选择性比较小。这一时期，广告以外的营销传播机构发展比较缓慢。然而，随着市场环境和传媒环境的剧变，以前的大众市场和大众传媒，被取之以分众市场和分众媒介，受众日益被细分，传统广告的效力在减弱。正是在这种背景之下，企业对包括广告代理在内的营销传播服务产生了巨大的需求。他们不仅希望广告公司能够提供广告服务，而且希望广告公司能够提供包括营销咨询、市场调查与分析、CI 企划、促销、公关、媒体计划与购买、数字互动行销、活动策划、展览展示等在内的代理服务。

传统广告公司的组织结构已经无法满足企业整合营销传播代理的需求，因而很多广告公司纷纷开始转型。一是在进行组织再造，在广告公司内部增设营销传播代理服务的专门化部分，引进相关领域的专门化人才；二是在广告公司外部成立专门的营销传播代理公司，如营销咨询公司、市场调查与分析公司、公关公司、促销公司、媒体计划与购买公司、数字互动行销公司、展览展示公司等，发展成为大型的营销传播代理集团。以上海广告有限公司为例，在公司

---

① 刘文哲、聂艳梅：《专业作主，实力说话——上海广告有限公司经营优势分析》，载《现代广告》2006年第2期，第17~18页。

内部，以品牌服务为中心，形成了一个包括行销企划、创意发展、公关促销、媒介服务、咨询/调查、CI 企划、影像制作、展览展示、大型活动、礼品开发、节目购买、DM 广告等在内的整合营销传播服务网络。如下图所示，上广还成立了上海现代国际展览有限公司、上海现代国际传播有限公司、上海现代国际咨询服务有限公司、上海创信市场调查公司、上海先河广告制作公司、上海外贸印刷厂等全资子公司以及上海奥美广告有限公司、上海博报堂广告有限公司，还有正在建设中的公共关系部、网络服务部等合资公司。

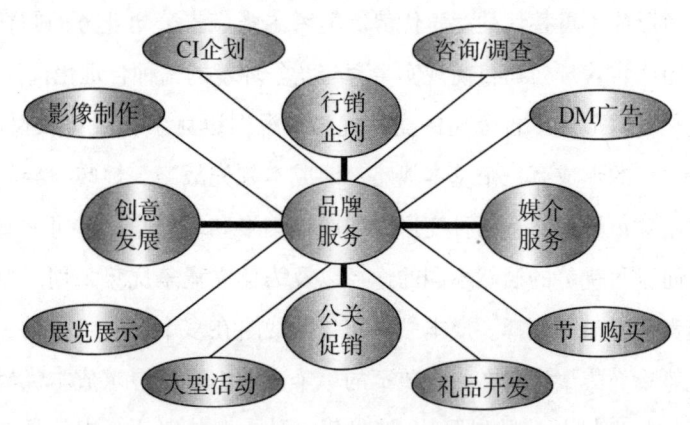

图 6-1　上海广告有限公司的整合传播运行模式图①

二、归核化：基于生存与竞争的重新选择

所谓归核化，是指多元化经营的企业将其业务集中到其资源和能力具有竞争优势的领域。归核化不等专业化，也不等于简单地否定多元化，而是强调企业的业务与企业核心能力的相关性，强调业务向企业的核心能力靠拢，资源向核心业务集中。归核化后的企业仍是多元化的，但业务间的关联度较高，企业的经营绩效较好，竞争优势明显，竞争力增强。归核化战略思想的提出，提高了企业能力理论的实用性。归核化战略的基本思想是剥离非核心业务、分化亏损资产、回归主业保持适度相关多元化。美国大企业在 20 世纪

---

① 刘文哲、聂艳梅：《专业作主，实力说话——上海广告有限公司经营优势分析》，载《现代广告》2006 年第 2 期，第 17 页。

50年代起施行多元化战略，在70年代达到了高峰，80年代进入战略转换期，90年代多数大企业开始实施归核化战略。归核化是以美国为首的西方发达国家多元化发展到一定阶段的产物。

我国广告公司在经历40年的市场洗礼之后，尽管在策划创意、设计制作等方面取得了非常大的进步，但是整个产业高度分散与高度弱小的状况一直没有改观，这与中国广告公司发展路径的选择有很大关系。欧美国家的广告公司大都经历了由多元化向归核化演变的过程，通过集中发展自己的核心业务，从而形成不可替代的竞争优势。笔者主张广告公司业务的归核化，是基于对我国广告代理公司目前现实生存与竞争环境的一种合理化选择。

归核化可以形成广告公司的竞争优势。根据迈克尔·波特教授的研究，企业竞争优势的形成有三个基本战略，即成本领先战略、标歧立异战略和目标集聚战略。集聚战略有两种变形，即成本集聚和歧异集聚。每一基本战略都涉及通向竞争优势的迥然不同的途径以及为建立竞争优势采用战略目标景框来框定竞争类型的选择。成本领先和歧异战略在多个产业细分的广阔范围内寻求优势，而集聚战略在一个狭窄的单个产业细分中寻求成本优势（成本集聚）或标歧立异（歧异集聚）。推行每一种经营战略所要求的具体实施步骤因产业的不同而差别很大，正如特定产业当中可行的基本战略互不相同一样。然而，尽管选择和推行一种基本战略远非轻而易举之事，他们却是任何产业必须认真探索的通向竞争优势的必由之路。① 对于广告产业而言，这三种基本战略对于形成广告公司竞争优势同样具有重要价值。国内广告公司目前存在一个重大问题，即广告公司经营的多元化消解了自身的核心竞争力。广告公司的归核化可以选择标歧立异战略和目标集聚战略，而标歧立异战略和目标集聚战略的实施关键是要明确市场的需求和自身的竞争优势，将其业务定位于广告运作的某个领域、广告代理的某个行业或营销传播代理的某个部分等。

长期以来，中国广告公司往往出于市场需要而非自身实力，随意延展自

---

① ［美］迈克尔·波特著，陈小悦译：《竞争优势》，华夏出版社2002年版，第11~12页。

己的服务边界，导致业务过分多元化问题的出现，其实质是造成广告公司服务的非专业化，导致广告主对广告公司专业服务能力的普遍质疑，严重影响整个中国广告产业的持续健康发展。广告公司选择标歧立异和目标集聚战略，可以集中优势资源形成竞争优势。广告公司在专门领域积累的市场经验和行业声誉，也提升了其他广告公司进入该领域的市场壁垒。随着广告公司专业服务水平提升，广告客户数量的增多可以降低广告公司经营运作的成本，如市场调研数据资料的资源共享等，从而实现成本领先战略。

三、以专业化与归核化强力重建广告产业核心竞争力

广告业是一个知识密集、技术密集、人才密集的"三密集型产业"，属于服务业的重要组成，广告公司通过为广告主提供高度专业化的营销传播代理服务，帮助广告主达成营销传播目标，从而获取自身收益。高度专业化是广告公司存在的根本。事实上，广告主可以选择广告公司代理，也可以不选择广告公司代理，关键是取决于广告公司代理的成本和服务质量，以及广告主自身运作的成本和服务质量孰高孰低。广告公司的高度专业化服务，是广告公司不可替代的核心竞争力。

要提升广告公司的专业化服务水平，一方面是发展专门化的广告公司，另一方面是要倡导广告的专业主义，提高广告公司的专业化水平。广告公司的专门化有利于形成广告公司在某领域的竞争优势，节省广告公司经营的成本，提高广告主的转换成本，从而提升广告主对广告公司的品牌忠诚度。"专业性广告公司的大量出现是适应市场需求的多样性，社会分工进一步深化的发展"，"专业性广告公司的大量出现也是广告行业竞争激烈、优胜劣汰的结果"。[①]

归核化可以实现高度专业化。"在大型广告公司不断整合，组建大型广告集团的同时，广告业的社会分工也越来越细，这为那些小广告公司提供了

---

① 张翔、李青：《中国广告公司专业化发展模式研究》，载丁俊杰等主编：《中国广告业生态环境调查——2002年全国广告学术研讨会论文集萃》，中国工商出版社2003年版，第98~99页。

生存空间。而且，那些不被大广告公司重视的地方小型广告主也是小广告公司得以生存的主要原因之一。通过从事专业化的工作，诸如广告调查、创意、咨询以及广告设计等工作，成为大型广告公司的重要工作伙伴。典型代表如盛世长城全面代理总部设于广州的宝洁中国。而同时在广州、北京、上海出现了专门做地产、药业、服装的广告公司，也有专门做公关活动、危机公关处理、新闻软文规划撰写的广告公司，甚至出现了专门卖策略的广告公司。"[1]

一些实力雄厚的广告主往往有自身精干的营销传播团队，他们需要的广告公司是"能干的下属型"[2]，这些企业已经做到一定规模，成为市场上的成功者，企业战略明确，内部人才济济，组织分工明确，企业需要利用外界最好的资源，去贯彻落实企业的营销战略或广告战略，这些企业往往需要广告公司或是在广告运作的某个环节，或是在营销传播的某个领域，或是在某个特定的行业具有高度专门化和专业化的服务能力。而对于一些成长中的中小企业而言，很多企业财力有限，无力聘请大广告公司全面代理，通常是寻找一家中小型的广告公司或几家专门化的广告代理公司共同承担广告业务，这种方法不仅灵活易行，而且可以使企业降低成本费用。

第二节 集群化：广告产业集群的知识共享与价值创造

一、产业集群与集群经济

从西方产业集群理论的历史进程来看，产业集群大致可以分为两个阶段。第一阶段是在20世纪80年代以前，产（企）业集群是为了节省运费，因此，产（企）业选址或扎堆尽可能靠近矿产和能源地，靠近市场，靠近优

---

[1] 陈培爱：《台湾广告业的国际化历程对中国大陆本土广告公司的启示》，载《广告大观》（综合版）2007年第3期，第32页。

[2] 何海明：《广告经营生态环境研究——广告神话的破灭和广告公司的微利时代》，载丁俊杰等主编：《中国广告业生态环境调查——2002年全国广告学术研讨会论文集萃》，中国工商出版社2003年版，第143页。

越的交通地理位置。这时期的主要代表性理论有马歇尔（A. Marshall）的"三要素"学说、韦伯（A. Weber）的工业区位论、佩鲁（Francois. Perroux）的增长极理论以及地域生产综合体理论等。第二阶段是在20世纪80年代以后，产业集群理论发展成为新产业区理论。这些理论对一定区域内的企业网络、区域创新网络等进行了系统研究，认为网络内的企业与机构彼此之间是既合作又竞争的关系，衍生出了集群持久不竭的创新动力，从而保持了区域经济的竞争优势。这时期的主要代表性观点有新产业区理论、区域创新环境理论和国家竞争优势理论等。①

国内外许多学者在研究产业集群过程中，对产业集群（Industrial Cluster）提出了众多定义，笔者仅列举几个比较有代表性的定义来看产业集群的特点。美国学者迈克尔·波特（1998）认为，产业集群是指在特定领域中，同时具有竞争与合作关系，且在地理上集中，有交互关联性的企业、专业化供应商、服务供应商、相关产业的厂商以及相关机构（如制定标准化的机构，产业工会）的集合。它不同于科层组织或垂直一体化组织，它是对有组织价值链的一种替代。② 国内学者黄建康在《产业集群论》（2005）中提出，产业集群是产业发展演化过程中的一种地缘现象，是某个产业领域内具有分工合作、竞争创新的企业与机构在一定地域内的集中，形成从原材料供应到销售渠道甚至最终用户的上、中、下游结构完整，外围支持产业体系健全，具有产业柔性集聚等特性的有机体系。集群内企业之间建立了密切的合作竞争关系。通过深度的专业化分工，促进了每个企业效率及产业效率的提高。产业集群的核心是同类企业之间及企业与其他机构之间的联系及互补性。这种关系既有利于规模经济的实现，同时也比垂直一体化的企业组织结构具有更大的弹性，而且有利于互动或知识学习过程的进行，从而加速了区域创新网络的实现，重塑了区域经济竞争力，驱动了区域经济的可持续发展。③ 芮明杰等（2006）认为，产业集群是指同一产业或者相关产业领域内，纵向或

---

① 参见黄建康：《产业集群论》，东南大学出版社2005年版，第12页。
② 参见［美］迈克尔·波特著，陈小悦译：《竞争论》，中信出版社2003年版。
③ 黄建康：《产业集群论》，东南大学出版社2005年版，第18页。

横向相关的众多企业或机构在一定的空间范围内聚集而形成的一个经济群落。① 综观上述定义，我们可以看出产业集群有以下特点，即同一产业或者相关产业的众多企业在一定地理空间上的集聚，产业集群内的各企业是高度专业化的，企业之间是一种紧密而非松散的竞合关系，同时产业集群内也有健全的支持体系（如大学、科研机构、产业或行业协会以及基础设施等）。

集群经济（Cluster Economy）是指特定的领域里相互联系的企业和机构在地理上的集中所产生的经济现象，是经济活动在空间上的非均衡分布而呈现出的一种局部（或区域）的集聚特征。这种集群可以产生规模经济效应，不仅与企业内部的规模经济效应相对应，而且彼此之间会发生交互效应。它与内部规模经济不同，不是单一企业内部规模扩大所产生的经济效果。当集群规模达到一定水平时，它能对单个企业带来若干益处，使其提升效率。集群经济的主要特征是：地理位置集中，产业领域集中，相关人才集中，原材料和产成品相对集中，行业信息集中，消费者意向集中，配套设施和服务型公共机构集中等。它是特殊地域、同业交往、行业文化、产业技术链和价值链等的集中、融合，其实质是分工、合作、竞争、创新、知识共享和文化共通。

二、集群化：中国广告产业升级的绝对必需

在前文的分析中，我们指出，中国广告产业高度分散与高度弱小的现状，造成广告市场的过度竞争和广告产业的低市场绩效，已经严重危及广告产业的良性健康发展。因而，我们主张，中国广告产业必须要改变目前这种高度分散与高度弱小的现状，快速实现中国广告产业的整体改造与升级，就必须对中国广告产业发展的路径进行重新设计。专业化和归核化是中国广告产业竞争力提升的基础，没有大量高度专业化和归核化的广告公司和营销传播公司，广告产业整体竞争力的提升就会受到很大限制。但是，高度专业化、归核化与规模化又是一对矛盾。建立广告产业集群可以解决高度专业化

---

① 芮明杰、刘明宇、任江波：《论产业链整合》，复旦大学出版社2006年版，第129页。

和归核化规模不足的缺陷。产业集群理论为广告产业集群的建立与发展提供了理论解释和实践指导,如美国纽约曼哈顿的麦迪逊大道就集中了美国顶尖的广告代理公司,还有中国上海嘉定广告创意产业园等,都是广告产业集群的典型例子。

何谓广告产业集群?笔者认为,广告产业集群是指大量高度专业化的广告公司和营销传播公司,以及健全的外围支持产业体系(包括大学、科研机构、政府相关职能部门、广告行业协会、消费者协会等)在一定空间范围内的柔性集聚并结合成的一种既竞争又合作的创新型网络。这一概念包含以下几层意思。(1)广告产业集群的主体是广告公司和营销传播公司。广告主和广告媒体是广告市场的重要支撑体系,它们是广告公司和营销传播公司的重要客户资源和媒体资源,广告产业集群可以选择广告主或广告媒体相对集中的区域,也可以根据自身地域特色选择相对独立的区域,鼓励广告媒体和广告主在广告产业园区设立办事处等。(2)广告产业集群必须有完善健全的外围支持产业体系。这些产业体系对于产业集群内广告公司和营销传播公司的发展影响重大,这些支持性的企业及机构包括大学、科研部门、政府相关机构、广告行业协会、消费者协会等。(3)广告产业集群是大量高度专业化的广告公司和营销传播公司以及健全的外围支持产业体系在一定范围内的柔性集聚。广告产业集群强调地域空间的概念,同时广告产业集群内的企业是一种密切的竞争合作关系,如果企业之间缺乏相互联系,或联系比较松散,那么就不能称之为广告产业集群,而只能称之为广告公司和营销传播公司集合或广告产业集合。(4)广告产业集群通过建立一种创新型的网络,提升集群内部各广告公司和营销传播公司的经营绩效,进而提高广告产业集群的整体绩效。

建立广告产业集群,对于提升地区广告产业的竞争实力,更好地服务于地方企业和地方媒体的发展,提升中国广告产业整体规模和市场绩效,具有重大价值和意义。

(一)广告产业集群内的知识溢出效应,形成广告产业学习和创新的内部机制,提升我国代理公司整体的代理能力

在广告产业集群区内部,某一广告公司或营销传播公司通过创新和开发

所获得的企业管理方式、市场信息、策划创意与设计制作的手法、营销传播方法、媒体工具等的新知识,有一部分会外溢出去,成为广告产业集群区内企业的公共知识。这些知识是企业空间距离的函数,只有在空间上集聚在集群区内的企业才能获得这些知识,而一旦离开这个集群区就会迅速丧失。

事实上,在广告产业集群区内,形成了一个能量巨大的"知识场"①,知识场的存在意味着集群区内广告公司和营销传播公司具有可资利用的丰富外部知识资源,但是要把这些知识真正据为己有还有一个获取吸收的过程,该过程的高效进行很大程度上依赖于知识的易获取性,而广告产业集群环境通过地理接近和社会认同两种效应极大地改善了这一点。所谓地理接近效应,是指由于知识受体靠近知识源而便利了知识的获得。如广告产业集群区内不同公司职员之间非正式交流频繁进行的可行性,近距离观察竞争对手管理经验及服务模式等以实现模仿超越的可行性,近距离带来人员之间流动的频繁性,与其他广告公司和营销传播公司在合作代理的过程中协调和互动的便利性和及时性等。社会认同效应则是指受体和知识源由于共享相似的区域社会文化背景而促进知识传递。如广告公司和营销传播公司在合作过程中的信任气氛和低机会主义风险(正式机制),公司之间人际交流过程中较低的语言和文化障碍以及知识解码的相对容易性(正式或非正式机制),因文化距离近而引起的人员频繁流动(非正式机制)等。"知识溢出"可以形成广告产业学习和创新的内部机制,广告公司和营销传播公司通过新知识的内化与创新,进而提高其专业服务能力。

(二)广告产业集群内广告公司与营销传播公司的竞争与合作,不仅可以满足广告主的单一代理需求,而且可以满足其整合营销传播代理的需求

"自20世纪80年代以来,西方各行各业尤其是跨国公司迫于强大的竞争压力,开始对企业竞争关系进行战略性调整,公司间的合作也随之迅速发展,企业纷纷从对抗性竞争走向大规模合作,形成了一种广泛合作与激烈竞

---

① 芮明杰、刘明宇、任江波:《论产业链整合》,复旦大学出版社2006年版,第151页。

争并存的现象。"① 合作竞争最主要的形式之一就是企业策略性联盟——战略联盟。企业战略联盟的出现有其特定的历史背景：参与全球竞争的跨国公司日渐明白，长期势均力敌的争斗，其结果将使各方财力枯竭，难以应付下一轮的竞争和创新。特别是在技术进步日益加快的全球化市场竞争中，任何单个企业的力量都是有限的；即使是实力雄厚的跨国公司也面临着巨大的竞争压力，仅依靠自身的资源和能力无法实现其更高层次的战略目标，跨国企业必须和其他企业甚至竞争对手进行协作，以增强自身整体竞争优势或共同分担进入新产业或技术领域而带来的风险。

尽管广告公司和营销传播公司作为服务型企业，与生产型的跨国公司有些不同。但是，对于我国本土的广告公司和营销传播公司而言，建立战略联盟也是一种必然选择。主要原因在于我国广告公司和营销传播公司大都还比较弱小，单个企业的资源相对有限，通过建立战略联盟可以形成一股合力，提升规模实力和专业服务能力。如多家广告公司出资共同组建大型的媒介购买公司，以科学化的媒体计划与规模化的媒体购买，提升与跨国媒介购买集团对抗的实力等。在前文分析中，我们谈到中国广告产业需要归核化，实现广告运作领域的归核、行业代埋的归核以及营销传播领域的归核，这些高度专业化和归核化的公司可以满足广告主单一的代理需求。但是对于一些大型的广告主而言，其整合营销传播代理的需求就需要这些专门化的公司或通过建立战略联盟关系共同服务广告主，或通过资本运作方式收购相关的营销传播公司，来整合这些专门化公司的资源。由此可见，广告产业集群由于地理位置的接近性，为广告公司和营销传播公司之间合作提供了便利，这种合作能够切实提高广告公司和营销传播公司为广告主服务的水平。

（三）广告产业集群提升了广告公司和营销传播公司与媒体和广告主博弈的实力，使得广告市场的结构更趋向合理

我国广告市场结构一直处于一种失衡状态，广告公司高度分散与高度弱小，相比较广告公司而言，媒体和广告主则处于一种强势地位，广告公司在

---

① 邬义钧、胡立君主编：《产业经济学》，中国财政经济出版社2002年版，第294页。

与媒体和广告主的博弈中总是处于弱势地位,利润空间被大幅挤压。广告主和媒体经常越过广告公司直接合作,加之跨国媒介购买集团的冲击,导致广告公司的媒体代理费大大缩水。传统广告代理公司策划创意费也随着企业将原先分配给广告的预算更多分配给其他营销传播手段而大幅减少。

建立广告产业集群的好处就是可以把这些高度分散的广告公司和营销传播公司在一定地域内集中,这些广告公司和营销传播公司在各自专门的领域都具有自己的专业优势和资源优势,由于地缘的接近性,公司之间可以建立战略联盟,发挥各自优势为广告主提供营销传播各领域的专门化服务甚至是整合营销传播的代理,增强企业对广告产业集群内广告公司和营销传播公司的信任与忠诚度。此外,不同的广告代理公司和营销传播公司可以共同出资组建媒体购买集团,以大资本批量购买媒体版面或时段,提高与强势媒体谈判的实力和媒体计划的专业化水平。笔者认为,合理的广告市场结构应该是以广告公司和营销传播公司为主导的,而非媒体和广告主主导。广告产业集群可以有效调整广告市场的失衡结构,提升广告产业的整体规模,实现规模经济和范围经济。

(四)广告产业集群还可以充分利用高校资源,形成业界与学界之间的良性互动,合作为广告界培养和造就大批优秀专业人才

在中国广告市场成长初期,广告公司往往被视为暴利产业,因而吸引了各行各业的人士投身广告业。有很多广告人并不是出于对广告的热爱和为企业服务的强烈责任心,而是为了赚取高额的利润,造成市场上存在大量的"过江龙",过江龙的存在直接导致广告公司恶性竞争,严重扰乱了正常的广告市场秩序。随着广告市场渐趋规范和成熟,企业营销传播环境的改变,广告业由初期的暴利行业变为微利的产业,对人才的吸引力大大降低。然而,作为知识密集型产业的广告业,高度专业化人才的聚集是广告业得以发展的关键所在。广告业正面临"人才盆地"的危机,不得不引起广告产业界人士的高度重视。

培养和造就适合广告业需要高度专业化的人才,让这些高度专业化的人才乐意在广告业发展,都是十分重要的课题。从人才培养的角度来说,我们

主张广告业界和学界之间开展密切的合作，广告学界具有丰富的理论资源，广告业界人士则具有丰富的实战经验，将两者结合起来可以更好地提升广告理论研究的水平和广告实战运作的能力。在全球化、数字化背景下，广告学界也正在探讨实验教学和实践教学的新模式，如高校广告专业与广告公司和营销传播公司联合建立实习基地，提高学生实际操作的能力；广告公司和营销传播公司也可以组织员工聆听高校知名专家学者的讲座，提高员工的理论素养并结合自身的实战经验提升广告的专业化能力等。

当前广告业界和学界都需要转变观念。（1）广告业界需要认识到广告人才的培养不仅仅只是高校的责任，广告公司也有人才培养的责任。如与高校广告专业合作为学生提供实习机会让广告专业的学生尽快成长，同时广告公司也有对内部员工进行培训的义务，这种培训可以请业界的精英来讲座，也可以邀请高校既有实战经验又有深厚理论功底的知名学者讲座。（2）高校也需要认识到与广告业界合作的必要性和紧迫性。可以定期邀请业界的知名专家来高校讲学，或共同组织国际国内重要学术会议，或参与广告公司和营销传播公司的实战项目等，提高高校教师的广告实战能力，从而更好地将知识传授给学生。可以说，广告产业集群为广告业界与高校之间的沟通交流提供了便利，广告产业集群也是凝聚广告精英人才的"知识场"。

对于企业和媒体而言，广告产业集群也有诸多益处，如企业可以节省选择广告公司和营销传播公司的信息搜寻成本，还可以整合多家公司的专业力量为其提供服务，媒体则可以很便利地和集群内多家公司合作，节省交易费用等。对于广告行业协会和政府主管部门而言，建立广告产业集群也有利于充分发挥各自的职能。广告产业集群可以更好地发挥广告行业协会的作用，广告行业协会也可以经常组织一些行业交流活动或广告公司评选活动等，提高广告产业集群内公司的专业化水平，发挥集群内广告公司和营销传播公司的主导作用。广告产业集群也更有利于政府制定和实施促进广告产业发展的政策，有利于加强对广告行业的集中监管，规范广告市场秩序，促进广告产业发展。

三、中国广告产业集群化发展的公共政策需求

纵观国内外产业集群的成长过程,可以发现政府(地方政府)在产业集群的形成与发展过程中的作用是极不相同的,既有市场主导型的产业集群,又有国家干预型的产业集群。例如,在美国硅谷地区,在电子产业群形成初期,政府作用极其弱小。随着产业群的逐渐壮大,当地政府基于市场经济的原则去营造或提供良好的政策环境。而在印度的班加罗尔地区、中国台湾新竹地区,产业群的生成基本是政府(地方政府)产业政策设计的结果。因此,在它们的形成与发展初期,政府(地方政府)的作用非常明显且强大。然而,随着产业群的逐渐成长与发展,两地区的地方政府并没有去直接经营具体产(企)业的生产活动,而是严格遵循市场竞争机制,为产业群的可持续发展提供基于市场化的公共服务。① 在我国现阶段,由于国民经济仍处于转型期,市场机制还不完善以及市场本身也存在不能忽视的局限,因此,能弥补市场缺陷的只能是政府(地方政府)。政府利用其权威和特有的资源条件,如经济杠杆、行政命令手段,通过一定的计划性对产业活动的要求进行规范和调整,使各地区的产业经济活动的结果与整个社会发展目标一致。政府(地方政府)的行为是由它所承担的职能或行为目标决定的。因此,随着我国各地产业集群的发展,其对政府(地方政府)的公共服务需求也在不断增加。地方政府的适度介入对我国产业集群的发展是必要且有效的,尤其在市场发育程度低的地区,地方政府更要正确地引导和调控。这些作用既包括地方政府的传统职能——基础设施建设、产业区规划、规范市场秩序等;在经济全球化背景下,又可以根据产业竞争环境的变迁,拓展到新的服务职能——建立产权制度、健全技术创新支持体系、强化融资网络系统、拓展外销网络、建立质量调控体系、树立区域品牌形象以及营造区域创新环境等。

笔者认为,建立和发展广告产业集群是推进我国广告产业升级的绝对必需。长期以来,我国广告产业高度分散与高度弱小,广告市场属于一种完全

---

① 黄建康:《产业集群论》,东南大学出版社2005年版,第120页。

竞争的原子型市场结构，单一广告公司的资源非常有限。广告公司和营销传播公司很难通过自有资本的积累迅速发展壮大，造成广告产业整体的规模小，与大型广告主和强势媒体博弈的实力较弱，基本上也不可能通过市场自发形成广告产业集群。我国政府和广告行业协会一直在广告产业的发展中处于一种事实上的缺位状态，从1993年国家工商行政管理局、国家计划委员会印发《关于加快广告业发展的规划纲要》至今，没有出台任何一个关于促进广告业发展的政策文件。在广告学界和广告产业界的疾声呼吁下，2008年5月出台的《促进广告业发展的指导意见》将培育广告企业集团和广告媒体集团，以及建立广告产业集群等纳入政策文件，反映出政府高层开始高度重视作为创意产业主导产业之一的广告产业的发展问题。从中国现实的状况来看，发展广告产业集群成为推动广告产业升级的现实需要，而依靠广告产业自身力量无法实现广告产业的自然集群，中国广告产业集群无法实现市场主导型的产业集群，必然要走国家干预型的产业集群发展道路。充分发挥政府和行业协会的力量，对广告产业集群进行整体规划，不仅在基础设施建设、广告产业区规划、规范广告市场秩序等方面发挥作用，而且更应在财税、信贷、广告产业园区品牌形象塑造以及创新环境营造等方面发挥作用。广告产业集群的发展必然需要政府公共政策的支持，地方政府在积极参与广告产业集群建设的同时，并不是去直接经营管理广告公司或营销传播公司的具体经济活动，而是在产业政策上予以扶持和引导，给广告产业园区的公司创造良好的经营环境和投融资环境，鼓励园区内专门化公司提高专业服务水平，鼓励实力强劲的公司通过资本并购和联合重组等方式壮大规模。地方政府面对广告产业集群化发展的公共政策需求，应积极进行制度、职能和行为的创新，只有这样，面对经济全球化的挑战，地方政府才能更好地为广告产业集群的可持续发展营造创新环境。

第三节　集团化：中国广告产业发展的必然选择

一、由广告产业集群走向广告产业集中

从产业经济学角度分析，产业可以分为两类：一类是分散型，另一类是集中型。产业的集中与分散是市场结构（垄断程度高低）的反映。因此，企业是否要扩大规模，需要对它所处的产业特征进行分析。企业竞争引致的产业集中是有条件的，且实际的集中程度取决于规模经济与规模不经济、范围经济与范围不经济这两组力量的对比，同时还取决于市场容量、技术进步、社会文化等因素的影响。①

广告产业作为服务型产业，规模经济和范围经济效应并不明显。有很多大型的广告集团有很高的企业效率，也有很多小型的广告公司能够获得较高的利润。但是，随着企业竞争环境的改变，规模经济和范围经济效应逐渐显现。一些大型的广告集团凭借其雄厚的资金，国际化的策划创意资源，各地开展营销传播活动的经验，以及成熟规范的经营运作模式等，通过向全球市场强力扩张来扩大整个集团的规模，服务于跨国企业拓展全球市场的需要，产生规模经济效应。同时，随着市场环境和传播环境的改变，企业已经开始改变过去单纯或重点依靠广告进行营销推广的方式，代之以综合运用各种营销传播手段的整合营销传播推广方式，传统的集中于广告运作领域的广告代理公司已经无法满足企业对广告代理公司的新要求，因而必须要转型，通过在广告公司内部组建专门化的营销传播部门，或新成立专门化的营销传播公司等方式实现范围经济。

广告产业集群为实现广告产业规模经济和范围经济创造了条件。在集群区内，广告公司和营销传播公司之间可以便利地通过并购和联合等方式组建大型营销传播集团，实现规模经济；不同类型的广告公司和营销传播公司也可以很便利地建立一种持久的战略合作伙伴关系，将部分组织机构外部化，

---

①　黄建康：《产业集群论》，东南大学出版社2005年版，第20页。

实现范围经济。

由广告产业集群走向广告产业集中是一种必然的趋势，也是发展广告产业集群的目的所在。这里的产业集中不仅指广告产业的地理集中，更指广告产业集中度的提高。在全球化背景下，中国广告公司和营销传播公司不仅面临本土公司之间的竞争，更面临与跨国营销传播集团的竞争。随着中国广告市场的完全开放，大型跨国广告集团开始了在中国广告市场新一轮的强势扩张，大肆收购中国本土一些在营销传播领域具有专长和市场影响力的营销传播公司，提升其在中国市场开展整合营销传播的执行力，对中国本土广告公司、营销传播公司以及中国的民族企业将会构成巨大的冲击，广告产业的集中化成为一种必然，然而在这种产业集中化发展的趋势背后，我们看到的是跨国广告集团在中国广告市场的高度集中，在中国广告产业中所占的份额逐年攀升的态势，这不得不引起我国政府、广告产业界和企业界的高度警觉和重视。如果中国本土广告公司和营销传播公司无力发展，中国的创意产业，中国经济的国际竞争力前景堪忧。

笔者认为，发展广告产业集群是当前推进中国广告产业升级的绝对必需。广告产业集群将分散的广告公司和营销传播公司在一定区域集中，通过产业内不同公司之间的相互竞争与合作提升整体的专业化服务水平，提高为企业服务的能力，从而打造地区、全国乃至全球知名品牌。广告产业集群的目的是改变我国目前广告产业高度分散与高度弱小的现状，为广告产业集中度的提升创造良好的外部环境。

二、广告公司集团化战略的四种形式

集团化是企业重要的成长发展战略，是扩大企业规模，构建大型企业的有效途径。集团化发展可以通过一体化战略来实现，一体化亦称为整合或联合，是企业有目的地将相互联系密切的经营活动纳入企业体系中，加以全盘控制和调配。企业一体化包括企业内部一体化和企业之间的一体化。企业在内部一体化成长过程中，沿着横向、纵向与整体三个方向扩展自己的边界，形成了横向一体化（不同价值链上的平行活动）、纵向一体化（同一价值链上的连续活动）与横向纵向同时（混合）一体化（多条价值链上的多种活动)。企业之间的一体化,其主要形式是战略联盟。①

(一)横向一体化战略

横向一体化又称水平一体化,它是指通过并购、联合同类企业或投资兴建新的生产经营单位,争取获得对同类型企业的所有权或控制权,以扩大企业规模。横向一体化本质上是对原有生产经营能力的复制,这种复制在很大程度上是地区化的结果。横向一体化所带来的经济效益主要来自"多工厂(单位)经济性"。

在广告产业内,横向一体化是经常被采用的战略。广告公司实行横向一体化战略的主要目的如下。(1)赢得新的客户。以往大型跨国广告公司之间的并购时有发生,这种大规模的公司并购,其中一个很重要的目的就是为了赢得更多客户,并将自己的经营模式和品牌工具复制,从而产生更大的经济利益。(2)进入新的市场。如广告公司和营销传播公司在新市场建立与母公司服务类型一致的子公司,或并购、联合当地同类型的广告公司和营销传播公司,以达到迅速进入该市场的目的。(3)提高市场势力。同类广告公司和营销传播公司的并购和联合,大大减少了市场竞争者的数量,形成少数大型广告公司和营销传播公司控制该领域市场的局面,从而提高市场势力和形成对该领域市场的垄断,保证获取稳定的高额利润。

(二)纵向一体化战略

纵向一体化又称垂直一体化,它是指在供、产、销方面实行纵向渗透和扩张,在一个行业价值链中参与许多不同层次的活动。企业纵向一体化在企业内部把不同供应、生产、销售和(或)其他经济过程从技术上结合起来,核心在于一个企业同时从事几个增加价值的职能,其实质是将外在价值链内部化,即将前后相关产业或经济过程由市场契约关系转变为企业内部关系。关于企业纵向一体化的动因可以有多种理论解释,其中大多数与降低交易成本或消除市场外部化有关。

在广告产业集群内,有大量专门化的广告公司和营销传播公司,这些专业化的广告公司和营销传播公司可能只是集中在某个领域,如广告公司可能

---

① 王俊豪主编:《现代产业经济学》,浙江人民出版社2005年版,第82~83页。

集中在广告调查、广告策划与创意、广告设计与制作（包括影视广告设计与制作、平面广告设计与制作等）、广告媒体计划与购买、广告效果测定与评估等环节，某家实力雄厚的广告公司并购与联合这些在广告运作各个环节专业化程度较高的广告公司，从而满足广告主对全面广告代理的需求，发展成为大型的、专业化程度高的综合型广告代理公司。又比如营销传播公司可能集中在企业管理与营销咨询、市场调查与分析、客户关系管理（CR_M）、公关、促销、网络行销、事件行销、展会行销、数字互动行销等某个领域，通过前向一体化或后向一体化①，提高营销传播公司整合营销传播代理的执行能力。现今广告公司和营销传播公司经常通过纵向一体化方式发展为大型的广告集团和营销传播集团。

广告公司实行纵向一体化战略的主要目的有以下几点。（1）满足广告主日益增加的全面代理需求。这里的全面代理包括全面广告代理需求，要求广告公司在广告运作的每个环节都尽可能做到专业；也包括整合营销传播代理需求，要求广告公司或营销传播公司能够全面代理其营销传播业务。（2）降低交易的成本和广告公司之间合作的不确定性。全面广告代理和整合营销传播代理可以在一个公司内部完成，降低了企业与多家广告公司交易的成本，而且由于外在价值链的内部化，也消除了不同公司之间合作的不确定性。

（三）混合一体化战略

混合一体化也即多元化战略，是指企业在多个相关或不相关的产业领域同时经营多项不同业务的战略。混合一体化可概括为两种基本形式：有关联和无关联的混合一体化。有关联的混合一体化是指企业新发展的业务与原有的业务具有战略上的关联性和适应性，即企业利用核心竞争力纵向或横向拓展自己的经营领域。无关联的混合一体化则是企业新发展的业务与原有业务之间没有战略上的关联性和适应性。对于广告产业而言，有关联的混合一体化成为广告公司和营销传播公司发展为广告集团和营销传播集团采用的重要

---

① 纵向一体化包括前向一体化和后向一体化，如果在价值链上进一步向下游拓展自己的边界，就称为前向一体化；如果向原材料较接近的上游拓展自己的边界，则称为后向一体化。

方式。对于广告公司而言,将自己经营运作的业务进行纵向拓展实现全面广告代理,同时也可以根据市场环境和传播环境的改变以及企业对广告公司新的要求,并购和联合有实力的专门化的营销传播公司,向相关产业领域拓展实现整合营销传播代理。

广告公司实行混合一体化战略的主要目的有以下几点。(1)获得范围经济效益。广告公司和营销传播公司在广告运作的某环节、某行业领域或营销传播的某领域积累了丰富的经验和相关行业市场的数据,通过混合一体化战略,广告公司和营销传播公司能够进入广告运作的新环节、新行业或新的营销传播领域,这些行业经验和数据由于新领域的相关性能够自然延展,实现范围经济效应。(2)开拓新的成长机会。传统广告的作用正日益下降,集中于广告代理的广告公司利润空间的萎缩也在情理之中,广告公司将自己的业务范围拓展到企业急切需要的其他营销传播领域,自然为广告公司的发展创造了新的市场机会。

(四)建立战略联盟

企业内部一体化与企业间的一体化两者之间有着本质的区别,前者多为同一资本主体控制下的一体化经营,其扩展主要依靠自身的力量,从法律形式上看,其一体化组织是法人组织;而后者是两个或两个以上资本主体共同控制下的一体化经营,其扩展的过程是企业借助外部资源的联合过程,其一体化组织不是法人组织。可见,企业内部一体化是将外在价值链内部化,而企业之间的一体化是将企业内部活动外部化。在广告产业集群内,建立战略联盟将会成为广告公司和营销传播公司之间开展合作的一种经常方式。各个专门化的公司在各自擅长的领域都能做到高度专业化,但由于自身资源的限制或是出于管理成本的考虑,无法实现或不愿实现内部一体化,而采取战略联盟的方式,在节约各自经营运作成本的同时,又能提高为广告主全面服务的能力。

广告公司建立战略联盟的主要目的有以下几点(1)优势互补,利益均沾,并追求规模经济。广告公司和营销传播公司建立战略联盟,发挥各自在专业领域的优势,提升其整合营销传播的执行力,从而实现双赢。(2)以最快的速度和最低的成本进入新的市场。广告公司和营销传播公司在进入自己不熟悉的区域市场或行业领域时，如果选择自我发展的方式必然增加经营的风险和成本，而建立战略联盟能够规避这两点。(3) 有利于开展更高层次的竞争。传统的广告公司竞争领域主要集中在广告代理上，而战略联盟的好处在于可以在全面广告代理和整合营销传播代理领域展开更高起点、更高层次的竞争。

三、并购与联合：广告公司集团化战略的实现途径

广告公司和营销传播公司一体化战略主要采用的手段是并购和联合。

（一）并购：广告公司内部一体化的有效途径

广告公司成长的途径多种多样，概括起来无非有两种：其一是内部成长，即广告公司主要利用内部资源，靠自身积累的资源或筹集的资金或在内部增设相关服务部门或成立新公司获得发展；其二是外部成长，即广告公司主要通过兼并、收购或联合其他广告公司或营销传播公司而获得成长。内部成长与外部成长都能实现一体化战略目标。相比较而言，外部成长通过并购实行优势互补、联合发展，能以内部自身发展无可比拟的速度迅速壮大广告公司实力，扩大广告公司规模。与新设广告公司或营销传播公司、走内部成长的传统途径相比，并购能够促进资本集中，节省培养人才、开拓市场、开发技术等所需要的时间和成本，实现规模经济。美国著名经济学家G.J.斯蒂格勒曾说过："一个企业通过兼并其竞争对手的途径发展成为巨型企业，是现代经济史上一个突出的现象——没有一个美国大公司不是通过某种程度、某种方式的兼并而成长起来的，几乎没有一家大公司是靠内部扩张成长起来的。"①

广告公司和营销传播公司的并购能够产生经营协同效应，产生规模经济效益；能够有效降低进入新行业、新市场的壁垒，大幅度降低广告公司发展的风险和成本，取得经验—成本曲线效应；能够扩大广告公司的市场份额，增强广告公司对市场的控制能力，获得某种形式的垄断，从而给广告公司带

---

① ［美］乔治·J.斯蒂格勒著，潘振民译：《产业组织与政府管制》，上海三联书店1989年版，第3页。

来垄断利润和竞争优势。从欧美跨国广告集团的发展历程我们也可以看到，并购是其发展壮大的重要途径。全球广告公司的并购浪潮大致经历了以下阶段，即经历横向并购—纵向并购—相关性混合并购—强强相关并购的过程，目前正处在相关性混合并购和强强相关并购阶段。早期的广告公司之间的横向并购主要是为了获取新客户、进入新市场或提高市场势力等目的，随着企业对全面广告代理的需求，纵向并购成为一种发展趋势，从而产生了大型的跨国广告集团。进入20世纪80年代以后，出现了开始以广告公司为主体并购一些相关联的营销传播公司的新模式，一些大型的跨国营销传播集团应运而生，这些公司能够为企业提供包括广告、公关、促销、直效行销、数字行销等在内的整合营销传播代理服务。

相比较而言，中国本土广告公司长期采用的是自有资本积累的方式发展，走的大都是内部一体化的发展路径，成长速度缓慢，在跨国广告集团在中国市场强势并购扩张的背景下面临生存的巨大压力。中国要产生具有国际国内竞争力的大型广告集团和营销传播集团，必须大力发展股份制公司，走资本运作之路，通过兼并、收购、联合重组等方式迅速实现公司规模化发展。对于中国市场而言，现阶段还主要取决于两方面因素的合力：一是要积极引导企业集团、媒介集团和风险资本聚焦广告产业并使其产生浓厚的投资兴趣，迅速实现传统广告产业的升级；二是迫切需要政府部门尽快制定相关产业优惠政策，引导和激励以资本为纽带的中国本土广告集团的组建。①

（二）联合：广告集团与战略联盟的实现形式

"企业联合是指两个或两个以上企业之间，为了发挥群体优势，实现某种共同目标，通过协议或联合组织等方式而结成的一种联合体及其所发生的经济联系与合作关系。"② 联合是一种与并购相比更为松散的实现一体化战略的有效途径，企业兼并和收购涉及产权的变化，而企业联合一般不改变产权关系。企业集团和企业战略联盟是企业联合发展的两种高级形式。企业集

---

① 廖秉宜：《解读2007中国广告业现状及变局》，载《广告研究》2007年第4期，第25页。
② 王俊豪主编：《现代产业经济学》，浙江人民出版社2005年版，第97页。

团的概念有狭义和广义之分，狭义的企业集团仅指以金融资本为核心的垄断财团，广义的企业集团除此之外还包括以特大型公司为核心，通过控股、参股、契约关系而形成的经济联合体。企业战略联盟是指两个或两个以上的企业，为了达到某种战略目标，通过协议或联合组织等方式而建立的一种合作关系，广义的战略联盟还包括合资等股权参与形式在内的任何形式的企业间正式或非正式的联合。现代企业战略联盟注重加盟企业的长远发展，寻求一种战略上的、长期的合作，它以联盟盟约作为法律所认可的一种协调加盟企业之间关系，确定其行为模式的准则。

在中国广告市场竞争日趋激烈的背景下，培育和发展我国本土大型的具有国际、国内竞争力的广告集团是当务之急，这一问题已引起政府高层、广告学界和广告业界的高度重视。笔者认为，培育和发展我国本土大型的广告集团和营销传播集团，需要在高度专业化、归核化、集群化的基础上，通过并购重组与联合重组等方式，提高广告公司和营销传播公司全面广告代理和整合营销传播代理的专业实力。长期以来，我国广告公司和营销传播公司大都是依靠自身的资源发展，在跨国广告集团强势并购的背景下，很多优秀的广告公司和营销传播公司被并购到跨国广告集团之中，将会对本土公司的发展产生深远影响。就目前单个广告公司和营销传播公司而言，资源都还是相对有限的，而多家公司通过协议或资本方式联合组建广告集团或战略联盟，则能够迅速培育和孵化一些大型的本土广告集团、营销传播集团和战略联盟实体。广告公司和营销传播公司的联合，未来将表现为如下特征：由弱弱联合走向相关联企业的强强联合；从联合走向并购，实现从经营联合到资产联合，从资产联合到资本联合的跨越；从本地区的联合到跨地区乃至跨国联合，从而诞生中国大型的跨国广告集团和营销传播集团，这将对提升中国广告集团和营销传播集团的国际竞争力具有重要的战略意义。

结语

自主、创新与超越

转型期的中国经济和中国社会正日益遭遇全球化的强势冲击，这可以说是中国经济和中国社会的深刻现实。改革开放40年来，中国经济取得了迅猛发展，中国社会也正发生着翻天覆地的变化。中国的民族企业在市场经济的大潮中也经受了历练，涌现出一大批具有核心竞争力的企业集团。然而，总体来看，我国还缺乏具有国际竞争力、实力雄厚的跨国企业，产业高度分散与高度弱小的状况一直没有改观。随着中国市场的日趋国际化，一些大型的跨国企业已经在中国市场成功抢滩并开始了它们新一轮的强势扩张，这些跨国企业拥有雄厚的资本、国际化的品牌、全球营销传播资源以及成熟的经营管理模式，并且深谙资本运作，其在中国快速并购各行各业具有实力的民族企业，在某些行业已经形成了跨国集团垄断的局面，危及中国民族经济的发展甚至是产业安全，这不得不引起中国产业界和中国政府的警觉和高度重视。

在全球化的市场体系中，自主型经济和依附型经济是两种主要的市场模式。发展中国家在全球化的浪潮中，如果不能发展自己的民族产业和民族经济，极有可能沦为发达国家的经济附庸，依附型经济将使本国的经济受制于发达国家，直至影响该国的政治、经济、社会和文化的各个方面，依附型经济对于一个国家来说是非常危险的。我们主张开放，但我们也必须清楚地意识到开放的目的是为了更好地促进民族经济和民族产业的发展，从而实现自主发展，这并非一种狭隘的民族情感和民族主义。党的十七大报告明确提出"自主创新"与建设"创新型国家"是国家发展战略的核心，自主创新成为中国经济发展的重要关键词。自主创新的思想应该深入到中国产业的各个领域和层面，不仅包括制造业，而且也包括服务业。

广告业属于服务业，也是创意产业的主导产业之一。广告业与国民经济具有高关联度，国民经济的发展会带动广告业的繁荣；反之，广告业的发展也会拉动消费增长促进经济繁荣，因而，广告业也被称为"国民经济的晴雨表""市场经济的风向标"。2008年，是中国广告业恢复发展的30年，30年来中国广告业获得了巨大的发展，形成了120多万人的广告从业大军，广告经营额超过1800亿元，占国内生产总值的比重近1%。这是值得每个广告人骄傲的。但是，在广告业繁荣的背后却隐藏着深层的危机。中国广告市场正面临跨国广告集团强势扩张的冲击，这些大型的跨国广告集团大肆并购中国本土的优势广告公司和营销传播公司，以形成全国性的营销传播网络，增强对市场的垄断力度，将会对中国民族企业的发展、民族广告公司和营销传播公司的发展、媒体安全甚至是文化安全构成极大威胁。从本书提供的数据中我们可以看出跨国广告集团强势扩张的中国战略及其在中国广告市场日渐增强的市场势力。

中国本土广告公司和营销传播公司，是选择被纳入跨国广告集团的战略版图，还是选择合适的模式和路径提升与跨国广告集团相抗衡的实力，这是一个关乎中国广告业是自主发展还是依附发展的重大问题。中国广告产业必须自主发展，然而，现实的情况是广告市场完全开放之后，中国本土的广告公司和营销传播公司在已经没有任何政策保护的前提下与跨国广告集团和营销传播集团竞争，高度分散与高度弱小的本土公司和营销传播公司能否承担起中华民族广告业发展和繁荣的重任？对此我们深表忧虑。中国广告产业的发展迫切需要广告产业界、广告学界、广告行业协会和政府的共同努力和推动。

中国广告产业正面临外资主导的威胁。由于广告业的高关联性，外资主导必然对民族经济和民族企业的发展、传媒业的发展以及文化身份认同产生深远的影响，可能会严重危及国家经济安全和产业安全。目前，中国广告产业整体处于一种高度分散与高度弱小的低集中度状态，传统广告产业较低的市场绩效对资本缺乏吸引力，在整合营销传播的背景下，本土广告公司还面临业务过度多元化的问题，这些都已经严重影响并将极大限制中国广告产业的可持续发展，成为中国广告业自主发展的重大障碍。中国广告产业界需要借鉴国外广告产业发展的成功经验，并结合中国广告市场自身的特点，创新专业广告公司形态和广告产业发展路径，从而实现中国广告产业的跨越式发展，提升中国广告产业的整体规模和本土广告公司的市场集中度，提升本土广告公司的核心竞争力，增强抵御跨国广告集团市场入侵的整体实力，并产生一批具有国际竞争力的跨国广告集团，最终实现广告业后发展国家对广告业发达国家的超越。

参考文献

一、译著类

1.【美】艾伦·鲁滨逊、萨姆·斯特恩著,国防译:《企业创新力》,新华出版社2005年版。

(二)【美】保罗·萨缪尔森、威廉·诺德豪斯著,萧琛等译:《微观经济学》(第16版),华夏出版社2003年版。

(三)【美】大卫·爱格著,沈云、汤宗勋译:《品牌经营法则:如何创建强势品牌》,内蒙古人民出版社1999年版。

(四)【美】菲利普·科特勒著,梅汝和等译:《营销管理:计划、分析、执行与控制》(第8版),上海人民出版社2003年版。

(五)【美】理查德·弗罗里达著,方海平等译:《创意经济》,中国人民大学出版社2006年版。

(六)【美】刘易斯·卡布罗著,胡汉辉、赵震翔译:《产业组织导论》,人民邮电出版社2002年版。

7.【美】洛林·艾伦著,马春文等译:《开门:创新理论大师熊彼特》,吉林人民出版社2003年版。

8.【美】马丁·麦耶著,刘会梁译:《麦迪逊大道:不可思议的美国广告业和广告人》,海南出版社1999年版。

9.【英】朗·西韦尔著,姜法奎译:《核心竞争力》,华夏出版社2003年版。

10.【美】迈克尔·波特著,陈小悦译:《竞争战略》,华夏出版社2005年版。

11.【美】迈克尔·波特著,陈小悦译:《竞争优势》,华夏出版社2002年版。

12.【美】迈克尔·波特著,李明轩、邱如美译:《国家竞争优势》,华夏出版社2002年版。

13.【美】吉利斯、波金斯等著,彭刚、杨瑞龙译:《发展经济学》,中国人民大学出版社1998年版。

14.【美】米兰·曼昆著,梁小民译:《经济学原理》(第三版),机械工业出版社2005年版。

15.【美】潘卡基·格玛沃特著,胡汉辉、周治翰译:《产业竞争博弈》,人民邮电出版社2002年版。

16.【美】乔治·贝尔奇、迈克尔·贝尔奇著,张红霞、庞隽译:《广告与促销:整合营销传播视角》,中国人民大学出版社2006年版。

17.【意】瑞斯提诺·安东内利著,刘刚等译:《创新经济学新技术与结构变迁》,高等教育出版社2006年版。

18.【法】泰勒尔著,马捷、吴有昌、陈耀、张春霖、李雪峰、金碚、钱家骏译:《产业组织理论》,中国人民大学出版社1997年版。

19.【美】汤姆·邓肯等著,廖宜怡译:《品牌至尊:利用整合营销创造终极价值》,华夏出版社2000年版。

20.【美】汤姆·邓肯著,周洁如译:《整合营销传播:利用广告和促销建树品牌》,中国财政经济出版社2004年版。

21.【美】唐·E. 舒尔茨等著,吴怡国等译:《整合营销传播:谋霸21世纪市场竞争优势》,内蒙古人民出版社1998年版。

22.【美】唐·E. 舒尔茨等著,何西军等译:《全球整合营销传播》,中国财政经济出版社2004年版。

23.【美】唐·E. 舒尔茨等著,何西军等译:《整合营销传播:创造企业价值的五大关键步骤》,中国财政经济出版社2005年版。

24.【美】特伦斯·A. 辛普著,廉晓红等译:《整合营销传播:广告、促销与拓展》，北京大学出版社2005年版。

25. 【美】托马斯·奥吉恩等著，程坪、张树庭译：《广告学：从IMC的视点审视现代广告活动》，机械工业出版社2002年版。

26. 【美】威廉·阿伦斯著，丁俊杰等译：《当代广告学》（第7版），华夏出版社2001年版。

27. 【美】咸雅著，夏慧言等译：《颠覆广告：麦迪逊大街美国广告业发家的历程》，内蒙古人民出版社1999年版。

28. 【美】熊彼特著，何畏等译：《经济发展理论：对于利润、资本、信贷、利息和经济发展周期的考察》，商务印书馆1990年版。

29. 【美】熊彼特著，朱泱等译：《经济分析史》，商务印书馆1991年版。

30. 【美】尤基尼·汉默夫著，邱凯生等译：《广告代理公司经营实务：广告公司管理与运作完全手册》，企业管理出版社1999年版。

31. 【英】约翰·霍金斯著，洪庆福、孙薇薇、刘茂玲译：《创意经济：如何点石成金》，上海三联书店2006年版。

32. 【美】约瑟夫·E.斯蒂格利茨、卡尔·E.沃尔什著，黄险峰、张帆译：《经济学》（第三版）上、下册，中国人民大学出版社2005年版。

二、国内论著

1. 陈培爱：《中外广告史》，中国物价出版社2002年版。

2. 陈培爱主编：《持续生存与和谐发展：中国广告业缺什么？——2006年全国广告学术研讨会论文集萃》，亚洲国际创意传播集团2006年版。

3. 陈瑞华编著：《信息经济学》，南开大学出版社2003年版。

4. 刘曙光：《全球化与反全球化》，湖南人民出版社2003年版。

5. 丁俊杰：《现代广告通论——对广告运作原理的重新审视》，中国物价出版社1997年版。

6. 丁俊杰、董立津主编：《中国广告业生存与发展模式研究——2003年全国广告学术研讨会论文集萃》，中国工商出版社2004年版。

7. 丁俊杰、乔均主编：《中国广告业生态环境——2002年全国广告学术研讨会论文集萃》，中国工商出版社2003年版。

8. 杜国清：《广告即战略——品牌竞合时代的战略广告观》，中国传媒大学出版社2004年版。

9. 范徵：《核心竞争力：基于知识资本的核心能力》，上海交通大学出版社2002年版。

10. 范鲁斌：《中国广告25年》，中国大百科全书出版社2004年版。

11. 国际广告杂志社、北京广播学院广告学院、IAI国际广告研究所编：《中国广告猛进史（1979～2003）》，华夏出版社2004年版。

12. 何海明：《广告公司的经营与管理：对广告经营者的全面指引》，中国物价出版社1997年版。

13. 何辉：《电通如何成为第一：全球最大广告公司的智慧、经验、方法与技巧》，中国市场出版社2005年版。

14. 何佳讯：《品牌形象策略——透视品牌经营》，复旦大学出版社2000年版。

15. 胡光夏：《国际广告产业研究——国际广告公司的全球化、区域化、本土化》，五南图书出版有限公司2002年版。

16. 黄继刚：《核心竞争力的动态管理》，经济管理出版社2004年版。

17. 黄建康：《产业集群论》，东南大学出版社2005年版。

18. 黄升民：《新广告观》，中国物价出版社2003年版。

19. 黄升民、丁俊杰主编：《营销·传播·广告新论——华文广告世纪论坛论文集》，北京广播学院出版社2001年版。

20. 黄升民、杜国清等：《2005年：中国广告主营销推广趋势报告》，社会科学文献出版社2005年版。

21. 简新华主编：《产业经济学》，武汉大学出版社2003年版。

22. 姜国祥：《核心竞争力》，中国商业出版社2004年版。

23. 金碚：《竞争力经济学》，广东经济出版社2003年版。

24. 贾根良主编：《发展经济学》，南开大学出版社2004年版。

25. 寇非主编：《广告·中国（1979～2003）》，中国工商出版社2003年版。

26. 李建军：《企业文化与制度创新》，清华大学出版社2004年版。

27. 李世丁：《整合致胜：打造强势品牌的锐利武器》，广东经济出版社2001年版。

28. 李太勇：《市场进入壁垒》，上海财经大学出版社2002年版。

29. 李悦主编：《产业经济学》，中国人民大学出版社2004年版。

30. 厉无畏主编：《创意产业导论》，学林出版社2006年版。

31. 梁磊、王洪涛：《企业集团发展模式与运行机制比较》，机械工业出版社2003年版。

32. 梁琦：《产业集聚论》，商务印书馆2004年版。

33. 梁小民主编：《微观经济学》，中国社会科学出版社2003年版。

34. 刘斌：《产业集聚竞争优势的经济分析》，中国发展出版社2004年版。

35. 刘永谋、钟荣丙、夏学英：《自主创新与建设创新型国家导论》，红旗出版社2006年版。

36. 卢山冰：《中国广告产业发展研究：一个关于广告业的经济分析框架》，陕西人民出版社2005年版。

37. 卢泰宏、何佳讯：《蔚蓝智慧：解读十大跨国广告公司》，羊城晚报出版社2000年版。

38. 罗以澄、张金海、单波主编：《中国媒体发展研究报告》（2005年卷），武汉大学出版社2006年版。

39. 罗以澄、张金海、单波主编：《中国媒体发展研究报告》（2007年卷），武汉大学出版社2007年版。

40. 彭曙曦、吴予敏主编：《深圳广告26年：1979～2005》，社会科学文献出版社2006年版。

41. 齐振宏：《管理变革之道：核心竞争力导向的企业变革》，清华大学出版社2004年版。

42. 芮明杰主编：《产业经济学》，上海财经大学出版社2005年版。

43. 芮明杰、刘明宇、任江波：《论产业链整合》，复旦大学出版社2006年版。

44. 上海师范大学中国新广告研究中心、上海市广告协会编：《上海市广告业"十一五"发展战略研究：2006~2010》，学林出版社2007年版。

45. 申光龙：《整合营销传播战略管理》，中国物资出版社2001年版。

46. 史忠良主编：《产业经济学》（第二版），经济管理出版社2005年版。

47. 宋养琰、刘肖：《企业创新论》，上海财经大学出版社2002年版。

48. 谭崇台主编：《发展经济学》，上海人民出版社1989年版。

49. 谭英双编著：《广告经济分析》，西南师范大学出版社2000年版。

50. 唐忠朴：《中国本土广告论丛》，中国工商出版社2004年版。

51. 王金凤、白彦壮：《追求企业卓越：核心竞争力打造方略》，中国经济出版社2003年版。

52. 王俊豪主编：《现代产业经济学》，浙江人民出版社2005年版。

53. 王俊豪等：《现代产业组织理论与政策》，中国经济出版社2000年版。

54. 王伟光：《自主创新、产业发展与公共政策：基于政府作用的一种视角》，经济管理出版社2006年版。

55. 王晓红：《广告经济新论》，工商出版社1999年版。

56. 邬义钧、胡立君主编：《产业经济学》，中国财政经济出版社2002年版。

57. 卫军英：《广告经营与管理》，浙江大学出版社2001年版。

58. 卫军英：《整合营销传播：观念与方法》，浙江大学出版社2005年版。

59. 现代广告杂志社编：《中国广告业二十年统计资料汇编》，中国统计出版社2000年版。

60. 杨公朴、夏大慰主编：《现代产业经济学》，上海财经大学出版社2005年版。

61. 杨建文等：《产业经济学》，学林出版社2004年版。

62. 杨建文、周冯琦：《产业组织：21世纪理论研究思潮》，学林出版社2003年版。

63. 杨洁:《企业创新论》,经济管理出版社1999年版。

64. 杨宇时:《知变:广告公司管理新思路》,机械工业出版社2005年版。

65. 臧旭恒、徐向艺、杨蕙馨主编:《产业经济学》(第二版),经济科学出版社2004年版。

66. 张纪康:《广告经济学实用教程》,上海远东出版社1998年版。

67. 张金海:《20世纪广告传播理论研究》,武汉大学出版社2002年版。

68. 张金海:《广告经营学》,武汉大学出版社2002年版。

69. 张金海、程明:《广告经营与管理》,高等教育出版社2006年版。

70. 张金海、黄玉波:《现代广告经营与管理》,首都经贸大学出版社2006年版。

71. 张金海、姚曦主编:《广告学教程》,上海人民出版社2003年版。

72. 张维迎:《博弈论与信息经济学》,上海人民出版社1996年版。

73. 赵玉林:《创新经济学》,中国经济出版社2006年版。

74. 中国广告协会编:《中国广告大典》,海天出版社2006年版。

75. 中国广告协会编:《中国广告年鉴(1988~2005)》,新华出版社2006年版。

76. 中国广告协会编:《中国广告年鉴(2004~)》,新华出版社2006年版。

77. 朱炳元:《全球化与中国国家利益》,人民出版社2004年版。

78. 朱钟棣等:《入世后中国的产业安全》,上海财经大学出版社2006年版。

三、论文类

1. 陈东、张佰明等:《奥运前夜的北京广告市场——广告公司严重缺位》,载《现代广告》2007年第6期。

2. 陈刚:《走向集团化——中国广告业趋势研究》,载《现代广告》2003年第6期。

3. 陈刚:《再谈广告集团化》,载《广告大观》(综合版)2005年第

6 期。

4. 陈刚等：《对中国广告代理制目前存在问题及其原因的思考》，载《广告研究》2006 年第 1 期。

5. 陈刚：《结构性焦虑与转型期焦虑的交织——对当代广告公司现状的一种解读》，载《广告大观》（综合版）2007 年第 6 期。

6. 陈刚：《广告需求的变化与广告服务的转型》，载《广告大观》（综合版）2007 年第 7 期。

7. 陈培爱、陈冰莹：《从 1 亿到 1000 亿——中国广告 20 年》，载《中国广告》2004 年第 9 期。

8. 陈培爱：《台湾广告业的国际化历程对中国大陆本土广告公司的启示》，载《广告大观》（综合版）2007 年第 3 期。

9. 陈培爱：《中国广告业：在发展中摆脱困境》，载《广告大观》（综合版）2007 年第 6 期。

10. 陈徐彬等：《外资强势掘进，本土"脑体倒挂"》，载《广告大观》（综合版）2007 年第 10 期。

11. 陈徐彬等：《2007 中国广告业的春秋图》，载《广告大观》（综合版）2008 年第 1 期。

12. 陈永、丁俊杰、黄升民等：《2003 年中国广告业生态调查报告——广告公司调查专项综合报告》，载《现代广告》2004 年第 3 期。

13. 陈永、丁俊杰、黄升民等：《2004 年中国广告业生态调查报告——广告公司调查专项综合报告》，载《现代广告》2005 年 3 期。

14. 陈永、丁俊杰、黄升民等：《2005 年度广告公司生态调查专项报告》，载《现代广告》2006 年第 3 期。

15. 陈永、丁俊杰、黄升民等：《2006 年广告公司生态调查：广告公司大抉择》，载《现代广告》2007 年第 3 期。

16. 陈永、丁俊杰、黄升民等：《2007 年度中国广告业生态调查报告之广告公司篇：中国广告公司寻找自我》，载《现代广告》2008 年第 2 期。

17. 陈永、张金海等：《中国广告产业将走向何方？——中国广告产业现状与发展模式研究报告》，载《现代广告》2006 年第 7 期。

18. 程士安、黄建新、陈文轩：《世纪之交：中国广告业的发展现状及前景》，载《新闻大学》1997年春季刊。

19. 程士安：《国际视野下的中国广告业发展之路》，载《新闻与传播》2007年第9期。

20. 丁邦清：《中国广告业通向未来的路径思考》，载《广告大观》（综合版）2007年第6期。

21. 丁俊杰：《中国广告业发展现状及趋势思考》，载《国际广告》2004年第9期。

22. 丁俊杰、黄河：《观察与思考：中国广告观——中国广告产业定位与发展趋势之探讨》，载《现代传播》2007年第4期。

23. 范鲁斌、陈刚：《十年一剑——透视中国专业广告公司的成长历程》，载《现代广告》2003年第8期。

24. 伏虎：《国际4A六年透视：成长·痛苦·背叛》，载《国际广告》2004年第1期。

25. 古越：《外资开放，本土公司隐忧》，载《国际广告》2005年第1期。

26. 国际广告编辑部：《大公司与第三种力量》，载《国际广告》2006年第10期。

27. 国际广告编辑部：《劲草知疾风：2007年本土广告公司的市场对策》，载《国际广告》2007年第4期。

28. 郭瑾：《2005年中国广告业的变局》，载《国际广告》2005年第1期。

29. 何海明：《广告经营生态环境研究——广告神话的破灭和广告公司的微利时代》，载《中国广告业生态环境调查——2002年全国广告学术研讨会论文集萃》，中国工商出版社2003年版。

30. 何佳讯、丁玎：《整合营销传播范式下的西方广告公司组织变革》，载《外国经济与管理》2004年第1期。

31. 何佳讯、卢泰宏：《聚焦跨国广告公司十五年中国路》，载《国际广告》2002年第3期。

32. 黄升民、杨雪睿：《碎片化：品牌传播与大众传媒新趋势》，载《现代传播》2005年第6期。

33. 黄升民、陈素白：《2006年的挑战与应战：广告专业核心资源和商业模式的重构》，载《国际广告》2006年第12期。

34. 黄升民：《分与聚：一个潮流五个关键》，载《广告大观》（综合版）2007年第6期。

35. 胡光夏：《国际广告公司在大中华地区发展之研究：香港、台湾与大陆》，载《中华传播学会2001年会暨论文研讨会论文集》，香港浸会大学2001年版。

36. 江绍雄：《谁是真正的地头蛇——谈中国本土广告的未来之路》，载《广告大观》（综合版）2007年第3期。

37. 江炜、陆斌：《为广告业引领未来》，载《现代广告》2005年第3期。

38. 金定海：《广告，作为国家战略》，载《广告大观》（综合版）2007年第6期。

39. 李东进：《韩国如何发展本土广告公司》，载《现代广告》1999年第5期。

40. 李世丁、袁乐清：《整合优势：广告业跨世纪的生存之道》，载《现代广告》1999年第12期。

41. 李天宏、郝峰：《从集中度看中国广告公司的竞争状况》，载《现代广告》1999年第4期。

42. 李新立：《深圳广告产业结构研究：问题与对策》，载《深圳大学学报》（人文社会科学版）2004年第21卷第4期。

43. 廖秉宜：《中国本土广告公司经营的问题与对策》，载《中国广告》2005年第7期。

44. 廖秉宜等：《中国本土广告公司状况调查》，载《中国广告》2005年第7期。

45. 廖秉宜：《中国广告业的十个新动向》，载《中国广告大典》，中国广告协会主编，海天出版社2006年版。

46. 廖秉宜：《韩国企业集团广告公司的发展及其启示》，载《广告研究》2006年第6期。

47. 廖秉宜：《日本媒介型广告公司的发展及其启示》，载《新闻与传播》2007年第7期。

48. 廖秉宜：《解读2007中国广告业现状及变局》，载《广告研究》2007年第4期。

49. 廖秉宜：《中国广告产业的战略转型与产业核心竞争力的提升》，载《广告研究》2009年第2期。

50. 林升栋：《整合营销传播对国内广告业的挑战》，载《中国广告》2001年第1期。

51. 林升梁：《媒介购买公司的中国10年》，载《现代广告》2007年第8期。

52. 刘传红：《广告产业过度进入问题探析》，载《企业研究》2006年第10期。

53. 刘传红：《广告产业研究的几个基本问题》，载《武汉大学学报》（人文科学版）2007年第60卷第3期。

54. 刘国基：《谁在终结广告代理制》，载《现代广告》2003年第1期。

55. 刘林清：《中国本土广告公司发展趋势研究》，载《现代广告》2003年第10期。

56. 刘文哲、聂艳梅：《专业作主，实力说话——上海广告有限公司经营优势分析》，载《现代广告》2006年第2期。

57. 刘智勇：《媒介广告公司何去何从？》，载《现代广告》2000年第8期。

58. 陆斌：《路在何方？——2006中国广告论坛破局"12%"》，载《现代广告》2006年第5期。

59. 陆长生：《提升本土广告公司核心竞争力的分析》，载《国际广告》2004年第10期。

60. 马蒂：《媒介广告公司无可非议》，载《国际广告》2000年第5期。

61. 聂艳梅、马晓鹰等：《跨国广告公司的本土化策略探讨》，载《国际广告》2003年第9期。

62. 乔均:《开放市场下中国广告业发展趋向分析》,载《中国广告》2006年第7期。

63. 时学志:《广告行业落实十一五规划的几个要点》,载《中国广告》2006年第5期。

64. 舒咏平:《广告传播公信力的缺失与导入》,载《新闻大学》2004年秋季刊。

65. 宋秩铭:《广告公司的经营》(上),载《中国广告》2003年第11期。

66. 宋秩铭:《广告公司的经营》(下),载《中国广告》2003年第12期。

67. 孙海刚:《我国广告业的产业组织分析》,载《商业时代》2006年第25期。

68. 孙海刚:《国外产业组织研究发展趋势:从制造业到服务业》,载《石家庄经济学院学报》2007年第30卷第2期。

69. 吴晓波:《2005,中国广告业的三种"游戏"》,载《现代广告》2005年第6期。

70. 现代广告编辑部:《面对入关,本土广告公司聚首京城想对策》,载《现代广告》1999年第6期。

71. 现代广告编辑部:《中国广告:和谐与创新——国家工商行政管理总局副局长刘凡访谈》,载《现代广告》2007年第7期。

72. 现代广告编辑部:《中国广告业的历史拐点》,载《现代广告》2005年第6期。

73. 现代广告编辑部:《产学两界争鸣广告业危机》,载《现代广告》2006年第9期。

74. 徐卫华:《试论我国广告产业的衰退:原因及对策》,载《中南民族大学学报》2008年第2期。

75. 许正林:《国际化背景下的中国广告业发展对策分析》,载《中国广告》2006年第2期。

76. 闫文：《崛起，只需时日——访梅高总经理高峻》，载《中国广告》2007年第6期。

77. 闫文：《集团化：未来的必然选择——访中国广告网董事长毕玉强》，载《中国广告》2007年第6期。

78. 杨宇时：《正反面看媒体集中采买》，载《广告大观》（综合版）2007年第6期。

79. 袁铭良、马晶：《4A广告公司格局图》，载《新财富》2003年第8期。

80. 张惠辛、张家祎、乔均：《4A传统广告模式的衰落与中国广告的出路》，载《中国广告》2006年第9期。

81. 张金海、高运锋等：《全球五大广告集团解析》，载《现代广告》2005年第6期。

82. 张金海、程明：《从产品推销到营销与传播整合——20世纪广告传播理论发展的历史回顾》，载《武汉大学学报》（人文科学版）2006年第6期。

83. 张金海、廖秉宜：《中国专业广告公司的生存现状与模式创新》，载《中国广告》2006年第7期。

84. 张金海、廖秉宜：《广告代理制的历史检视与重新解读》，载《广告研究》2007年第2期。

85. 张金海、廖秉宜：《用创意创新广告产业》，载《广告大观》（综合版）2007年第3期。

86. 张金海、廖秉宜等：《中国广告产业发展与创新研究》，载《中国媒体发展研究报告（2007年卷）》，武汉大学出版社2007年版。

87. 张金海、黄迎新：《广告代理的危机与广告产业的升级与转型》，载《广告大观》（综合版）2007年第6期。

88. 张金海、刘芳：《广告产业发展模式的创新和发展路径的选择》，载《广告大观》（综合版）2008年第3期。

89. 张金隆、戴鑫、阮丽华、田志龙：《中国广告业的发展思考》，载《新闻与传播》2007年第10期。

90. 张敏：《经营理念转型和广告产业创新》，载《中国广告》2007年第2期。

91. 张翔、李青：《中国广告公司专业化发展模式研究》，载《中国广告业生态环境调查——2002年全国广告学术研讨会论文集萃》，中国工商出版社2003年版。

92. 郑金涛：《专业，广告公司的制胜之本》，载《广告大观》（综合版）2003年第1期。

93. 周环宇：《2004年美国广告业新趋势研究》，载《现代广告》2004年第6期。

四、英文文献

1. Anderson, M. H. (1984), *Madison Avenue in Asia: Politics and Transnational Advertising*, Rutherford, NJ: Associated University Press.

2. Anderson, E. & Gatignon, H. (1986), "Modes of Entry: A Transaction Cost Analysis and Propositions", *Journal of International Business Studies*, 17 (2), pp. 1-26.

3. Anthony F. McGann & Nils-Erik Aaby (1975), "The Advertising Industry in Western Europe", *Journal of Advertising*, 4 (3), pp. 19-24.

4. Aydin, Nizam, Vern Terpstra and Attila Yaprak (1984), "The American Challenge in International Advertising", *Journal of Advertising*, 13, pp. 49-57.

5. Baar, A. & Sampey, K. (2002, September 23), "Lvy weighs scenarios for Publicis: Post merger", *Ad week*, Retrieved January 17. 2003, From the World Wide Web: http://web.lexis-nexis.com/universe/printdoc.

6. Barkema, H. G., Bell, J. H., & Pennings, J. M. (1996), "Foreign Entry, Cultural Barriers, and Learning", *Strategic Management Journal*, 17 (2), pp. 151-166.

7. Beamish, P. W. (1985), "The Characteristics of Joint Ventures in Developed and Developing Countries", *Columbia Journal of World Business*, 20 (3), pp. 13-20.

8. Bernstein, Peter W. (1979), "Here Come the Super Agencies", *Fortune* (August 27), pp. 46-54.

9. Bonsib, Richard E. (1981), "Cash Flow: Where Small Agencies Hurt Most", *Advertising Age* (November 9), pp. 53-54.

10. Brouthers, K. D. & Brouthers, L. E. (2000), "Acquisition or Greenfield Start-up? Institutional, Cultural, and Transaction Cost Influence", *Strategic Management Journal*, 21 (1), pp. 89-97.

11. Croteau, D. & Hoynes, W. (2001), "The Business of Media: Corporate Media and the Public Unterest", *Thousand Oaks*, CA: Pine Forge Press.

12. Davidson, W. H. & Smith, S. J. (1993), "Mergers & Acquisitions among Advertising Agencies", In A. Alexander, J. Owers, & R. Carveth (Eds.), *Media Economics: Theory and Practice* (pp. 309-329), Hillsdale, NJ: Lawrence Erlbaum Associates, Inc.

13. Ekeledo, I. & Sivakumar, K. (1998), "Foreign Market Entry Mode Choice of Service Firms: A Contingency Perspective", *Journal of the Academy of Marketing Science*, 26 (4), pp. 274-292.

14. Endicott, R. C. (2001, April 23), "Agency Report", *Advertising Age*, pp. 1-36.

15. Erramilli, M. K. & Rao, C. P. (1990), "Choice of Foreign Market Entry Modes by Service Firms: Role Market Knowledge", *Management International Review*, 30 (2), pp. 135-150.

16. Erramilli, M. K. & Rao, C. P. (1993), "Services Firms' International Entry Mode Choice: A Modified Transaction Cost Analysis Approach", *Journal of Marketing*, 57 (3), pp. 19-38.

17. Franko, L. G. (1971), "Joint Venture Divorce in the Multinational Company", *Columbia Journal of World Business*, 6 (3), pp. 13-22.

18. Frazer, C. F. (1988), "How the Top 100 Advertisers Feel about Agency Mergers", *Paper Presented at the Proceedings of the* 1988 *Conference of the American Academy of Advertising*, Austin, TX.

19. Gatignon, H. & Anderson, E. (1988), "The Multinational Corporation's Degree of Control over Foreign Subsidiaries: An Empirical Test of a Transaction Cost Explanation", *Journal of Law, Economic, and Organization*, 4 (2), pp. 305-336.

20. Geringer, J. M. & Herbert, L. (1989), "Control and Performance of International Joint Ventures", *Journal of International Business Studies*, 20 (2), pp. 235-254.

21. Gershon, R. (1997), *Transnational Media Corporations*, Mahwah, NJ: Lawrence Erlbaum Associates, Inc.

22. Gomes-Casseres. B. (1990), "Firm Ownership Presences and Host Government Restrictions: An Integrated Approach", *Journal of International Business Studies*, 21 (1), pp. 1-21.

23. Goodnow, J. D. & Hanz, J. E. (1972), "Environmental Determinants of Overseas Market Entry Strategies", *Journal of International Business Studies*, 3, pp. 33-50.

24. Hair, J. F., Anderson, R. E., Tatham, R. L. & Black, W. C. (1998), *Multivariate Data Analysis* (5th ed.), Upper Saddle River, NJ: Prentice Hall.

25. Hennart, J. F. (1991), "The Transaction Costs Theory of Joint Ventures: An Empirical Study of Japanese Subsidiaries in the United States", *Management Science*, 37 (4), pp. 483-497.

26. Hennart, J. F. & Reddy. S. (1997), "The Choice between Mergers/Acquisitions and Joint Ventures: The Case of Japanese Investments in the United States", *Strategic Management Journal*, 18 (1), pp. 1-2.

27. Hill, J. S. (1989, March 28), "Foreign Agency Income Report", *Advertising Age*, pp. 72-77.

28. Hill. C. W., Hwang, P., & Kim, W. C. (1990), "An Eclectic Theory of International Entry Mode", *Strategic Management Journal*, 11 (2), pp. 117-128.

29. Hitt, M. A., Ireland, R. D. & Hoskisson, R. E. (2001), *Strategic management* (4thed.), Cincinnati, OH: South-Western College Publishing.

30. Hofstede, G. H. (1980), *Culture's Consequences: International Differences in Work-related Values*, Beverly Hills, CA: Sage.

31. Hofstede, G. H. (1991), *Culture and Organization: Software of the Mind*, New York: McGraw-Hill.

32. Hu, Guang-shiash (1998), *The Advertising Industry in the Republic of China on Taiwan, 1960-1996 : The Path From Dependency to Convergence*, Ph. D., Dissertation, The Pennsylvania State University.

33. Jaemin Jung (2004), "Acquisition or Joint Ventures: Foreign Market Entry Strategy of U. S. Advertising agencies", *Journal of Media Economics*, 17 (1), pp. 35-50.

34. Johnson, H. and Julian Simon (1970), "The Success of Mergers of Advertising Agencies", *In Issues in the Economics of Advertising*, Urban, IL: University of Illinois Press, pp. 139-144.

35. Kim, W. C. & Hwang. P. (1992),"Global Strategy and Multinationals' Entry Mode Choice", *Journal of International Business Studies*, 23 (1), pp. 29-53.

36. Kim, K. K. (1995), "Spreading the Net: The Consolidation Process of Large Transnational Advertising Agencies in the 1980s and Early 1990s", *International Journal of Advertising*, 14 (3), pp. 195-217.

37. Kogut, B. & Singh, H. (1988),"The Effect of National Culture on the Choice of Entry Mode", *Journal of International Business Studies*, 19 (3), pp. 411-432.

38. LI, J. (1995), "Foreign Entry and Survival: Effects of Strategic Choice on Performance in International Markets", *Strategic Management Journal*, 16 (5), pp. 333-351.

39. Luo, Y. (2001), "Determinants of Entry in an Emerging Economy: A Multilevel Approach", *Journal of Management Studies*, 38 (3), pp. 443-472.

40. Makino. S. & Neupert, K. E. (2000), "National Culture, Transaction Costs, and the Choice between Joint Ventures and Wholly Owned Subsidiary", *Journal of International Business Studies*, 31 (4), pp. 705-713.

41. McGann, Anthony (1986), "Advertising Agency Mergers", *Journal of Advertising*, 15, 3.

42. Mehlman, B. (1983, April), "Boutique or Behemoth: Which it Should Be?" *Madison Avenue*, pp. 68-74.

43. Morosini, P. , Shane, S. & Singh, H. (1998), "National Cultural Distance and Cross Border Acquisition Performance", *Journal of International Business Studies*, 27 (5), pp. 929-946.

44. Pan, Y. & D. K. (2000), "The Hierarchical Model of Market entry Modes", *Journal of International Business Studies*, 31 (4), pp. 535-554.

45. Robert H. Ducoffe & Sandua J. Smith (spring, 1994), "Mergers and Acquisitions and the Structure of the Advertising Agency Industry", *Journal of Current Issues and Research in Advertising*, Volume 16, number 1.

46. Root, F. R. (1994), *Entry Strategies for International Markets*, Washington. DC: Lexington Books.

47. Schmalensee, Richard, Alvin Silk and Robert Bojanek (1983), "The Impact of Scale and Media Mix on Advertising Agency Costs", *Journal of Business*, 56, pp. 453-475.

48. Shenkar, O. (2001), "Cultural Distance Revisited: Toward a More Rigorous Conceptualization and Measurement of Cultural Difference", *Journal of International Business Studies*, 32 (3), pp. 519-535.

49. Steinboch, D. (1995), *Triumph and Erosion in the American Media and Enertaiment Industries*, Westport, CT: Quorum Books.

50. Stopford, J. M. & Wells, L. T. (1972), *Managing the Multinational Enterprise: Organization of the Firm and Ownership of the Subsidiaries*, New York: Basic Books.

51. Steuart Henderson Britt, James P. Donahoe, Joseph E. Foley (1975),

"The In-house Industrial Advertising or Outside Agency?", *Journal of Advertising*, 4 (2), pp. 6-8.

52. Terpstra, V. & Yu, C. (1988), "Determinations of Foreign Investment of U. S. Advertising Agencies", *Journal of International Business Studies*, 19 (1), pp. 33-46

53. Tomkins, R. (2002, November 5), "WPP Buys into China's Agency", *Financial Times*, p. 27.

54. Weinstein, A. K. (1977), "The U. S. Multinational Advertising Agency and Public Policy", *Journal of Advertising*, 6, pp. 19-24.

55. Weinstein, A. K. (1977), "Foreign Investment by Service Firms: The Case of Multinational Advertising Agencies", *Journal of International Business Studies*, 8 (1), pp. 83-91.

56. Williamson, O. (1985), *The Economic Institutions of Capitalism*, New York: Free Press.

57. Zeltner, Herbert (1979), "Agency Mergers: Yes or No?", *Advertising Age* (September 18), pp. 51-60.

后 记

在历史上,广告已存在了上千年,但被纳入学科研究还是20世纪的事情。西方广告学的研究长期集中于广告传播效果方面,随着广告业的迅猛发展,产业层面开始进入研究者的视野,并极大地丰富了广告学研究的内涵和体系。在中国,广告学还是一门非常年轻的学科,其研究还处于起步和探索阶段。当前,广告理论和产业层面的研究存在某些空白的领域,影响了广告学研究的发展。笔者在中国广告产业方面进行了初步的探索,希望本书对广告产业发展有积极的作用。

广告是国民经济的强大助推器;广告是企业竞争的有力武器;广告是时代精神的历史反映;广告更是时尚潮流的创造者和引领者。美国前总统罗斯福的名言"不当总统,就做广告人",使得多少人为广告而执着痴迷。作为广告学研究者,除去热爱和执着,更需要客观理性的观察和思考。在国家提倡自主创新和建设创新型国家的重大社会背景下,实现中国广告产业自主发展与创新发展,已经成为时代的呼声。强烈的社会责任感和历史使命感,以及对广告学的挚爱,成为我完成本书的强大动力。

本书为武汉大学人文社会科学研究项目"国家自主型经济建设背景下中国广告产业创新发展研究"的阶段性成果。在研究过程中,我得到了各方面的支持和帮助。本书的形成与我的博士生导师张金海教授有密切的关系,他对本书投入了极大的心血,给予了巨大的支持,与他之间的多次探讨与交流,帮助我解决了本书写作中的众多难题,在此向他表示最诚挚的谢意。上海大学的戴元光教授、华中科技大学的钟瑛教授,以及武汉大学的强月新教授、吕尚彬教授、冉华教授,对本书的写作也提出了宝贵的意见,在此一并表示感谢。此外,武汉大学新闻与传播学院的领导、同事给予我积极的鼓励,他们是罗以澄教授、许汉生书记、单波教授、石义彬教授、秦志希教授、王瀚东教授、夏琼教授、夏倩芳教授、刘丽群教授、李卓钧教授、梅琼林教授、刘友芝教授,及广告学系姚曦、程明、陈瑛、周茂君老师等。最后,感谢广告学界前辈及同人的鼓励和帮助,感谢同门的同窗之谊。在本书出版之际,我还要特别感谢默默支持我的父母及妻子!

由于笔者水平所限,书中若有不妥之处,敬请各位专家同人和广大读者批评指正。

廖秉宜
写于武汉大学